手把手教你打造
名师工作室

刘明耀◎著

中国石化出版社
·北京·

内容提要

本书从名师工作室方向确立到团队建设，从载体设计到成果展示，从文创产品到使命愿景，从内涵文化到成长档案，从机制考核到制度规范进行了系统性阐述、多角度凝练、可视化设计，通过名师工作室平台形成了“书-课-人-室”成长共同体，扩大名师工作室影响力，打造名师工作室品牌IP。

本书是一本方法指导书，也是一本实操手册，更是主持人之间深度链接的有效载体。书中内容接地气；实操方法冒热气；落地成果聚人气；赋能成长生朝气。

本书可作为辅导员、班主任、思政课教师、心理健康教师、党支部书记以及学科教师进行名师工作室的立项培育孵化、申报建设验收的学习和参考用书。

图书在版编目（CIP）数据

手把手教你打造名师工作室 / 刘明耀著 . -- 北京：中国石化出版社，2024. 10. -- ISBN 978-7-5114-7668-5

Ⅰ. G451.2

中国国家版本馆 CIP 数据核字第 20242FS543 号

中国石化出版社出版发行

地址：北京市东城区安定门外大街 58 号

邮编：100011　电话：(010)57512500

发行部电话：(010)57512575

http://www.sinopec-press.com

E-mail：press@sinopec.com

宝蕾元仁浩（天津）印刷有限公司印刷

全国各地新华书店经销

*

710 毫米 ×1000 毫米 16 开本 18.5 印张 251 千字

2024 年 10 月第 1 版　2024 年 10 月第 1 次印刷

定价：68.00 元

序言

Foreword

愿以微光照亮途

刘明耀老师是学生管理工作品牌化的先行者，是辅导员自我赋能的积极推动者，也是广大辅导员背后的辅导员。尽管他谦逊地自称为“草根辅导员”，但这丝毫未影响他赋予无数在广阔育人天地中辛勤劳作的、怀揣教育梦想的辅导员们以力量。我想，在时代浪潮的翻涌中，每一位怀揣梦想的航行者，都渴望在未知的旅途中找到一位领航者，因为他不仅能帮我们建设心灵栖息的温馨家园，更是我们再出发的力量源泉。

多年来，刘老师在教育领域精耕细作，作为一名经验丰富的领航者，他深知每一位追梦人在路上的不易。他曾以《新时代校园学生危机管理指导与实践》《辅导员打造个人品牌IP实战指南》为舵，引领无数一线学生管理工作同人破浪前行。而今，他再次扬帆，将满腔的热情与宝贵的经验倾注于《手把手教你打造名师工作室》这本书中。我想，这是他为广大学生管理工作同人准备的第三件礼物。

这本书不仅是一本工作指南，更像是一位亲密无间的伙伴，陪伴我们共同面对名师工作室申报与建设过程中的种种挑战。从最初的迷茫与困惑，到后来的坚定与执着，刘老师以其独特的视角和丰富的经验，为我们逐一剖析了那些看似棘手的问题：如何精准定位名师工作室的发展方向？如何在众多竞争者中脱颖而出？如何对有限的资源实现最大化利用？在书中，他不仅提供了详细的解决方案，更通过生动的案例和深刻的剖析，让我们在理论与实践的融合中，逐渐找到属于自己的答案。

刘老师强调，名师工作室的建设不仅是一个物理空间的搭建过程，还是一次工作品牌的梳理与重塑、一次从破圈到破局的跃升，更是一次对工作价值的洗礼和追问。在这里，我们不仅要从点上凝练工作，更要从线上梳理工作，从面上谋划工作。名师工作室不仅承载着育人的职能，更承载着团队成员的成长。"独行快，众行远"，这句话深刻揭示了个人奋斗与团队合作之间的辩证关系。在名师工作室中，每位成员都是独特的个体，他们各自带着对教育的热爱与追求，不断探索、创新、精进。而当这些优秀的个体会聚成一个团队时，大家通过相互学习、经验分享、思想碰撞，迅速吸收新知，拓宽视野，共同跨越前进道路上的障碍，实现个人与团队的快速成长。

在成长的道路上，在人生的壮阔征途中，总是布满挑战与未知，面对困顿与踟蹰，我们或许会感到力不从心，迷茫与不安也将如影随形，但正是这些艰难时刻激发了内心深处对突破与超越的渴望。

《手把手教你打造名师工作室》不仅是一部实战型的操作手册，更像是一位陪伴左右的导师和战友，引领我们深入探索教育的无限可能。这本书不仅细致入微地指导如何构建高效、有影响力的名师工作室，而且激发了我们对教育事业的深刻反思与热情投入。它教会我们如何以创新为翼，以热爱为帆，在教育的海洋中破浪前行。让我们携手并进，在建设起一个个充满智慧与活力的教学空间的同时，在心灵的土壤中播下希望与梦想的种子。相信终有一天，我们能够用我们的光，让想走自己路的人找到自己的方向！

彭容容博士

2024年9月20日于无锡

前言

Preface

2021年，自己有幸获批辽宁省首批高校辅导员名师工作室、辽宁省首批高校网络育人名师工作室。

2022年，依托名师工作室资源，为全省100所中职学校“名班主任工作室”进行了共建共联培育孵化建设。

2023年至今，在全国开展了50余场《名师工作室建设的任务驱动与对标对表》讲座分享，手把手指导了80余个名师工作室申报、建设方案的修改完善。

作为名师工作室主持人，在名师工作室申报时思路混乱过，在名师工作室获批时心情激动过，在名师工作室建设时“一穷二白”过，在名师工作室验收时材料“大跃进”过。

自己一直在思考探索：研究方向是聚焦还是杂交？主持人角色定位是“领头羊”还是“牧羊犬”？组织架构是垂直线还是金字塔？建设内容是“游击战”还是“围城战”？

此时正在阅读本书的你是否也面临这样的迷茫困惑：

如何从零开始规划并建设一个有影响力的名师工作室？

如何吸引并留住优秀的人才共同推动名师工作室的发展？

如何让名师工作室成为品牌创新的试验田，持续产出高质量的可视化成果？

三年怀胎，一朝分娩。《手把手教你打造名师工作室》在不断实践迭代的基础上应运而生！它将带你一步步探索名师工作室的神秘世界！通过方法学习、典型案例、反思复盘、金句分享、拓展阅读等形式，手把手教你如何建设一个既能成就自我，又能惠及学生的名师工作室。从方向确立到团队建设，从载体设计到成果展示，从文创产品到使命愿景，从内涵文化到成长档案，每一个细节都不容错过。

通过阅读本书，了解名师工作室成为从“一枝独秀”到“百花齐放”的成长共同体原因；掌握名师工作室从主持人的“后花园”成长为每一个成员的“百花园”的密码；找到名师工作室从一个人“独行快”到团队全体成员“众行远”的内核。

《手把手教你打造名师工作室》是一本方法指导书，也是一本实操手册，更是主持人之间深度链接的有效载体。书中内容接地气；实操方法冒热气；落地成果聚人气；赋能成长生朝气。

培育孵化，无限可能；建设发展，智慧起航。名师工作室让每个人的成长成为一次探索之旅。

作为名师工作室，每一个学生都是一颗独特的种子，名师工作室用爱和智慧浇灌，让每一颗种子都绽放出属于自己的光彩。

作为名师工作室，每一个成员都是一颗璀璨的星辰，大家会聚一堂，用团队的力量照亮学生的未来。

作为名师工作室，每一项品牌活动都以创新为引领，携手师生共书教育的新篇章，探索未知，勇攀高峰。

名师工作室建设是一项系统工程，也是一项常态化工作，更是一个漫长跋涉的历程。众人拾柴火焰高，每一位主持人、每一位成员都要有引领能力、服务意识、奉献精神、创新思维，把名师工作室建设成为温馨的家园、精神的乐园、成长的名园和研修的田园。

由于本人能力有限，对全国名师工作室的了解还有局限，书中所萃取的名师工作室案例有的来自朋友圈，有的来自朋友推荐，有的来自网络。虽未谋面，但通过工作室已与大家进行了心灵上的交流。在此表示衷心的感谢！

感谢成为此书萃取案例的名师工作室主持人及其团队，是你们的名师工作室建设发展让此书形成了独特价值！

感谢成为此书联合发起的名师工作室主持人及其团队，是你们的名师工作室品牌特色让大家有了深度链接！

感谢中国石化出版社对本书的建议、策划、指导和设计，终于让本书和大家见面！

每一位名师工作室主持人都是一束光，可能这束光并不耀眼，但有着自己的温度，在温暖别人的同时，也能照亮自己。

微光聚暖，众行致远。愿所有名师工作室在主持人的引领下，都能发出智慧之光、感召之光、互助之光、温暖之光。

让我们一起从梦想启航，共创名师工作室的辉煌篇章！

目录

Contents

壹

人在囧途——

名师工作室建设问题困境

第一节　名师工作室申报注意三个问题

名师工作室，是一个以名师为核心，旨在发挥名师的引领、示范和辐射作用，通过团队合作、资源共享、创新实践等方式，推动教师专业化成长和教育教学质量提升的重要平台。

在这个飞速发展的时代，我们时常被“独行快”的理念所吸引，追求着个人的快速进步和成功，然而，当我们静下心来思考，会发现“众行远”才是更大的智慧。名师工作室，作为一块立德树人的基石，作为一个集体智慧的结晶，作为一个抱团取暖的载体，能够充分激活全体成员的能力、合力、聚力和引力，正是我们在追求立德树人、抱团取暖、品牌创新和阶梯培养中不可或缺的。

名师工作室的能力助力立德树人。在教育的道路上，一个人的力量总是有限的，工作室则能汇聚众人的智慧和力量，共同为培养德才兼备的人才而努力。通过工作室的平台，我们可以共享教育资源，交流教育心得，让立德树人的理念在实践中得到更好的贯彻和落实。

名师工作室的合力助力抱团取暖。在竞争激烈的当今社会中，我们面临着各种各样的挑战和困难，只有我们团结一心，形成工作室合力，才能共同抵御风雨，迎接挑战。工作室的成员可以相互支持、相互鼓励，共同克服困难、追求进步。这种合力不仅让我们在困难面前更加坚强，也让我们在成长的道路上更加稳健。

名师工作室的聚力助力品牌创新。在品牌竞争日益激烈的今天，创新是品牌发展的关键。工作室作为一个会聚了各类人才的平台，可以集思广益，共同探索创新的可能性。通过工作室的聚力，我们可以共同开发设计新载体、新项目、新活动、新服务，推动品牌的不断创新和发展。这种聚力不仅让我们在品牌竞争中更具优势，也让我们在创新的道路上更加自信。

名师工作室的引力助力阶梯培养。在人才培养的过程中，我们需要为每个人提供适合其发展的平台和机会，工作室正是一个可以提供这种阶梯培养的平台。通过工作室的引导和帮助，每个人都可以找到适合自己的发展方向和路径，实现个人的不断成长和进步。这种引力不仅让我们在人才培养上更加高效和精准，也让我们的团队凝聚力和向心力更加稳固。

独行虽快，但众行方能致远。名师工作室建设是一群人一条心朝着一个目标坚定执着行走的过程。

名师工作室一般分为高校辅导员名师工作室、高校思政课教师名师工作室、高校教师党支部书记名师工作室、高校心理健康教育名师工作室、中职班主任名师工作室、中小学学科名师工作室、校长名师工作室等。

在名师工作室申报的过程中存在以下三个典型问题。

一、申报方向不明

方向是行动的指南，名师工作室的申报方向也是未来名师工作室建设的行动指南。方向不对，努力白费。

名师工作室的申报需要紧密围绕某个特定的学生管理、教育教学领域或方向进行确定。在申报前要结合申报人以及团队成员的自身优势和专业兴趣，认真研究并明确申报领域或研究方向，这样名师工作室后期建设才更加聚焦，才能更好地落地，才能够凸显工作室的特色和优势，打造出名师工作室的品牌。

例如：辅导员在申报名师工作室时，可将教育部43号令中的九大职责中某一项职责确定为工作室的研究方向进行申报。班主任在申报名师工作室时，可将德育工作细化为某一具体领域作为工作室的研究方向进行申报，不能泛泛而谈德育工作。学科老师在申报名师工作室时，可将自己所从事的某一学科作为工作室的研究方向进行申报，不能出现自己从事语文教育却把数学研究作为自己申报方向的情况。

申报名师工作室的研究方向不能只拍脑门，一个清晰、具体且具有价值的名师工作室研究方向能够增加申报立项的吸引力和成功率。

二、结构内容不清

申报人在撰写申报书的过程中结构内容要清晰、合理、有框架。需要注意结构的逻辑性、系统性和条理性，以及内容的真实性、准确性和完整性。同时要突出名师工作室的特色和优势，明确工作目标和计划，展示近五年团队所取得的荣誉和所获得的成果，凸显工作室的实力和特色，从而提高申报成功率。

名师工作室申报书的内容结构要全面展示工作室的愿景、目标、定位、品牌活动以及预期成果。有的申报人在撰写申报书的时候没有体现出结构化思维，没有按照“金字塔原理”进行设计，而是胡子眉毛一把抓，变成了“拼图”申报书。有的申报人在撰写申报书的时候内容和方向不匹配。内容应该围绕工作室方向进行设计，实际中却出现了内容偏离方向的情况，结果南辕北辙，相差十万八千里。例如：申报人申报的名师工作室方向为红色理想信念教育，内容却是开展学生职业生涯规划指导、求职面试技巧、模拟面试训练等，没有围绕红色理想信念教育开展，与工作室的申报方向毫无关系。

绘制工作室的时间表、任务书、结构图，制订详细计划，列出数据图表等形式有助于评审专家更直观了解申报意图和创新点。

三、落地成果不显

在名师工作室申报过程中，申报书中预期所取得的成果是最重要的加分项，专家评委主要综合评价名师工作室未来会取得哪些成果，产生多大效果，带来多大影响，发挥多大作用。

很多申报人在申报过程中只是把材料堆积起来，显得杂乱无章，缺少特色亮点。因此，申报人在设计成果的时候要注意：不能大而全，胡子眉毛一把抓，不能只有发表论文、申报课题、出版专著这样泛泛的三种成果。

申报人要围绕名师工作室申报的方向进行成果设计。成果要能够落地实现，要可视化，要有层次感，要具有一定的影响力；要用案例、数据、图表等方式展示落地成果；要多体现“全国”“数量”“独特”等；要注意推广和应用。

典型案例 1

如果你的名师工作室申报方向为生涯规划指导，成果设计要体现出可量化，则可以设计为以下系列成果：

（1）指导学生获得生涯规划大赛省级以上荣誉3项；

（2）举办全国性有影响力生涯规划论坛活动1次；

（3）开展生涯规划主题精品活动10场；

（4）开发生涯规划原创微课程1门；

（5）发表生涯规划相关论文5篇；

（6）出版生涯规划相关专著1本；

（7）撰写生涯规划书20份。

典型案例 2

如果你的名师工作室申报方向为网络思政育人，成果设计要体现出可视化，则可以设计为以下系列成果：

（1）孵化网络思政育人相关内容原创版权课程2个；

（2）撰写网络思政育人典型共享案例50个；

（3）指导学生获得省级网络文化活动荣誉3项；

（4）推广网络思想政治教育课程讲座100场；

（5）申报网络思想政治教育精品项目1个；

（6）发表网络思想政治教育相关论文10篇；

（7）出版网络思政育人教材1部。

典型案例 3

如果你的名师工作室申报方向为地理教育研究，成果设计要体现出可视化，则可以设计为以下系列成果：

（1）开展地理课程同课异构研讨1次；

（2）撰写地理课程典型案例10个；

（3）申报地理核心素养培养途径课题1个；

（4）开展地理内容研学与课堂活动2次；

（5）完成地理课程公益巡讲活动3次；

（6）承担地理课程省培讲座2次。

反思复盘

名师工作室成果设计公式=动词+工作室方向+载体+数量。

拓展阅读

名师工作室申报：三大关键点，助你乘风破浪！

在追逐教育梦想的道路上，名师工作室的申报是每一位主持人不可或缺的一环。然而，许多人在申报过程中遇到了各种挑战，其中最为突出的问题有三个：申报方向不明、结构内容不清、落地成果不显。接下来，就让我们一起深入探讨这三个问题，为你的申报之路指引方向。

（一）点亮明灯，明确方向

申报名师工作室，首先要明确自己的申报方向。这就像航行在大海中的船只，只有明确了目的地，才能乘风破浪，勇往直前。因此，在申报前，你需要深入了解自己的专业特长、教育理念以及未来发展方向，确保你的申报方向既符合个人实际，又能体现教育创新的价值。

（二）条理分明，彰显专业

在申报过程中，结构内容的清晰程度直接关系到评审专家对你的第一印象。因此，你需要认真梳理申报材料，确保内容条理分明、逻辑严密。同时，要注重突出自己的专业特长和教育成果，让评审专家一眼就能看出你的专业水平和教育价值。

（三）成果展示，彰显实力

落地成果是名师工作室申报的关键所在。只有将你的教育理念付诸实践，取得实实在在的成果，才能赢得评审专家的认可。因此，在申报材料中，你需要充分展示自己的落地成果，包括学生管理、教学改进、学生成长、社会影响等方面。同时，要注重用数据和案例来支撑你的成果展示，让评审专家更加信服。

总之，名师工作室申报是一项需要认真准备、精心策划的工作。只有明确了申报方向、梳理了结构内容、展示了落地成果，才能让你的申报之路更加顺畅。

第二节　名师工作室立项面临两个窘境

申报人在名师工作室的申报过程中常常陷入两个窘境：一是申报即开始；二是立项即结束。

一、申报即开始

很多申报人认为名师工作室的申报开始时间就是上级部门对名师工作室评选文件下达的时间，也就是领导批准申报的时间。当申报人手里拿着审批文件时，脑子里却一片空白，感觉自己手头的材料一无所有，成果一无所显，申报一无所知，思路空虚，两眼发黑。

每一位申报人都要走出这个误区。虽然此时此刻你才拿到审批文件，但实际上你作为申报人五年前就已经开始了申报工作。换句话说，把近五年你和你的团队成员所做的工作、取得的成果、获得的荣誉进行重新梳理整合，让近五年的各项工作条理化、成果可视化、荣誉多样化。

根据名师工作室未来要确定的方向，把近五年开展的特色工作、取得的成果、所获荣誉围绕名师工作室的申报方向进行二次凝练与整合，形成申报人前期所做的积累性材料，也是工作室前期所取得的基础性材料。

当前很多名师工作室的申报人觉得材料不够，成果不显，积累不多，因此，我们要挖掘近五年学校、个人以及团队成员所获得的各项积累。

总结为一句话：你的材料是学校的成果，学校的成果也是你的材料。所以，虽然申报才开始，但是积累已完成。

典型案例 1

西南政法大学简敏老师“简敏工作室”

“简敏工作室”是2015年11月重庆市教育工委、重庆市教委首批授予的四个“高校辅导员名师工作室”之一，是一个跨部门、跨学院、跨学科、跨学校的辅导员工作室，由“4+1”团队构成（即“四组一营”：思想政治组、网络思政组、心理干预组、素质提升组和实践训练营），采用项目制管理，通过“$1+N+X$”的运行模式（即1个项目组长+N个教师+X名学生），在全市开展“名师有约”、“e路引航”、实践实训、调查访谈、主题宣讲等品牌活动，在培育学生的过程中与学生共同成长。

“简敏工作室”自成立以来，在长期的工作和实践中取得了丰硕的育人成果，在工作室团队的指导下，学生参加的各种赛事所获荣誉达123项，其中国家级荣誉15项、市级荣誉超过50项。工作室成员指导本科生参加“挑战杯”全国大学生课外学术科技作品竞赛，获得国家银奖和铜奖、重庆市特等奖等奖项。

“简敏工作室”共孵化了2个市级工作室、5个校级工作室；获全国最美高校辅导员、全国辅导员年度人物、全国辅导员年度人物提名共计4人次；《高校辅导员“六点工作法”》获评教育部辅导员百门精品课程；2023年网络教育作品展示获教育部微课一等奖；学生工作案例获重庆市高校思想政治工作优秀案例征集活动特等奖。

“简敏工作室”一直与成渝地区辅导员工作室协同共行，从辅导员队伍建设、社会服务、咨政建议、学生培养等方面，多次开展合作交流，积极发挥辅导员在大学生思想政治教育中的联动作用，成为重庆市乃至全国辅导员队伍建设的引领示范团队。

2024年，“简敏工作室”入选首届全国辅导员名师工作室。

典型案例 2

上海第二工业大学叶维明老师“‘辅导员说’同心圆网络育人工作室”

该工作室基于“辅导员说”网络育人平台而建立。该平台成立于2015年5月，平台坚持以“原创、思想、引领”为宗旨，以师生用户“共创、共建、共享”为建设理念，以“微教育、微互动、微体验”创新网络育人方法主动占领网络阵地，致力于打造成“师生同频共振、共同成长的思想对话平台，宣传高校学工队伍育人思想的形象展示平台，高校辅导员和青年学生的网络精神家园”。

平台设置“辅导员说”“学生说”“微思享”等固定常设栏目，实现了教育主体与教育客体的深度对话与交流，构建起“学生评价式”辅导员队伍建设模式。同时，为进一步提升网文内容质量，打造个人IP，运营团队选拔了来自全国高校的多位优秀思政工作者，设立了“卧谈会”“吴学平”“洞见大学”“粉思说”“夏说新语”等九大个人专栏，创作的大量原创网络作品，形成了强大的聚合效应。

经过8年建设，该平台现约有5万名全国高校辅导员粉丝，覆盖全国1000余所高校，累计发布网络作品3000余项，其中原创作品2000余项，作品被央广网、《东方教育时报》、第一教育等100余家官方媒体平台转载，其中60余项作品在全国（或上海）高校“一节一推选”活动中获奖；收到全国500余所高校师生主动来稿，形成了在全国大学生思想政治教育工作领域中具有一定影响力的思政育人平台、师生思想对话交流平台。

二、立项即结束

名师工作室申报人常常处于这样一种情境：前期加班加点，反复修改申报书，佐证材料细之又细，在规定上传或上报的时间内提前五分钟终于搞定，材料上传或上报结束，长舒一口气，万事大吉。自己安慰自己：结果不重要，过程很重要。

但内心仍然祈祷期待，希望专家慧眼识珠，祈祷幸运之神眷顾自身，期待公示文件中自己名字出现。在漫长的等待中感觉石沉大海，杳无音信，由希望变失望，又由失望变绝望，在绝望中慢慢接受现实的时候突然天降彩蛋，在上级网站上发现了公示的立项红头文件中有自己申报的工作室，经过逐字逐句反复确认，喜极而泣。

面对领导的鼓励、同事的祝贺、团队的兴奋、自己也沾沾自喜，长长地出了一口气，终于完成了指定任务，立项在手，使命完成，前程无忧，登顶封神。自己的心态也由校级一路飙升到市级、省级、国家级。

校园网站、微信公众号、朋友圈不停地宣传展示，各种“首次”“创新”“最高”等词语频繁出现，是所获荣誉的“新突破”，是个人成长的“新开始”，是队伍建设的“新高度”。彩旗飘飘，鞭炮齐鸣，开始迎接“各路诸侯前来取经朝拜”。面对鲜花、掌声、红头文件，仿佛工作室已经竣工落地，剪彩完成，万事大吉。

短暂的繁华过后自己渐渐趋于理性，开始陷入焦虑，因为除了红头立项文件外，自己一无所有。对于名师工作室未来发展茫然不知；名师工作室建设经验一穷二白；名师工作室团队成长何去何从；名师工作室成果体现无从下手。

所以，名师工作室立项不是结束，而是开始。

反思复盘

名师工作室要走出“申报即开始，立项即结束”的建设怪圈，需要日积月累，汇流成海，打造名师工作室成长闭环，形成名师工作室可持续发展战略。

拓展阅读

名师工作室申报的误区与破局之道

名师工作室的设立旨在汇聚优秀教育资源，促进教师之间的交流与合作，推动学生管理、教育教学质量的提升。名师工作室申报的两个误区不仅影响了名师工作室的健康发展，也阻碍了学生管理、教育教学改革的深入推进。

名师工作室的申报并不仅仅是填写一份表格，提交一份材料，它更像是一个起点，一个汇聚智慧、激发创新的平台。然而，许多申报人却错误地将立项视为终点，一旦获得立项资格，便以为万事大吉，可以高枕无忧。这种心态导致了名师工作室在项目执行过程中缺乏持续的动力和创新的活力。

同样，立项完成也并不意味着项目的结束，而是一个新的开始，需要申报人不断投入精力、整合资源，推动项目的深入实施。

要走出“申报即开始”的误区，申报人需要树立正确的观念。名师工作室的申报要把过去好的做法和经验凝练总结出来，并在后续的建设中进行项目实施和成果展示。因此，申报人在申报过程中要对近五年工作高度凝练、总结、梳理，明确目标计划，制定详细的工作方案和时间表。同时，还需要积极寻求合作伙伴和支持者，共同推动项目的顺利进行。只有这样，才能在获得立项资格后迅速进入工作状态，确保项目的顺利实施。

针对“立项即结束”的误区，申报人需要保持持续的热情和动力。名师工作室的项目往往具有一定的周期性和长期性，需要申报人在项目执行过程中持续发力、利用资源、解决问题。因此，申报人需要树立正确的项目观念，将项目视为一个长期的过程而非一次性的任务。

在项目执行过程中，要密切关注项目的进展情况和成果的展示情况，及时调整工作方案和时间表，确保项目的顺利进行。同时，还需要加强与合作伙伴和支持者的沟通与协作，携手保证项目的正常运行。

在名师工作室的申报和项目实施过程中，还需要注重成果的转化和应用，要时刻谨记名师工作室的设立宗旨，关注项目的实际效果和影响力。在项目执行过程中，要积极探索新的学生管理、教育教学方法和手段，总结项目经验和成果，并将其应用到实际中去。同时，还需要加强与其他名师工作室的交流与合作，取长补短，更好地推进各项工作落实。

名师工作室的申报并非一蹴而就的事情，而是一个需要长期投入和持续努力的过程。申报人需要树立正确的观念和态度，走出“申报即开始”和“立项即结束”的误区。在项目执行过程中要保持持续的热情和动力，注重成果的转化和应用。只有这样，才能充分发挥名师工作室的作用和价值。

第三节　名师工作室建设存在四种现象

目前，名师工作室如雨后春笋般生长起来，但建成后在运行过程中多数没有取得实质性的成绩，搞个仪式、挂个牌子、拍个照片、发个新闻，没有形成名师工作室的可持续发展机制。其根本原因在于名师工作室没有自己的核心竞争力，没有自己的使命愿景，只有一摊子琐碎事务和无限的重复性工作。

名师工作室建设主要存在以下四种现象。

一、运行虎头蛇尾

大多数名师工作室立项后，建设期限基本上是3年，3年后进行成果验收。名师工作室的建设发展在这3年期间可以分为三种状态。

第1年——轰轰烈烈、鼓舞人心的状态。拿到了立项文件，收到了领导的点赞，喜报新闻立现，同行发来贺电，主持人大展宏图，团队成员兴高采烈，其他人羡慕不已。一个名师工作室终于让每一个人评先进有资本，评职称有材料，评特色有文件。成立仪式、领导讲话、代表发言、接受牌匾、合影留念、设计房间、制定方案、广招英才、媒体采访、新闻报道、朋友圈转发……可以说整个工作室处于彩旗飘飘、红旗招展、轰轰烈烈、鼓舞人心的状态。

第2年——形在神散、难以为继的状态。随着时间的推移，名师工作室在运行过程中出现了“肠梗阻”现象。一个小小的名师工作室既要完成学校安排的相关任务，又要完成综合部门布置的工作，还要做好教研室列出的创新活动。工作室开展一项活动既要请示上级领导，又要协调综合部门，还要调动团队成员，但现实的情况是工作室不是行政综合部门，主持人不是中层干部，团队成员不是本部门人员。一场活动下来弄得大家身心疲惫、力不从心。

名师工作室在建设运行过程中“吃得太多导致消化不良”。

名师工作室的主持人以及团队成员本身有自己的工作，同时又从事教学工作或行政工作。有的团队成员本以为进入工作室后评评职称加加分，参加活动开个会，现场签到点个卯，复制粘贴交总结就可以了，但实际上是一系列活动压得自己喘不过气来，一个个项目忙得自己晕头转向。自己不仅要参加活动，还要分工负责项目，更要反思复盘总结。

工作室活动、给学生上课、日常工作、临时性安排搅在一起变成了一团乱麻，所以出现了工作室活动优先级往往排在了最后的情况。因为自己要上课，调课很困难；因为手头工作很重要，需要马上上报；因为领导要求今天必须完成；因为……最后工作室的活动或延迟或取消或应付了事、草草收场。

第3年——偃旗息鼓、销声匿迹的状态。随着时间的推移，有的工作室成员感觉进入工作室团队后除了干活儿就是干活儿，除了加班还是加班，除了写自己工作材料还得写工作室材料，并没有当初设想的那么轻松美好。理想很丰满，现实很骨感，于是有的团队成员开始以各种理由和借口选择了退出。

无奈之下，走着走着名师工作室由开始的一群人变成了最后主持人一个人。

二、活动杂乱无章

当前，很多名师工作室在立项后开展活动没有进行系统性设计，东一枪西一枪，杂乱无章，无法达到预期效果。工作室开展活动杂乱无章主要存在以下几种现象。

一是目的不明。工作室在开展活动时没有明确活动目标，更没有围绕工作室的研究方向去设计活动，只是因为上级部门或领导的要求而开展活动。

二是“面面俱到”。工作室在开展活动时没有主次之分，而是“面面俱到”。工作室成为各部门美其名曰的“承办方”。安全教育、教学改革、日常管理、师德师风、危机处理、后勤服务等，工作室变成了一个“筐”，所有的活动都可以“向里装”。

三是交叉雷同。工作室在开展活动时没有进行统筹规划、沟通协调。工作室与部门之间缺乏有效的沟通，导致信息不畅、任务重叠。有的部门搞完了相关活动，工作室按照自己的方式又开展了一次，造成了活动重复、资源浪费。

四是零敲碎打。工作室在开展活动时没有整体性、系统性、计划性，没有围绕一条主线去设计活动项目。今天有时间就把工作室成员聚在一起开展个临时性活动，明天没时间则工作室成员各忙各的，导致开展的都是碎片化活动。

在名师工作室建设过程中，不能为了活动而活动，不能为了宣传而活动，不能为了荣誉而活动。

三、名师单打独斗

在名师工作室建设过程中，一般实行主持人负责制。由主持人牵头或领衔组织团队成员开展名师工作室的建设和发展。

主持人在名师工作室的建设发展过程中具有举足轻重的作用，上传下达、沟通协调、统筹规划、分工合作，如果名师工作室主持人不能发挥其积极作用，不能充分调动团队成员的内在积极性，不能为每个成员进行赋能激活，不能对名师工作室进行远景规划，不能与同级部门进行协调沟通，不能与上级要求同频共振，则名师工作室很难实现质的发展。

名师工作室建设发展不是主持人一个人的使命职责，不是上级领导的工作任务，不是团队某个成员的一己之力。名师工作室的建设发展只有在上级领导的大力支持下，在同级部门的协同配合下，在主持人的统筹规划带领下，在全体团队成员的齐心协力下，才能进入一个健康持续高效的发展轨道。

在名师工作室的建设过程中，大家往往认为，既然工作室是主持人的工作室，那工作室的工作就是主持人一个人的工作，事无巨细导致主持人疲于奔命，成员却无事可做；还有一种观点认为既然工作室是主持人的工作室，那主持人就是领导，主持人就说了算，什么事情主持人自己决定就可以了，此观点导致在工作室建设发展过程中出现了主持人“一言堂、一人舞”。

名师工作室不是主持人的“后花园”，而是全体成员的“百花园”。

四、成果随意拼凑

在名师工作室的建设过程中，成果设计是工作室的一条主线，要围绕名师工作室的研究方向进行成果设计。

名师工作室要设计好每年的创新工作、重点工作、职能工作。创新工作要有特色，要有示范性和影响力，每年1~2项即可；重点工作要聚焦，要有联动性和覆盖面，每年5~10项即可；职能工作要具体，要有标准化，每年5~10项即可。

不能把创新工作设计成职能工作，如果一年设计10项创新工作，其实这就成了工作室的日常职能工作，失去了创新的意义。要做到一年开展一个创新工作，一个创新工作开展一年。

名师工作室要对创新工作、重点工作、职能工作进行凝练、总结和升华，将其打造成精品项目，形成可复制、有影响、示范性的特色品牌。

反思复盘

名师工作室在建设过程中，要有自己的“骨骼”，同时要不断丰富“骨骼”上的“血”和“肉”，但不能拿来主义、张冠李戴、复制粘贴、随意拼凑。

典型案例

“大学生党史学习教育工作室”经验介绍：百名高校思政工作者接力讲述党史人物故事

（一）创新模式，形成合力

2021年，中国共产党迎来百年华诞。为了更好地弘扬革命精神，赓续共产党人的精神血脉，2020年末，祝鑫、袁世平、李萌、李青山、沈菲等五位全国高校辅导员年度人物联合组建“大学生党史学习教育工作室”，邀请来自全国高校的百名一线思政工作者，发起“榜样，你好！——百名高校思政工作者眼中的党史人物”主题视频讲述活动，以接力讲述党史人物故事的方式，致敬中国共产党百年壮阔征程！活动一经发起，来自全国百余所高校的一线思政工作者主动融入团队，踊跃报名成为讲述人，共同汇聚起知史爱党、知史爱国的强大合力。

习近平总书记在党史学习教育动员大会上强调，要用党的奋斗历程和伟大成就鼓舞斗志、明确方向，用党的光荣传统和优良作风坚定信念、凝聚力量，用党的实践创造和历史经验启迪智慧、砥砺品格。“我们高校思政工作者作为为党育人、为国育才的骨干力量，创新工作模式，形成工作合力，用接地气的方式组织引领广大青年学生学好党史，是一件责无旁贷的事情。”项目发起人之一，陕西科技大学网络思想政治工作中心主任李萌在提及项目策划背景时这样表示。

（二）润物无声，成风化人

让故事入脑入心，助力提升党史学习教育成效。“高校思政工作队伍是一支有理想、有情怀的队伍，参与项目的100位老师，覆盖全国31个省区市和新疆生产建设兵团，既有教育部思想政治工作中的青年骨干、全国网络教育名师、最美高校辅导员、高校辅导员年度人物、高校辅导员素质能力大赛一等奖获得者，也有深受学生欢迎的思政课教师、党务工作者、共青团干部，还有初出茅庐的年轻辅导员，这是一次跨地域聚主体合力育人的探索尝试。老师们投入大量的业余时间和精力，自筹经费参与到项目中来，为的是什么？我认为就是为了一个共同的目标，用青年人喜闻乐见的方式，将自己对党史的学习认知和对信仰的理解感悟，注入一个个有故事、有温度的党史人物故事中，帮助学生树立坚定的理想信念，助力提升党史学习教育的成效。因此这也是一次讲故事融情理资政育人的探索尝试，一次短视频全覆盖网络育人的探索尝试，未来我们将继续深耕完善这些探索。”谈起项目特点，作为项目主要发起人的华中农业大学理学院党委副书记祝鑫如数家珍，目光坚定而自信。

（三）面向学生，面向未来

为了进一步贴合青年大学生的媒体接触习惯，扩大“榜样，你好！”主题视频讲述活动在校园和社会的影响力，提升教育实效，大学生党史学习教育工作室打造了包含微博、微信公众号、视频号、抖音、B站等在内的网络宣传矩阵，每期作品同步在各大平台上发布，形成规模化传播效应。广大青年学子通过网端微等平台聆听讲述，纷纷表示要向先辈致敬，传承红色从党史故事中汲取精神力量，在学思践悟中练就过硬本领。

项目发起人之一，南京师范大学新闻与传播学院党委书记沈菲表示，大学生党史学习教育工作室在项目推送结束后还将编写出版《榜样，你好！》一书，对党史人物故事、先进榜样事迹进行全方位、深层次、多角度的研究阐释，帮助师生准确掌握榜样人物事迹背后的信念渊源、价值皈依、红色基因，更加深刻地领悟中国共产党为什么“能”，马克思主义为什么“行”，中国特色社会主义为什么“好”，将浅层的情感体验深化为深层的价值认同，探索党史学习教育与知识体系教育相统一的长效机制。

（来源：高校思政网）

拓展阅读

名师工作室建设的“破茧之痛”与前行之路

在教育的广袤天地里，名师工作室作为引领教育教学改革的重要力量，承载着培养优秀人才、推动教育创新的重任。然而，在其建设的过程中，也面临着诸多的问题与困境，如同一只正在挣扎破茧的蝴蝶，只有经历了种种磨难，才能最终展翅高飞。

（一）资源瓶颈：名师难寻、资源难聚

名师工作室的首要问题是名师的稀缺性。真正能够引领学生管理、助力教育教学改革、具有创新精神和丰富实践经验的名师并不多。另外，资源的集聚也面临挑战，如何吸引更多的教育资源，如何合理配置资源，成为摆在名师工作室面前的难题。

（二）合作难题：协同不足、各自为战

名师工作室的发展需要的是一个团队的力量，而非单打独斗。但在实际运行中，由于各种原因，团队成员之间的协同合作往往不够紧密，各自为战的现象时有发生。这不仅影响了工作室的整体效能，也制约了其持续发展。

（三）创新困境：守旧有余、创新不足

在教育改革的大背景下，名师工作室需要不断创新、探索新的学生管理、教育教学模式和方法。然而，由于传统教育观念的束缚、教育体制的制约等因素，名师工作室在创新方面往往显得力不从心，守旧有余而创新不足。

（四）成果转化：理论丰富、实践乏力

名师工作室在理论研究方面往往有着丰富的成果，但如何将这些理论成果转化为实际的学生管理和教育教学实践，却是一个难题。理论与实践之间的鸿沟，让名师工作室的成果难以落地生根，无法真正发挥其应有的价值。

面对这些问题与困境，名师工作室需要不断反思、探索和实践。只有不断突破自我、勇于创新、加强合作、注重实践，才能走出困境，实现自我超越。让我们一起期待每一个名师工作室在未来的道路上都能够越走越远、越飞越高！

贰

路在脚下——
名师工作室建设注意要点

第一节　名称确定——实名还是艺名

名师工作室的名称是实名还是艺名？目前在名师工作室的实际建设过程中没有明确的统一标准和要求，每个省份的规定也各不相同。主要有以下两种形式。

一种是实名形式。名师工作室的命名完全以工作室主持人个人的名字进行命名。

一种是艺名形式。名师工作室的命名以各种文字语言进行命名。

高校辅导员名师工作室一般采用的是艺名。根据每个工作室的研究方向进行命名。

例如：笔者对2024年教育部公布的80个辅导员名师工作室进行了对比分析，发现仅有8个工作室是完全以工作室主持人个人名字进行的命名，其余的72个工作室名称则涵盖了天南海北、山川五岳、哥哥姐姐、花草树木等各种元素。

典型案例1

以实名形式命名的国家级辅导员名师工作室

工作室名称	主持人	学校	级别
王银思工作室	王银思	燕山大学	国家级
许森辅导员工作室	许　森	河南工业大学	国家级
李佩洁辅导员工作室	李佩洁	中国人民大学	国家级
沈晓倩名师工作室	沈晓倩	内蒙古师范大学	国家级
郝鹏工作室	郝　鹏	新疆农业大学	国家级
祝鑫工作室	祝　鑫	华中农业大学	国家级
莫伶名师工作室	莫　伶	内蒙古大学	国家级
普旺堆良友工作室	普旺堆	西藏农牧学院	国家级

典型案例 2

以艺名形式命名的辅导员工作室

工作室名称	主持人	学校	级别
“廿几青春”辅导员工作室	于涵宇	湖南大学	国家级
“小泥鳅”辅导员工作室	王德民	桂林电子科技大学	省　级
“让大象飞”辅导员工作室	费　锋	金华职业技术学院	校　级
“星火锦年”辅导员工作室	肖　梅	贵州交通职业技术学院	国家级
“红色基因”辅导员工作室	常雅慧	西北大学	国家级
“映山红”辅导员工作室	廖春妍	江西财经大学	国家级
“山栀花”网络思政工作室	张　锦	山东职业学院	国家级
“东方姐姐”网络思政工作室	赵东方	吉林师范大学	国家级
“小豆芽”辅导员素养提升工作室	高艳丽	南京邮电大学	省　级
“大树小树共成长”辅导员工作室	宫婷婷	江西外语外贸职业学院	国家级

中职学校名师工作室一般采用实名形式命名。以每个工作室主持人的名字进行命名。例如：深圳第一职业技术学校的阳海华老师的工作室直接命名为“阳海华名班主任工作室”。

中小学学科名师工作室一般采用实名形式命名，也是以每个工作室主持人的名字进行命名。例如：原成都市武侯实验中学的李镇西老师的工作室直接命名为“李镇西名师工作室”；商丘回民中学的程黎老师的工作室直接命名为“程黎高中地理名师工作室”。

名师工作室的名称可以多样化，遵循的原则是既要体现出工作室的特点和理念，又要简洁易记。以下是关于如何为名师工作室命名的几点建议：

简单明了。名字应该简短、易记，避免使用过长或复杂的词汇。例如，华中农业大学的祝鑫老师的工作室直接命名为“祝鑫工作室”，三亚航空旅游职业学院的李雪老师的工作室命名为“薪火工作室”，等等。

突出特色。将工作室的主要特色或研究领域融入名字中。例如，长春中医药大学的齐勋老师的工作室命名为“吉杏花开辅导员网络思政工作室”。

体现理念。名字反映工作室的研究理念或愿景。例如，如果强调创新教育，可以命名为“创新课堂”或“思维火花”。例如，北京科技大学的李勇威老师的工作室命名为“思创融合辅导员领航工作室”。

具有意义。利用具有象征意义的词汇来命名，可以使名字更加生动、有吸引力。例如，“砥砺前行”表示坚持不懈地努力，“桃李芬芳”象征教育成果丰硕。

团队特点。如果工作室是由某位名师领衔或具有特定的团队特色，可以考虑将其融入名字中。例如，来自勒流职业技术学校的班主任周玲老师的工作室直接命名为“周玲名班主任工作室”；来自德育专家余国良老师的工作室直接命名为“余国良名师工作室”。

易于传播。考虑到名字的传播效果，应选择易于发音、书写的词汇，避免使用生僻字或难以发音的词汇。

工作室的命名方式多种多样，通常取决于其特定的理念、目标或特色。以下是工作室命名的几种方式。

（一）理念命名法

根据工作室的教育理念或哲学来命名。例如，如果工作室注重创新教育，可以命名为“创新启航工作室”或“思维火花工作室”。

（二）愿景命名法

根据工作室的愿景或目标来命名。例如，如果工作室希望成为行业的领军者，可以命名为“领航者工作室”或“卓越之路工作室”。

（三）地域命名法

结合工作室所在的地域特色来命名。例如，如果工作室位于一座历史文化名城，可以命名为“古城智慧工作室”或“文化瑰宝工作室”。

（四）创始人命名法

以工作室创始人的名字或昵称来命名，有助于树立个人品牌，并增强工作室的个性化特色。例如，“张大师工作室”或“李老师教育工作室”。

（五）学科命名法

根据工作室主要涉及的学科或领域来命名，有助于明确工作室的专业方向和定位。例如，“数学探索工作室”或“语文雅韵工作室”。

（六）象征性命名法

使用具有象征意义的词汇或短语来命名，这些词汇或短语通常与工作室的教育理念或愿景相关联。例如，“智慧灯塔工作室”或“梦想启航工作室”。

（七）创新性命名法

尝试创造新词或结合不同词汇来命名，可以吸引人们的注意，并展示工作室的创新精神。例如，“智趣融合工作室”或“思维跃动工作室”。

（八）引用命名法

引用名言、诗句或谚语等来命名，可以使工作室的名称更具文化底蕴和深度。例如，“学无止境工作室”或“海纳百川教育工作室”。

（九）组合命名法

将不同的命名方式结合起来使用。例如，结合创始人命名法和学科命名法，可以命名为“李博士数学工作室”。

（十）简单明了命名法

使用简单明了的词汇或短语来命名，易于记忆和传播。例如，“名师工作室”或“精英教育工作室”。

在选择工作室名称时，请确保名称具有独特性、易于记忆和发音，并与工作室的理念和目标相契合。同时，也要考虑到文化差异和商标注册的可行性。

互动：请根据您的具体需求和喜好，根据以上命名建议和方法来为您的名师工作室命名。

反思复盘

名师工作室命名方式无论是实名形式还是艺名形式，均可以不拘一格，但要有利于名师工作室的品牌建立和传播，增强名师工作室的辨识度和吸引力，塑造名师工作室独特形象，打造名师工作室品牌IP，使其名称成为名师工作室发展的超级符号。

拓展阅读

揭秘工作室命名之道：实名vs艺名，哪个更吸睛？

在创意的海洋中，每一个名师工作室都如同一座独特的岛屿，它们的名字就是指引我们探索这片海域的灯塔。那么，当我们在为名师工作室命名时，是选择实名还是艺名呢？二者之间又隐藏着怎样的奥秘呢？

实名，顾名思义，就是以真实的姓名或品牌名称来命名工作室。这种方式的好处在于：它能够让人一眼就看出工作室的创始人或核心团队，增加信任感，同时，实名也便于品牌形象的传播和记忆，但是，实名也有其局限性。如果创始人的姓名或品牌名称并不具备足够的吸引力和辨识度，那么工作室的名字就难以在众多竞争者中脱颖而出。

相比之下，艺名则更加灵活多变。它可以是一个富有诗意的词汇，也可以是一个充满创意的图案，甚至可以是一个与工作室业务毫无关系的名字。艺名的好处在于：它能够充分展现工作室的个性和特色，吸引更多志同道合的人前来合作，同时，艺名也更容易在社交媒体等平台上引起关注和讨论。然而，艺名也有其风险，如果名字过于独特或难以理解，可能会让人产生距离感，影响工作室的口碑和形象。

无论是实名还是艺名，都有其独特的魅力。在命名时，我们需要综合考虑多种因素，选择一个既符合自己喜好又能够吸引目标受众的名字。只有这样，才能让我们的工作室在创意的海洋中独树一帜，成为众人瞩目的焦点。

第二节　研究方向——“普遍撒网”还是“集中兵力”

名师工作室的研究方向是“普遍撒网”还是“集中兵力”？

当前，有的名师工作室的研究方向太宽泛、不聚焦，导致名师工作室在后期的建设过程中出现头重脚轻的现象。没有目标或者目标太大，没有方向或者方向太杂，导致名师工作室的内容和载体撑不起研究方向。例如：有的辅导员工作室的研究方向为辅导员素质能力提升。“辅导员素质能力提升”这个方向包含了九大职责的方方面面，这个研究方向显得太宽泛，工作室的主持人以及成员很难支撑起这个方向的研究。

名师工作室的研究方向要与从事的本职工作紧密结合，要从教育实践中确定方向，要从教育领域的热点和难点问题中确定方向。例如：有的班主任工作室的研究方向为校园安全管理，但班主任是讲生涯规划课程的；有的班主任是从事语文教学研究的，却在工作室的研究方向上选择了数学教育研究。这些情况都是工作室的研究方向没有与自己的本职工作有机结合。

一个名师工作室十个成员，十个成员研究了十个方向，则变成了“东北的大锅炖”。十个方向分离，没有形成孵化器合力，反而变成了“十马分尸”。

名师工作室的研究方向要聚焦而不是杂交。我们可以从以下三个方面确定研究方向。

一、研究方向要细分领域

名师工作室的研究方向要细分领域，不能大而全。

如果你是辅导员，则名师工作室可以选择教育部43号令九大职责中某一个职责作为研究方向。

注意：不能把教育部43号令九大职责都作为自己工作室的研究方向，因为一口吃不成胖子。

如果你是班主任，则名师工作室可以选择德育工作中某一个领域作为研究方向。

注意：不能把整体的德育工作作为自己工作室的研究方向。德育工作是一个大概念，属于宏观视角，要从微观视角进行工作室方向的凝练与确定。

如果你是学科教师，则名师工作室可以选择所从事的学科发展建设作为研究方向。学科发展建设包含了课堂管理、教育教学、教材教法、思政育人等。

注意：学科教师要围绕学科进行向下细分领域，不能大于学科范围。

细分核心研究领域。在众多可能的研究领域中，选择一个或几个与工作室成员专业背景、兴趣和经验相符的核心领域进行深入研究，这样可以确保工作室在该领域具有专业性和权威性。

二、研究方向要聚焦一点

名师工作室的研究方向要聚焦一点，不能四面开花，以确保工作室的研究深入、有效、专业，并避免资源和精力的分散与浪费。

聚焦研究方向。名师工作室的研究方向可以是一个具体的教育管理问题、一个教学方法的改进、一个教育理念的深化、一个育人方式的探讨。明确的研究方向有助于工作室成员集中精力，形成合力。

避免四面开花。虽然教育领域涉及的方面广泛，但名师工作室的研究方向应该有所取舍，避免面面俱到、四面开花。过多的研究方向会分散资源和精力，导致研究不深入、不透彻。

形成研究特色。在名师工作室聚焦研究方向的基础上，应该努力形成自己的研究特色，提升工作室的知名度和影响力。这可以通过深入研究某一问题，开发独特的教学方法或学生管理理念，积累丰富的学生管理、教学案例，课题研究等方式实现。

定期评估调整。随着研究的深入和外部环境的变化，名师工作室需要定期评估其研究方向的适应性和有效性，并根据需要进行调整。这有助于确保工作室的研究始终紧跟时代步伐，保持先进性、时代性和创新性。

名师工作室的研究方向需要聚焦。通过明确研究方向，避免四面开花，形成研究特色和定期评估、调整等方式，名师工作室可以发挥更大的作用，确保名师工作室健康有序良性发展。

三、研究方向要精准落地

名师工作室的研究方向要精准落地，不能浮在上面，要确保研究成果具有实际应用价值，并能形成可视化成果，以便更好地展示和推广。

深入了解实际需求。主持人在设定研究方向之前，应该深入了解自己以及团队成员所从事工作的实际需求，包括学校、教师、学生和家长等各方面的需求和期望。这可以通过调研、访谈、问卷调查等方式实现，确保研究方向与实际需求紧密相连。

精准定位研究方向。在了解实际需求的基础上，名师工作室应该精准定位研究方向，选择具有实际应用价值和研究潜力的领域进行深入研究。这样可以确保研究成果能够直接应用于思政教育、学生管理、教育实践、课堂改革、科研探讨等，解决实际问题。

注重转化实践应用。名师工作室在研究过程中，应该注重成果转化实践应用，将研究成果与学生管理、教学实践相结合，不断探索和尝试新的方法和策略。通过实践验证研究成果的有效性和可行性，为实践提供有力支持。

形成可视化成果。名师工作室应该将研究成果以可视化形式展示出来，如课题论文、典型案例、研究报告、微视频、课件、项目、微课等成果形式。这些可视化成果可以直观地展示研究成果的内容和价值，方便他人了解和借鉴。同时，可视化成果也更易于传播和推广，有助于扩大工作室的影响力。

通过深入了解实际需求、精准定位研究方向、注重转化实践应用、形成可视化成果等方式，提高名师工作室研究成果的质量和影响力。

名师工作室在建设过程中，如果“普遍撒网”则会导致资源分散、精力不足等问题，样样通，样样松；如果“集中优势兵力”在某一领域深入钻研，精准定位，形成独特的研究特色，在该领域形成核心竞争力，则会为学生以及教师提供更加专业的指导。

反思复盘

名师工作室的研究方向不仅要聚焦落地，更要创新可持续，紧跟时代需求，跨界融合发展。研究方向是名师工作室发展的旗帜，是名师工作室建设的引领，是名师工作室前进的灯塔。

典型案例 1

以辅导员工作室为例聚焦研究方向

九大职责领域	工作室名称	主持人	研究方向	学校
思想价值引领	曲建武工作室	曲建武	思想引领	大连海事大学
	新时代雷锋精神种子培育工作室	孔祥慧	价值引领	辽宁石油化工大学
党团班级建设	陈丽敏辅导员工作室	陈丽敏	党建文化	广东药科大学
	贾昌路辅导员工作室	贾昌路	主题班会	新疆理工学院
	周海燕辅导员工作室	周海燕	党建团建班建	江西财经大学
学风建设	孔祥彬辅导员工作室	孔祥彬	学风建设	西南交通大学
学生日常事务	王译梓辅导员工作室	王译梓	资助育人	昆明冶金高等专科学校
	王东辅导员工作室	王东	大学生入伍	辽宁职业学院
心理咨询服务	同心圆梦辅导员工作室	马军	心理健康教育	南华大学
	叶海燕心理工作室	叶海燕	心理健康教育	西南大学
	董成文心理工作室	董成文	心理健康教育	辽宁师范大学
网络思政教育	祝鑫工作室	祝鑫	网络思政	华中农业大学
	朱应开辅导员工作室	朱应开	网文写作	泉州师范学院
	小种子网络工作室	吴迪	网络思政	东北电力大学
校园危机应对	刘明耀辅导员工作室	刘明耀	校园危机事件	辽宁生态工程职业学院
就业创业	茹楠辅导员工作室	郑茹楠	创新思维设计	忻州师范学院
	容融生涯规划工作室	彭容容	生涯规划指导	无锡城市职业技术学院
	指南针辅导员工作室	廖满媛	就业指导	北京工业大学
	"一职为你"工作室	张龙华	就业指导	南京信息工程大学
理论实践研究	唐业喜辅导员工作室	唐业喜	科研立项	吉首大学

典型案例 2

以班主任工作室为例聚焦研究方向

职责领域	工作室名称	主持人	研究方向
思想价值引领	余国良名师工作室	余国良	学生培养
	汪永智名师工作室	汪永智	班主任培养

续表

职责领域	工作室名称	主持人	研究方向
党团班级建设	王永军名师工作室	王永军	班主任大赛
	李迪名师工作室	李迪	班级建设
	阳海华名师工作室	阳海华	班级建设
心理咨询服务	王爽旻心理名师工作室	王爽旻	心理教育
网络思政教育	信息技术丁玉海名师工作室	丁玉海	信息技术
	信雅玲名班主任工作室	信雅玲	数字赋能
校园危机应对	王立杰名师工作室	王立杰	安全教育
	齐德才名师工作室	齐德才	危机事件
生涯规划	敦品励学名班主任工作室	吴小平	生涯规划

拓展阅读

“集中优势兵力”vs“普遍撒网”

名师工作室的研究方向通常是“集中优势兵力”，而非“普遍撒网”。

“集中优势兵力”意味着名师工作室会将其资源和精力集中在一个或少数几个核心领域或关键问题上，进行深入、系统的研究。这种方式有助于工作室在这些领域或问题上形成深厚的积累和独特的见解，从而在该领域或问题上取得显著的成果和影响力。

相比之下，“普遍撒网”的研究方式则意味着广泛涉猎多个领域或问题，试图在多个方面都进行研究。然而，这种方式可能会导致工作室的研究精力过于分散，难以形成深入的理解和专业的见解，降低了其研究的深度和效果。

名师工作室作为学生管理、教育教学领域的专业团队，其目标是通过深入研究和实践，提高学生管理、教育教学质量和教师专业水平。因此，他们更倾向于选择“集中优势兵力”的研究方式，将资源和精力集中在一个或少数几个核心领域或关键问题上，进行深入的研究和实践，做成自己的品牌，并产生广泛的影响力。

第三节　建设内容——“游击战法”还是“围城战略”

名师工作室的建设内容是采用“游击战法”还是“围城战略”?

“围城战略”，顾名思义，就是要在名师工作室的研究领域内筑起一道坚固的城墙，将名师工作室的研究方向紧紧包围，不让任何外界干扰影响名师工作室的建设发展。这需要主持人以及团队成员具备深厚的学术底蕴和坚定的研究决心，同时也要有清晰的研究计划和丰富的项目载体。

名师工作室建设内容应该采用“围城战略”，针对工作室的研究方向“集中优势兵力”聚而攻之。不能实施“游击战法”，“打一枪换一个地方”，中途撤退，半途而废。

在名师工作室的建设内容上应采用“围城战略”。这种战略意味着我们要明确工作室的研究方向，以坚定的步伐和明确的目标，聚焦工作室的研究方向，然后“集中优势兵力”，汇聚所有的资源和力量，全力以赴地去攻克这个方向，而不是分散力量，随意地涉猎多个领域。

这种战略并非“游击战法”的随意变换，“打一枪换一个地方”，而是要有计划、有步骤地推进，明确工作室的建设目标，丰富名师工作室的建设内容，整合名师工作室的建设资源，设计名师工作室的建设项目。确保每一次的“进攻”都能取得实质性的成果。

典型案例 1

华南师范大学陈璐老师的“幸福生涯辅导员工作室”建设内容

“幸福生涯辅导员工作室”围绕生涯规划方向，聚焦大学生生涯规划、职业生涯规划、就业能力提升、求职技巧训练、教师教研活动等内容实行“围城战略”。

内容一：大学生生涯规划。定期开展新生自我探索工作坊、大学生生涯规划讲座，普及生涯规划理念，提高学生生涯发展意识。

内容二：职业生涯规划。分学院、分专业、分模块构建学生了解职业信息的平台。定期开展职业沙龙、职业生涯规划讲座，举办职业生涯规划大赛和岗位分析比赛。

内容三：就业能力提升。开展大学生就业能力提升课题研究，开展用人单位对学生就业能力需求的动态分析，为学校"大学生职业生涯规划与管理"课程以及"职业素质实训与就业指导"课程研发与工作室活动开展提供依据。

内容四：求职技巧训练。定期开展简历制作、面试技巧、求职形象与礼仪训练营。

内容五：教师教研活动。举办多场教师沙龙，从理论前沿、教学经验分享、培训学习心得、教学大赛经验交流等方面为工作室团队成员提供交流平台。

反思复盘

该名师工作室的建设内容聚焦，所有的内容都围绕生涯方向"聚而攻之"。

典型案例2

塔里木大学李丹丹老师的"小胡杨"辅导员工作室建设内容

"小胡杨"辅导员工作室研究方向为融媒体时代红色基因融入高校思想政治教育长效机制构建。以培养"传承红色基因的新时代戍边人"为目标，打造"基因铸魂工程、基因融情工程、基因成才工程、基因传承工程"四大育人体系。

（一）基因铸魂工程——开展大学生讲思政公开课比赛

在全校组织开展题为"百年辉煌路·奋斗正当时"塔里木大学首届大学生讲思政课公开课大赛暨第五届全国高校大学生讲思政课公开课展示活动。活动共计收到参赛作品31件，推荐4件作品参加兵团赛，最终获得一等奖1件、二等奖2件、三等奖1件。同学们在不断学习和自我讲述中深刻理解了中国共产党为什么能、马克思主义为什么行、中国特色社会主义为什么好，深化了对思政课教学内容的认识和思考，展现了新时代大学生的马克思主义理论素养和精神风貌。

（二）基因融情工程——开展“文化润疆”读书会

开展每月读书分享会，将兵团精神、胡杨精神等红色书籍列入必选书目，鼓励大家以书会友，以书明辨，在知识的海洋中畅游新疆兵团，爱上新疆兵团，形成良好的文化氛围。工作室通过导师荐读、学生品读、导师领读、师生交流、分享汇报的形式提升读书会成效。新生每学期至少参加一个读书小组，并将红色书籍、国学经典书目推荐给新生，引导新生阅读经典；团队成员每学期至少指导一个读书小组，领读至少一本书；每学期至少集中组织一场“阅读书·越青春”读书分享会，相互荐书并交流读书心得。

（三）基因成才工程——开展形式多样的校园文化活动

为了丰富同学们的课余生活，让同学们在第二课堂的实践中更加全面地认识自己，遇见更好的自己，工作室通过科技创新、志愿服务、社会实践以及校园文化活动等，鼓励同学们在校期间完成“八个一”训练计划，培养全面发展的高素质人才。工作室围绕“党在我心中”和“我心目中的英雄”开展主题征文比赛2场，共计收到作品103件，推荐18件作品参加兵团学习强国“我心目中的英雄”征文比赛。围绕“感党恩　送祝福”和“反诈同心　你我同行”开展主题手抄报大赛2场，共计收到作品81件。

（四）基因传承工程——开展党史学习教育

在建党百年之际，为深入贯彻落实习近平总书记在党史学习教育动员大会上的重要讲话精神，传承红色基因，赓续红色血脉，切实引导广大学生做到学史明理、学史增信、学史崇德、学史力行，工作室组织开展了形式多样的党史学习教育。工作室成员在课堂内外、线上线下开展理论宣讲、党史学习教育等主题活动上百场，受众群体两万余人次，号召工作室成员参与拍摄党史学习教育掌上微党课，拍摄微党课10部，录制《胡杨精神》等微党课，被“学习强国”收录，受到众多媒体转发。工作室组织开展“胡杨青年红色之旅”教育实践活动，召集百名胡杨学子打卡红色地标社会实践活动，鼓励大家走进革命博物馆、红色遗址、革命历史人物纪念馆等红色文化教育地，通过学习、走访、参与实践活动、做志愿讲解员，深化党史学习教育。该项目获批立项国家级大创项目，获兵团优秀团队2次，校级优秀团队3次。

反思复盘

该名师工作室围绕红色基因建设内容，通过打造“基因铸魂工程、基因融情工程、基因成才工程、基因传承工程”四大工程，突出红色基因育人作用。

典型案例3

辽宁石油化工大学孔祥慧老师的“新时代雷锋精神种子培育工作室”建设内容

（一）在讲堂中播种

课中上好“升华课”，做到每月上一次“雷锋精神大讲堂”教育课，每逢3月5日、8月15日、12月18日等重要纪念日，都组织学生重温领袖题词、追忆雷锋事迹，开展续写雷锋日记，让雷锋精神在点滴灌输中注入学生心田。

（二）在网络中播种

公众号以雷锋记忆、雷锋传承、雷锋育人为主线，开通12个子栏目，每个栏目内容丰富、形式多样；公众号结合重要时间节点、重大事件，如结合抗疫、建党一百周年，将优秀的视频作品放在视频号上展示，讲好雷锋故事，广播雷锋种子。

（三）在论坛中播种

2021年3月，承办了辽宁省大中小学2021年“雷锋精神我传承　青春闪耀新时代”学雷锋主题活动启动仪式；5月会同“教育部高校思想政治工作中青年骨干队伍建设项目”“海南省高校思想政治工作中青年骨干队伍建设项目”举办了“辅导员队伍建设论坛”，来自全国百所高校共300名辅导员代表与会，通过专家报告、经验交流、分组研讨、考察学习等形式，聚焦学生工作的重点、难点、痛点进行探讨交流，共同为新时代高校辅导员工作迈上新台阶作出贡献。

（四）在宣讲中播种

工作室围绕弘扬新时代雷锋精神、为石油石化奉献燃烧的爱、讲好东北老工业基地振兴故事，以及四史教育等相关方面，深入高校、石油石化企业、社会巡回宣讲共25次。

（五）在践行中播种

工作室组织学生先后6次对雷锋战友、工友及辅导过的学生进行访谈，走进石油石化行业的创业一线参观实践7次，到“雷锋纪念馆”等展馆参观学习共2600多人次。

（六）在文创中播种

工作室收集雷锋相关书籍200余种、杂志20余种，设计出带有雷锋元素的学习、生活等方面的文创用品6项，创作“学习四史践使命、传播青春正能量”系列原创歌曲2首。

（七）在平台中播种

计划搭建10个育人平台，现已完成6个平台的创建，即校外辅导员工作平台、专家指导平台、共育共建平台、云端雷锋种子培育课堂、网络宣传平台和雷锋精神种子宣讲平台。其中的网络宣传平台开通了“革命精神系列之永恒”的雷锋精神专题网站，在全国高校思政网上线。

（八）在研究中播种

工作室主持人及成员先后在《光明日报》《辽宁日报》《精神文明报》《共产党员》《党建文汇》等报纸、期刊以及全国高校思政网、人民论坛网、东北新闻网等主流媒体上发表有关雷锋精神和广播雷锋精神种子的理论文章12篇，受到广泛好评。

在名师工作室的内容建设上，我们需要保持高度的专注和决心，不被外界的诱惑和干扰所动摇。同时，我们也需要不断地进行反思和总结，及时调整策略和计划，确保我们能够持续地进步。

在名师工作室的建设过程中，我们要将资源和精力集中在工作室已经确定的研究领域和研究方向上，如同围城般将其紧紧包围。我们要深入研究，不断挖掘，寻找新的研究突破口，将研究成果转化为实际的学生管理和教学成果，为学生提供更高质量的教育服务。

通过实施这种“围城战略”，我们可以让名师工作室在所确定的研究领域内形成强大的影响力，吸引更多的优秀人才加入名师工作室的队伍，共同推动名师工作室的建设发展。同时，这种战略也可以帮助团队成员之间建立更加紧密的合作关系，形成更加有效的团队合力。

当然，在实施过程中，名师工作室也需要保持一定的灵活性。在名师工作室研究方向不变的前提下，不断地调整或创新建设内容，丰富建设载体，整合建设资源，但是，这种调整应该基于深思熟虑和充分论证，而不是随意为之“打一枪换一个地方”。

反思复盘

名师工作室的建设应该采取“高筑墙、广积粮、深挖井”的策略。

拓展阅读

名师工作室建设：聚力围城，精耕细作

在名师工作室的建设发展过程中，名师工作室如一面面旗帜，引领着学生管理、教学创新和教师专业发展的方向。然而，在名师工作室的建设过程中，有人认为应采用“游击战法”，灵活多变，“打一枪换一个地方”；但在实际建设过程中，名师工作室的建设应采用“围城战略”，久而围之，聚而歼之，精耕细作，以点突破。以稳固的根基和长远的规划推动名师工作室的持续发展。

首先，“围城战略”强调聚焦与深度。名师工作室的建设不是一场短暂的百米冲刺，而是一场持久的马拉松。“游击战法”虽然灵活，但难以形成深厚的

学术积淀和品牌影响力。“围城战略”则要求名师工作室在某一领域或某一学科上深入耕耘，形成独特的风格和研究成果。这种深度和专注性不仅能够提升名师工作室的学术地位，也能为学生提供更为系统、深入的学习体验。

其次，“围城战略”注重团队和资源。名师工作室不是一个人的战斗，而是一个团队的协同作战。“围城战略”要求名师工作室在团队建设和资源整合方面下足功夫，形成一支高效协作、优势互补的教师团队；同时，名师工作室还应积极整合外部资源，如与兄弟院校名师工作室、研究机构等建立合作关系，共同开展学生管理、教学研究和学术交流，推动名师工作室的高质量发展。

最后，“围城战略”保持稳定和持续。“游击战法”虽然能够快速响应环境变化，但也容易导致教学方向的频繁变动和不稳定。“围城战略”则要求名师工作室在教育教学上保持一定的稳定性和持续性，确保学生能够在一个相对稳定的教学环境中学习和成长。这种稳定性不仅能够提高学生的学习效果，也能够为名师工作室的发展奠定坚实的基础。

当然，围城战略并不意味着一成不变和封闭保守。相反，它鼓励名师工作室在保持相对稳定的基础上，不断创新和进取。通过不断探索新的学生管理、教育教学方法和手段，开展跨学科的教学研究等方式，名师工作室可以保持自身的活力和竞争力，为名师工作室的发展注入新的动力。

第四节　角色定位——“领头羊”还是“牧羊犬”

名师工作室主持人的角色定位是“领头羊”还是“牧羊犬”？

从普通教师跨越到名师工作室主持人，教师从思想、行为、身份、思维等方面开始发生了转变，从普通一个人转变为团队凝聚者、思想引领者、典型示范者、活动组织者，在名师工作室的建设中重建职业身份，转变思维方式，改变工作模式。

在名师工作室的建设中，主持人是工作室的主心骨和灵魂，发挥着导向的作用。要提高工作室的效率与效益，发挥工作室的作用，必须提升主持人的自身人格魅力，增强团队凝聚力。名师工作室主持人在工作室的建设过程中要努力做到典型示范做表率、坚定信仰有情怀、赋能激活找路径、主动担当重落实、督促沟通勤反馈、凝心聚力大团结。

一、名师工作室主持人要当好“领头羊”

领头羊在羊群中扮演着多重领导角色，这些角色对羊群的行动和秩序至关重要。

第一，领头羊是羊群的典型示范者。无论是放牧还是圈养，只要领头羊确定了方向或目的地，其他羊就会乖乖地跟随其后。领头羊的每一个动作、每一个转向，都影响着整个羊群的行为。

名师工作室主持人作为“领头羊”，要发挥典型榜样示范作用，为工作室发展树立正确目标方向，引领工作室成员向上成长，吃苦在前，冲在一线，做工作室发展建设的冲锋陷阵者、扛旗向前者。

第二，领头羊是羊群的冲突调解者。在羊群中，羊与羊之间难免会发生矛盾或冲突，这时领头羊会出面制止并教训不听话的羊，从而维护羊群的和谐与稳定。领头羊的存在，使得羊群中的冲突得以有效化解，避免了更大的纷争。

名师工作室主持人作为“领头羊”，要发挥沟通协调、解决问题的作用。当名师工作室成员内部出现分歧或矛盾，主持人要进行有效沟通协调，达成一致意见，聚力向前发展，不能对矛盾视而不见、听而不闻，听之任之。主持人既要海纳百川又要统一战线。

第三，领头羊是羊群的安全保障者。在面临天敌或其他威胁时，领头羊会凭借自己的经验和判断，带领羊群寻找安全的避难所或逃生的路径。领头羊的存在，让羊群在面对危险时有了更多的生存机会。

名师工作室主持人作为“领头羊”，要让每一个成员有归属感和安全感。在名师工作室的建设过程以及团队成员成长过程中，主持人要主动担责，荣誉在后，要为团队成员积极创造发展的有利条件和成长空间。

作为名师工作室主持人的“领头羊”在羊群中扮演着典型示范者、冲突调解者以及安全保障者等多重领导角色。充分发挥其领导才能，才能引领工作室成员专业化成长，推动工作室深度发展。这些角色确保了团队的有序行动、和谐稳定以及安全保障，同时，也反映了其在团队中的重要地位和影响力。

二、名师工作室主持人要当好“牧羊犬”

牧羊犬是人们赋予专职放牧类犬的一个总称。它们天生就是出色的工作犬，具备许多令人钦佩的特性，为羊群保驾护航。

第一，牧羊犬是羊群的预警反馈者。牧羊犬的主要作用是协助牧羊人放牧，它们不仅能够帮助牧羊人守护羊群，使其免遭豺狼虎豹的侵袭，还可以确保羊群不会走失或被盗。在农场中，牧羊犬还负责警卫工作，确保羊群的安全。

名师工作室主持人作为“牧羊犬”，要发挥预警预危预防的作用。在名师工作室建设过程中，及时发现潜在风险，第一时间化解风险点；对团队每个成员的成长要每月进行定期反馈，通过不断的复盘反馈，督促鼓励团队成员自我成长。

第二，牧羊犬是羊群的落实执行者。牧羊犬的灵敏性、警惕性和觉悟性都非常高，它们不仅好动性强，对主人忠诚度高，而且学习速度快，能够迅速理解并执行人类的指令。

名师工作室主持人作为“牧羊犬”，要积极落实学校以及工作室的各项计划方案，设计各种项目载体，搭建工作室建设发展的平台。按照工作室年度的“路线图”责任到人，计划到周，项目到位。做到工作室开展活动有计划、落实项目有专人、执行过程有督促、反思复盘有总结、材料积累有存档。

作为名师工作室主持人在团队中扮演着预警反馈者、落实执行者的重要角色，以其独特的视角和卓越的能力，塑造团队协作氛围，激发团队责任意识，搭建平等对话平台，在名师工作室的建设发展中发挥着举足轻重的作用。

名师工作室主持人既要做好“领头羊”无须扬鞭自奋蹄，又要当好“牧羊犬”更需扬鞭自奋蹄。

典型案例 1

辽宁大学“谢晓娟名师工作室”介绍

2020年，辽宁大学“谢晓娟名师工作室”获批辽宁省名师工作室；2021年获批“全国高校思想政治课理论工作室（辽宁大学）”。工作室负责人谢晓娟教授先后获得辽宁省“最美教师”、辽宁省本科教学名师等荣誉称号，入选辽宁省“兴辽英才”哲学社会科学领军人才支持计划、辽宁省文化名家暨“四个一批”人才。

工作室坚持集体备课、集体磨课、打造“思政金课”，获批国家级一流课程2门，辽宁省一流课程8门，入选教育部高校示范马克思主义学院和优秀教学团队3个。

践行“大思政”教学理念，建设省部级、地市级大中小学思政课一体化共同体3个，与辽宁民办高校开展“手拉手”共建活动，切实推动提高思政课教学质量。

积极推动辽宁“六地”红色文化资源融入思政课教学，形成《辽宁“六地”红色文化资源融入思政课教学指导意见》。

工作室负责人在《红旗文稿》《思想理论教育导刊》《山东社会科学》等党报党刊发表论文30余篇，其中多篇被“中国人民大学复印报刊资料”等转载。出版学术著作4部。

工作室负责人及主要成员主持国家社科基金重大项目、委托项目、一般项目11项，教育部人文社会科学项目8项。工作室成员获批国家级、省部级批示5项。

典型案例 2

河北省邯山区教师进修学校“信息技术丁玉海名师工作室”主持人职责与角色

“信息技术丁玉海名师工作室”主持人丁玉海老师是团队内部的领航者，在工作室的运行中起着关键作用。作为组织内部的主心骨，他不仅是工作室的领导者，也是工作室活动开展的组织者，同时是学习者。

工作室的领导者。丁玉海作为主持人在工作室承担的责任主要包括日常事务的管理以及队员的引领。在日常事务的管理中，主要是制订工作室的工作计划，协调工作各方面事务等。作为工作室的引领者，丁玉海老师本身就具备丰富的教学经验和自己鲜明的教学风格；同时，他会协助成员制订合理的发展目标和计划，并且在过程中给予支持、引导和帮助。在这个过程中，成员及主持人自己的工作能力都得到了提升，促进了名师的发展，从而推动工作室的良性发展，为成员创造出和谐积极的学习氛围。

工作室的组织者。在名师工作室举办各项活动时，需要丁玉海老师进行组织协调，活动的形式、类型、时间等也都需要他来决策。同时，他还要了解工作室成员对学习的需求，并组织开展适切的活动，打破现状和陈规，运用多种方式满足成员的学习诉求。

工作室的学习者。主持人丁玉海老师对工作室建设和管理的过程，也是他克服困难和接受挑战的过程。丁玉海老师要让团队有条不紊地成长发展，必须时刻严格督促、要求自己，提升自己应对困境和挑战的能力，以更好地引导和支持工作室成员成长、发展。

典型案例3

“程黎高中地理名师工作室”的主持人职责

主持人是工作室成员的导师，是工作室组建和运行的基石，是工作室的第一责任人，负责计划、主持、组织、统筹工作室的日常管理、教学指导、课题研究、任务分工和策划开展各项活动，对工作室的运行起着统领作用。主持人应引导每一位成员主动融入名师工作室，坚持以共同愿景为引领，将个人愿景和工作室愿景有机结合起来，为每一位成员创造展示自我的机会。

做好管理。主持人全面主持工作室的各项工作，明确工作室的发展方向；负责制订工作室管理工作方案、发展规划、年度计划等；负责组织开展工作室集中研修、主题研讨等活动，并对工作室成员进行管理和考核。

培育成员。主持人负责制订工作室成员的培养方案，包括培训目标、培训内容、培训形式等；针对工作室成员的个性特长，指导和帮助成员，明确成员成长目标；建立工作室成员的成长档案，给予跟踪指导、反馈。

指导教学。课堂是教师教书育人的主阵地，主持人要精心设计立足课堂教学的研修活动，通过工作室集体备课和同课异构，指导成员把“立德树人”融入教学过程中，用教学主张引领专业成长。

指导科研。课题研究室是教师专业成长的助推器。工作室主持人要以自己的研究专长为基础，以工作室成员集体智慧为依托，针对教育教学实践中的重点、热点和难点问题提炼出课题，开展研究，形成教育教学改革成果。

资源辐射。主持人要负责建立工作室公众号、特色网站或专题网页，开通小红书、微博、抖音等新媒体账号，形成工作室宣传的新媒体矩阵，使之成为工作室动态发布、成果辐射推广、资源生成整合的中心和教师交流的平台，实现资源共建共享。

教育帮扶。主持人通过送教下乡或建立名师工作室分站等多种形式，定期组织学员面向农村地区、薄弱学校开展支教助学、送教送培等活动，促进教育整体水平提升。

反思复盘

在名师工作室的建设发展过程中，名师工作室主持人不等于“水泊梁山带头大哥”，名师工作室不等于行政综合部门，名师工作室研讨会不等于小圈子聚会。名师工作室要制度化、规范化、职责化、品牌化。

拓展阅读

双重角色筑梦未来：从“领头羊”到“牧羊犬”的华丽转身

在名师工作室的建设发展过程中，名师工作室的主持人不仅是学生心中的明灯，更是引领团队前行的舵手。他们，既是“领头羊”，又是“牧羊犬”，集双重角色于一身，用智慧与汗水书写着名师工作室的传奇。

作为“领头羊”，名师工作室的主持人需要具备前瞻性的眼光和卓越的领导力。他们要像领头羊一样，站在队伍的最前面，用坚定的步伐和明确的方向感，引领团队成员共同前进。他们深知，教育的道路充满挑战，只有不断创新、不断探索，才能为学生指明前进的道路。

因此，他们时刻关注教育动态，研究新的教育理念和方法，努力将最先进的教育思想引入课堂，让学生在知识的海洋中扬帆远航。

然而，仅仅作为“领头羊”是不够的，名师工作室的主持人还需要扮演好“牧羊犬”的角色。他们不仅是团队的引领者，更是团队的守护者。他们关注每一个团队成员的成长，倾听他们的声音，了解他们的需求，为他们提供及时的帮助和支持。他们像牧羊犬一样，时刻守护在团队成员的身边，用关爱和信任构建起一个和谐、温馨的团队氛围。他们知道，只有团队的力量才能战胜一切困难，只有团队的智慧才能创造出更多的教育成果。

从“领头羊”到“牧羊犬”，名师工作室的主持人在双重角色中找到了平衡点。他们用自己的行动诠释着教育的真谛，用自己的智慧引领着团队前进。他们是学生心中的楷模，是团队成员的榜样。他们用自己的努力和汗水书写着教育的辉煌篇章，为培养更多的优秀人才贡献着自己的力量。

在名师工作室的建设发展中，让我们期待更多的名师工作室主持人能够在双重角色中闪耀光芒，为名师工作室的繁荣发展贡献更多的智慧和力量！

第五节　成员选拔——清一色还是老中青

名师工作室的成员选拔至关重要。名师工作室的成员选拔是清一色年轻人还是老中青相结合？

一、成员选拔老中青结合

在名师工作室建设过程中，名师工作室团队成员的选拔并非简单地以年龄划分或者以资历划分，而是应该根据团队成员的能力、经验和潜力综合来考虑，老中青相结合的团队配置能够带来更加丰富的经验和多元化的视角。通过老中青三代教师的完美融合，才能共同绘制出名师工作室建设的绚烂多彩教育画卷。

老：团队成员中的“老”并不一定指年龄，也包括团队成员要拥有丰富的经验和深厚的学生管理、教育教学底蕴，他们的智慧和经验可以为团队提供宝贵的指导和建议。他们的存在不仅可以稳定团队，还可以在关键时刻给予成员指导和支持，主动发挥传帮带的作用。

“老”的要求是真心传、热心帮、悉心带。

中：团队成员中的“中”不仅指年龄上有优势，同时又擅长沟通协调，他们在团队中起着桥梁和纽带的作用。他们能够理解年轻人的需求和想法，同时也能够和老辅导员、班主任以及教师进行有效的沟通，促进团队内部的和谐与协作。

“中”的要求是看在眼里、记在心里、学到手里。

青：团队成员中的“青”是指年轻人，工作时间不长，年龄较小，但具有创新思维和敢打敢拼的精神，他们勇于尝试新的学生管理和教学方法和手段，善于利用网络新媒体，懂得“00后”沟通语言，能够为团队带来新的活力和创意。他们的参与可以让团队更加富有朝气和活力。

“青”的要求是积极请教、主动作为、创新担当。

因此，名师工作室的团队成员选拔应该注重多元化和平衡性，老中青相结合的团队配置可以为工作室建设发展带来更加全面和深入的研究成果。同时，团队成员之间应该相互尊重、信任和支持，共同为名师工作室的发展贡献力量。

名师工作室除了主持人之外，不仅有顾问，有导师，还可以有助理，更需要其他成员。

通过老中青结合，名师工作室才能如同一座巍峨的大山，既有深邃的根基，又有挺拔的峰巅，既能承载岁月的重量，又能迎接未来的挑战。

典型案例 1

广东省技工院校班主任名师工作室成员要求

职务	人数	遴选条件
主持人	1 人	1. 认真贯彻落实党和国家的教育方针，热爱教育事业，思想政治素质较好，师德高尚，有较高的政策水平、扎实的理论基础和较成熟的班主任工作理念，班级建设业绩突出，具有较强的领导力、影响力、号召力和凝聚力，在德育与班主任工作中积极探索、勇于创新。 2. 在职在岗的一线班主任，具有大学本科以上学历，从事班主任（含德育管理干部）工作 6 年以上，原则上具有中级以上职称。 3. 本人获得校级及以上“优秀班主任”称号或所带班级获得校级以上“优秀班集体”“优秀团支部”等称号。 4. 近五年内开展班主任工作研究并取得较好业绩成果，达到下列条件之一：主持并完成市级以上项目（课题）研究；公开发表思政或德育研究论文（第一作者）；参与完成的思政或德育类教科研成果获校级以上奖项；获得省、市技工院校班主任业务能力竞赛二等奖及以上。
顾问	1 人	1. 认真贯彻落实党和国家的教育方针，热爱教育事业，思想政治素质较好，师德高尚，熟悉技工教育政策及学生管理工作，具有丰富的班主任工作及培养经验。 2. 具有大学本科以上学历，中级以上职称。 3. 能够根据工作室的整体规划和确立的重点项目，对工作室的日常管理提出指导性意见，参与过程管理，协调各方资源，推动工作室建设达到预设目标。
理论导师	1 人	1. 认真贯彻落实党和国家的教育方针，热爱教育事业，思想政治素质较好，师德高尚，熟悉教育教学规律和技工教育政策，具有较高的职业教育理论水平，掌握班主任工作规律，具有一定的班主任培养经验。 2. 具有大学本科以上学历，副高级以上职称。 3. 能够指导工作室聚焦班主任工作中的重点、难点问题，开展实践创新活动，提供必要的政策及理论辅导。
助理	1~2 人	1. 认真贯彻落实党和国家的教育方针，热爱教育事业，思想政治素质较好，师德高尚，具有较强的责任意识和执行能力。 2. 在职在岗的一线班主任或德育管理干部。 3. 能够熟练应用现代信息技术，积极配合主持人完成工作室建设任务，原则上由主持人所在院校选派。
其他成员	8~10 人	1. 认真贯彻落实党和国家的教育方针，热爱教育事业，思想政治素质较好，师德高尚，有扎实的理论基础和较成熟的班主任工作理念。 2. 在职在岗的一线班主任，具有较强的教学科研和实践能力，优先考虑校级以上优秀班主任。 3. 鼓励跨校遴选，原则上跨校成员不超过工作室成员总数一半。 4. 结构合理，充分考虑成员的性别、年龄、教龄、班主任工作年限、职务职称及任教课程专业等，满足工作室建设实际需要；在建设周期内，原则上不允许替换。

典型案例 2

江西理工大学“高校辅导员工作室”（江西省首批高校辅导员名师工作室）成员组成

江西理工大学“高校辅导员工作室”成立于2014年，创建至今，工作室成员从江西理工大学逐渐拓展到31个省区市。150余所高校的300多名高校辅导员和思政工作者。成员中拥有高级职称29人，中级职称120人；博士25人，硕士132人；88人拥有工作室，其中国家级工作室2个、省级工作室14个、市厅级工作室20个、校级工作室52个。

这些年来，工作室成员共获批项目100余项，其中教育部人文社科课题17项、省部级项目80余项，出版著作9部，发表学术论文百余篇，获国家级荣誉40余项、省级荣誉120余项。2020年获批江西省首批高校辅导员名师工作室。

二、成员选拔“前中后”程序

名师工作室的成员选拔方式是多种多样的，可以自荐、可以推荐，也可以直接选拔，但在选拔过程中有一个重要的前提，即这些成员全都是自愿的，并且有自我完善、自我成长、自我突破、自我发展的强烈愿望。

选拔前宣传动员。工作室选拔前要做好宣传动员工作，把成立工作室的目的和意义、选拔成员的标准、条件和方法说清楚，通过海报、说明会、传达会、通知等形式进行宣传，广而告之。工作室成员自愿申请，主动加入。

选拔中认真审核。工作室在选拔中要依据选拔标准认真审核。按照标准要求做到客观公正，每一项标准打分要有理有据，令人信服，使入选成员感到光荣而心生重视，令未入选成员十分羡慕，继续努力。

> **名师工作室的成员选拔是“天南地北来相会，不拘一格选人才”。切记不要在成员选拔过程中走过场、走人情、拉人头。**

选拔后指导督促。工作室在选拔后持续跟进指导督促。召开会议、制定规则、合理分工、指导监督。日常工作的繁忙和琐碎足以消解加入工作室之初的工作热情和成长渴望。没有监督指导，工作室容易流于形式、无所建树。

反思复盘

名师工作室选拔成员是一个动态过程。有人退出，有人加入。要做到“流水不腐户枢不蠹”，保持工作室的血液循环。

典型案例

高校辅导员工作室第七批成员选拔

（一）选拔条件

（1）热爱学生工作，政治素质高，作风正派，德才兼备，乐于奉献。

（2）认真履行教育部43号令相关要求，在工作思路、方法上有创新、有特色、有内涵。

（3）具有2年以上（含2年）学生管理工作经验。

（4）至少获得过一项市厅级及以上的荣誉奖励。

（5）具有微信公众号写作及编辑的能力，熟练操作平面设计软件或具备新媒体运营与管理、新媒体技术使用经历。

（6）能处理好本职工作与运营工作室之间的关系。

（7）具有一定的科学研究能力。

（8）具有以下条件的人员优先录用：有较强的文字功底；就职“双一流”建设所在高校；精通剪辑音视频软件；辅导员素质能力大赛省级以上获奖者；拥有校级以上辅导员工作室；科研水平较高者，副教授或副处级干部等。

（二）选拔办法

（1）资格审查：根据报名人员提交的报名登记表、个人简历等材料进行初选审核。

（2）五关考核：经初选入围的人员，工作室将进行五关考核。

（3）试用考察：根据考核结果，择优确定试用考察人员，并进行3个月的试用考察（均需先到编辑部进行新媒体素养锻炼）。

（4）录用公示：根据试用考察表现，确定最终招募人员并予以公布。

（三）工作职责

（1）遵守工作室的相关工作纪律，履职尽责。

（2）积极推广和宣传工作室相关工作。

（3）每季度至少有原创思想政治教育工作微信软文2篇或工作案例、工作汇报。

（4）每季度阅读1本思政工作相关书籍，并撰写读书心得或读书笔记。

（5）积极参与工作室主持的各类项目。

（6）按工作计划完成工作室安排的其他各项工作。

所有的工作室成员可在网上进行相关工作，适当时候举行线下活动。工作室会以季度为单位面向成员内部评选“季度之星”，以年为单位评选“十佳工作者”“优秀工作者”，并颁发证书。

拓展阅读

打破清一色，迎接老中青，共创新辉煌

在教育的海洋里，名师工作室如同一艘航船，承载着培养未来人才的使命。然而，在成员选拔这一重要环节上，是应该坚守清一色的专业精英，还是拥抱老中青三代，共同书写教育的新篇章？

在传统观念中，名师工作室往往倾向于选拔经验丰富、成就卓越的资深教师。他们凭借着深厚的学术功底和丰富的教学经验，为工作室带来了稳定的学术氛围和高质量的教学成果。然而，这种清一色的选拔模式也带来了一些问题。一方面，缺乏新鲜血液和创意的注入，可能导致工作室在学生管理、教学方法和理念上陷入僵化；另一方面，年轻教师的成长空间和机会受到限制，不利于教育事业的持续发展。

如今，越来越多的名师工作室开始意识到老中青三代相结合的重要性。他们不仅选拔了资深的辅导员、班主任、学科带头人，还积极引进了一批有活力、有创意的年轻教师。这种跨年龄段的组合为工作室注入了新的活力，推动了学生管理、教学方法和理念的创新。同时，老中青三代教师之间的交流和合作，也促进了彼此的成长和进步。

在名师工作室的新篇章中，我们期待看到更多老中青三代教师携手共创辉煌的场景。他们共同研究学生管理、教育教学，分享教育教学经验，探索教育创新；他们互相学习、互相借鉴、共同成长。这样的名师工作室不仅能够为学生提供更优质的教育资源和服务，还能够为教育事业的持续发展注入新的动力和活力。

因此，未来名师工作室在建设发展过程中要打破清一色的选拔模式，拥抱老中青三代相结合的新理念，齐心协力为名师工作室的发展贡献自己的力量！

第六节　外聘专家——搞仪式还是选资源

名师工作室外聘专家是搞仪式还是选资源？

为了减少名师工作室在立项初期缺乏经验导致在试错过程中花费的时间和周期，名师工作室建设过程中可以外聘专家，而什么样的专家符合外聘标准呢？

名师工作室的发展视野不能只局限于工作室自身，而要积极拓展工作室的边界。工作室可以吸收高水平的专业人士加入支持，从而向更高层次迈进。外聘专家具有先进的教育理念、扎实的理论基础，能够为工作室提供新视角。

名师工作室的外聘专家一定属于资源型专家，能够真正地给工作室带来各种资源，帮助工作室整合资源，助力工作室开发资源。名师工作室的外聘专家绝不仅仅是为了搞个仪式，发个聘书，拍个照片，走个过场；而是要选聘资源型的专家，为工作室带来实质性的帮助和资源，在理论与实践上给予指导、助力。

在名师工作室的建设过程中，外聘专家的选择至关重要。他们应当是在名师工作室研究领域和研究方向上具有深厚造诣和广泛影响力的专家，能够真正为工作室带来所需的资源和支持。这些资源可能包括管理资源、教学资源、研究资源、人脉资源等，能够助力工作室进行学生管理创新、教育教学研究、课程开发、师资培训等方面的工作。

选聘专家顾问，是名师工作室科学高效建设的重要条件。具体来说，名师工作室外聘专家应当具备以下条件。

影响力：在专业领域具有较高的知名度和影响力，能够引领工作室在该领域的发展，具有权威性。

实战化：具有较强的学生管理、教育教学能力和实践经验，能够指导工作室成员进行学生管理、教育教学研究和实践。

资源型：具有丰富的资源和人脉，能够源源不断为工作室提供所需的资源和支持，帮助工作室整合资源、开发资源、凝练资源。

方法论：能够给予工作室成员方法指导，不纸上谈兵，让工作室成员知道如何将工作室的研究成果落地落实。

同时，名师工作室在外聘专家时，也应当注重与专家的沟通和合作，确保他们能够真正为工作室带来所需的资源和支持。具体来说，可以通过以下方式加强与外聘专家的合作。

定期邀请外聘专家参与工作室的活动，如讲座、研讨会等，与工作室成员进行深入交流和互动。

鼓励外聘专家为工作室提供指导和建议，帮助工作室解决在学生管理、教学研究、课程开发等方面遇到的问题。

加强与外聘专家所在机构或单位的合作，共同开展思政教育、教学研究、师资培训等项目，实现资源共享和互利共赢。

总之，名师工作室的外聘专家应是资源型的专家，他们能够为工作室带来实质性的帮助和支持。在外聘专家时，应当注重选择符合条件的专家，并加强与其沟通和合作，确保他们能够为工作室的发展作出贡献。

名师工作室的外聘专家不仅是工作室的专家顾问，更是工作室的合作伙伴。

典型案例 1

名师工作室外聘专家的资质要求

知名度影响力：外聘专家通常是省市内外知名专家，具有较高的理论修养和先进的教育理念，拥有改革创新的意识，在本学科领域中有较高的知名度。

教育教学经验：外聘专家应具有较强的教育研究和教学实践能力，能组织、培养和指导骨干教师进行教育教学研究，解决教育教学中的热点、难点问题。

荣誉奖励称号：享受国务院政府特殊津贴专家，获全国优秀教师（教育工作者）、正高级教师、特级教师、自治区（省级）学科带头人等荣誉或称号的专家，或获得省级以上荣誉、奖励、称号的专家是外聘的优选对象。

典型案例 2

辽宁省高校“辅导员联播”工作室外聘专家一览表

姓名	工作室	学校及学历	指导方向
彭容容	容融生涯规划主持人	无锡城市职业技术学院　博士	生涯规划
尤长军	霏雨工作室主持人	辽宁农业职业技术学院　副教授	班级建设
郑茹楠	茹楠工作室主持人	忻州师范学院　博士	创新思维
李红霞	绘心绘智工作室主持人	中北大学　副教授	学生礼仪
韩　笑	学理论工作室主持人	河南农业大学　博士	学生干部

典型案例 3

阜新市第二职业中等专业学校“德·匠”名班主任工作室外聘专家仪式

典型案例 4

大连电子学校名班主任工作室外聘专家证书

聘书
LETTER OF APPOINTMENT
兹聘请
刘明耀 教授
为大连电子学校名班主任工作室
首席专家
特发此证
2023年5月19日
大连电子学校

典型案例 5

辽宁省名班主任工作室设计的

“中职学校学生干部素质能力提升线上公益训练营”项目

反思复盘

名师工作室的外聘专家是工作室的重要组成部分，他们的资质、经验、资源、影响力对于名师工作室的发展和教育教学质量的提升具有重要意义。充分发挥、调动外聘专家积极性，利用外聘专家这个“支点”撬起名师工作室的“地球”。

拓展阅读

揭秘名师工作室外聘专家是走过场还是真资源

在名师工作室的建设过程中，外聘专家无疑是一个重要的环节；但问题也随之而来：我们究竟需要什么样的专家？是仅仅为了装点门面，走过场般地发个聘书、拍张照片，还是真正寻找那些能为工作室带来宝贵资源的“宝藏型”专家？

答案显而易见：名师工作室的外聘专家，绝不仅仅是形式、仪式，而应该是资源型的实战者。这些专家，他们不仅是行业的翘楚，更是能够为工作室提供实质性帮助的重要力量。

想象一下，当一位在教育领域有着丰富经验和深厚资源的专家加入名师工作室，他们所带来的不仅是专业的知识和见解，更是一个庞大的资源网络。他们可以帮助工作室整合各种资源，无论是教学资料、先进的教学理念，还是行业内的最新动态，都能为工作室提供宝贵的支持。

更重要的是，这些资源型专家还能够助力工作室进行资源的开发和创新。他们不仅可以根据工作室的实际需求，提供个性化的资源解决方案，还能够激发工作室成员的创新思维，共同探索新的教学领域和方法。

因此，名师工作室的外聘专家绝非走过场，而是真正的资源型专家。他们不仅能够为工作室带来各种宝贵的资源，更能够成为工作室发展的重要支撑力量。让我们一起期待，在更多这样优秀的资源型专家的助力下，名师工作室建设发展创造出更多的奇迹！

第七节　组织架构——垂直形还是金字塔形

名师工作室的组织架构是垂直形还是金字塔形?

垂直形结构意味着主持人一抓到底、事事负责、亲力亲为、事无巨细，虽然能够确保主持人对工作室的全面掌控，但可能会因为主持人过于忙碌而无法充分关注每个成员的具体工作，导致工作效率下降。

金字塔形结构意味着按照名师工作室的职责进行合理分工，主持人实行总负责制，下设各个部门，各个部门负责人对主持人负责。这种结构能够确保每个成员都明确自己的职责和任务，从而更加高效地完成工作。

名师工作室的垂直形结构是以主持人的一己之力源源不断、毫无期限地向工作室以及全体成员输入能量，但主持人的能量是有限的，最后导致主持人“油尽灯枯”。

因此，在名师工作室的组织架构上，一般更倾向于金字塔形结构。在名师工作室的建设发展过程中，金字塔形组织架构更为常见和有效。

名师工作室的金字塔形架构具有以下几个优势。

（一）明确的层级结构

金字塔形组织架构为名师工作室提供了清晰的层级结构，使得每个成员都明确自己在组织中的位置、职责和权力范围。这种明确的层级关系有助于确保工作室的各项工作有序进行。

（二）高效的决策与执行

在金字塔形架构中，名师工作室主持人位于顶层，负责制定工作室整体发展战略和决策。各个部门的负责人则根据主持人的要求，负责具体执行和管理工作。这种结构使得决策能够快速形成并下达执行层，保证了决策的高效性。同时，明确的职责划分也有助于提高执行效率。

（三）资源的集中利用

在金字塔形结构中，资源往往集中在主持人这层，这有助于资源的集中利用和优化配置。主持人可以根据工作室整体战略需要，对资源进行统一调配，确保工作室的各项工作能够得到充分的支持。

（四）稳定的组织结构

金字塔形架构的稳定性有助于名师工作室在面对外部变化时保持内部秩序，减少因环境变化带来的冲击。这种稳定性有助于确保工作室的长期发展和稳定运行，不会因为某个成员退出导致工作室发展运行受阻。

（五）明确的晋升激励机制

金字塔形架构为工作室成员提供了明确的晋升路径和激励机制。成员可以通过努力工作和不断学习，逐步提升自己的能力和地位，从而获得更好的职业发展机会。这种机制能够激发成员的积极性和创造力，促进工作室的持续发展。

综上所述，名师工作室的金字塔形组织架构具有明确的层级结构、高效的决策与执行、资源的集中利用、稳定的组织结构和明确的晋升激励机制等优势，有助于确保工作室的长期发展和稳定运行。

典型案例 1

中原名师宋歆初中数学工作室的成员分工

负责人	分工	具体工作
宋歆	总体规划	全面主持工作室工作，拟定工作室工作方案、计划，确定成员培养目标；组织开展工作室交流活动，组织成员外出学习，定期召开会议，负责年终考核；组建公众号、交流群。
李渊文 黄立艳 孟书宇	执行落实	李渊文任工作室助理，协助工作室主持人落实相关具体事宜，做好工作室任务安排的上传下达。黄立艳和孟书宇分别任工作室的执行组组长，做好各项活动的落实、材料收集、整理与督促工作。
李渊文	宣传报道	及时发布工作室动态，协助主持人撰写年度活动计划、总结、新闻等。
刘菲	学习安排	协助主持人规划阶段性学习内容，推荐学习资料，组织成员交流学习体会，反馈成员学习情况。
李靖	课题研究	负责课题日常运行，筹备和组织课题研究活动，负责做好课题研究阶段总结，整理课题研究材料，填写活动记录，反馈课题研究情况。
韩淑华	教研活动	负责教研活动的筹备和组织，妥善安排教学资源的上传，为形成网络教学资源库做准备。

续表

负责人	分工	具体工作
李青	读书分享	组织工作室成员开展读书活动，建立读书小组进行每日分享，定期开展线上或线下读书分享活动。
李杰	网络维护	负责工作室公众号的发布和管理工作，负责活动考勤，统计工作室成员上传共享资料数据和上交文字材料数据。

典型案例 2

西北大学常雅慧老师“红色基因”辅导员名师工作室的组织架构

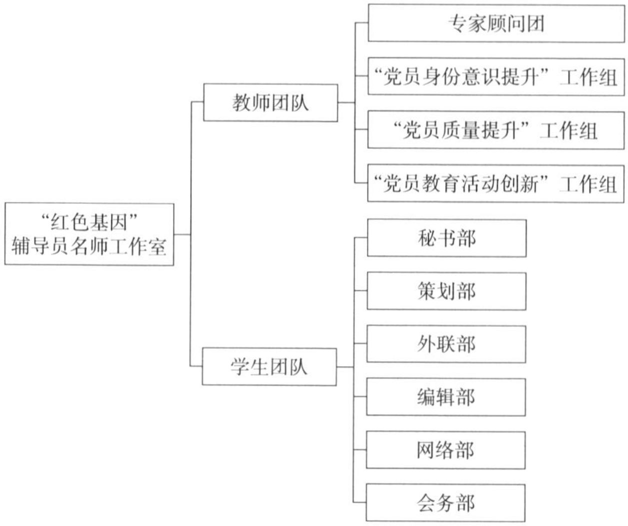

典型案例 3

东北电力大学陈佳老师“化语易班”网络文化辅导员工作室组织架构

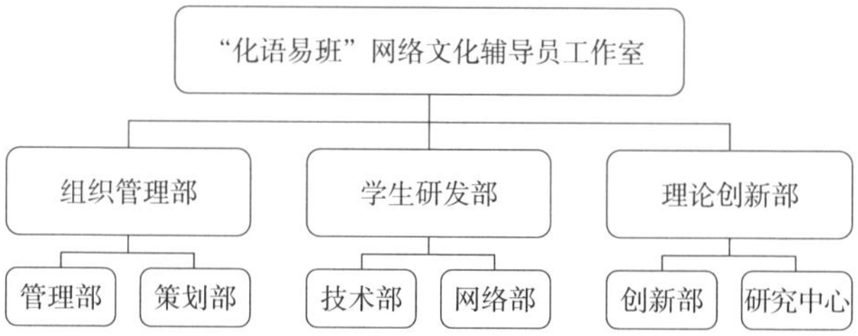

典型案例 4

广西大学吴达慧老师“礼润小西”辅导员工作室组织架构

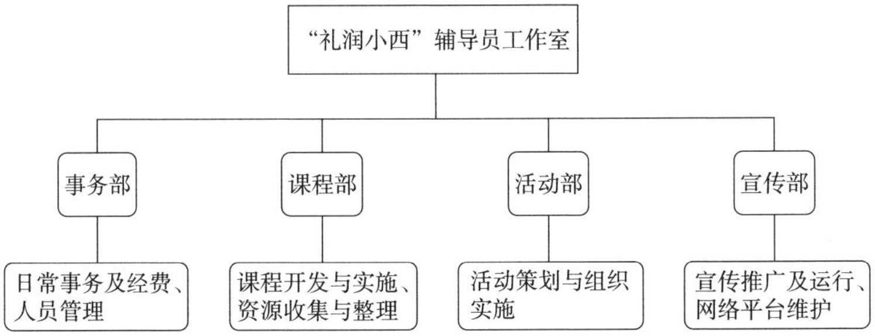

典型案例 5

昆明理工大学张瑶老师“张瑶辅导员工作室”组织架构

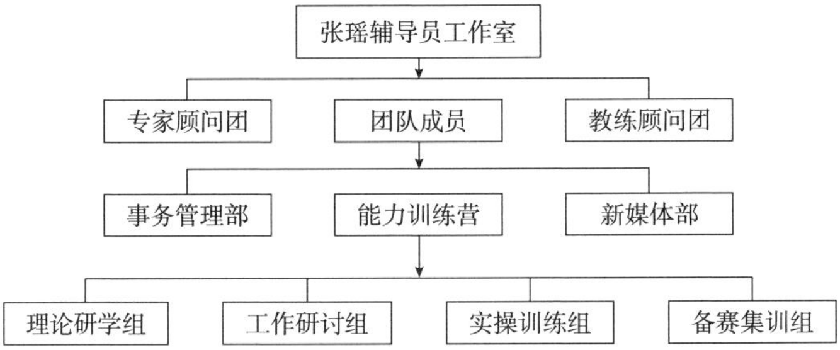

反思复盘

名师工作室主持人要让每个成员都能找到自己的二级组织和适合的位置，充分激活每个人的成长能量，提供自我发挥的成长空间。

拓展阅读

名师工作室的组织架构：垂直形vs金字塔形，哪个更胜一筹？

垂直形和金字塔形，这两种模式各有千秋，但哪一种更能推动名师工作室的蓬勃发展呢？

首先，我们来看看垂直形组织架构。在这种模式下，名师工作室的主持人可谓“一夫当关，万夫莫开”，他们事无巨细，亲力亲为，从工作室计划的制订到日常管理的琐碎事务，都亲自抓在手中。其他成员则更像是主持人的得力助手，协助完成各项工作。这种模式的优点在于：执行力强，主持人能够迅速将决策转化为行动，但缺点同样明显：主持人工作压力大，容易疲劳，而且难以培养团队成员的独立性和创造力。

其次，我们再来看金字塔形组织架构。这种模式的优点在于：分工明确，各司其职，团队成员能够在自己的领域内充分发挥才能，提高工作效率；同时，主持人也能够从烦琐的日常事务中解脱出来，专注于工作室更宏观的战略规划和决策。然而，这种模式也存在一定的挑战，例如，如何确保各部门之间的顺畅沟通和协作，如何避免权力过于分散导致的决策效率低下等问题。

最后，在名师工作室的建设发展过程中，我们一般更倾向于采用金字塔形组织架构。这是因为随着名师工作室规模的扩大和业务的复杂化，单一主持人的垂直形管理模式已经难以满足发展需求；金字塔形组织架构则能够更好地适应这种变化，通过合理分工和团队协作，推动名师工作室的持续发展。

无论是垂直形还是金字塔形组织架构，都没有绝对的好坏之分；关键在于如何根据名师工作室的实际情况和需求来选择最合适的模式。同时，在实践中不断调整和优化组织架构，才能确保名师工作室的蓬勃向上健康发展。

叁

对标对表——

名师工作室建设机制考核

本章以《教育部办公厅关于加强中等职业学校班主任工作室培育建设工作的通知》为依据，细化《中等职业学校班主任工作室建设标准》，对标对表，以可视化形式积累建设材料，积极做好名师工作室建设机制考核。

第一节　名师工作室总体要求

一、领导有力

第一，高度重视。把名师工作室建设纳入学校党建工作规划和学校年度工作要点，定期研究部署、推进落实。学校领导班子每学期至少听取1次名师工作室情况汇报，研究遇到的新情况、新问题，及时指导和协调推进。

第二，工作职责。名师工作室的工作全面贯彻党的教育方针，落实立德树人，突出面向人人、因材施教、学生主体、教师主导。名师工作室团队成员工作职责和权力明确，待遇保障有力，成长激励机制健全。

第三，制度机制。工作室建设工作领导小组定期听取建设情况汇报，组织领导有力，工作指导到位，工作室建设机制健全、有效。

名师工作室建设验收要点如下。

要点一：体现名师工作室建设的学校年度计划；

要点二：名师工作室建设发展的专题汇报纪要；

要点三：名师工作室成员的选聘办法、工作职责；

要点四：名师工作室建设发展的各项完善制度。

名师工作室建设要求明确领导核心，强化领导作用，建立有效的领导沟通机制，提供支持帮助，关注成员成长发展，为工作室建设发展保驾护航。

典型案例

高校“双带头人”教师党支部书记工作室建设标准（学校党委高度重视）

（1）教师党支部建设和“双带头人”支部书记培育工作纳入学校党建工作规

划和年度工作要点，明确工作计划和年度安排，定期研究部署、推进落实。学校常委会或党委会每学期至少听取1次培育工作情况汇报。

（2）教师党支部建设和“双带头人”党支部书记培育工作制度健全，近三年教师党支部书记“双带头人”全覆盖工作规划和年度计划完善，工作有序推进。

（3）构建形成党委组织，教师工作部门牵头，人事、教务、学科建设等部门参与，院系级党组织具体负责的“双带头人”培育工作机制。

（4）校、院（系）两级党委委员联系教师党支部制度健全。

（5）“双带头人”党支部书记培育工作纳入院（系）级党组织书记抓党建述职评议考核工作，作为“双带头人”工作室所在院（系）党组织书记必述必答内容。

（来源：教思政厅函〔2018〕19号）

二、定位准确

工作室是在学校党组织领导下，围绕学生管理、教育教学、学科建设等工作，教师自愿参与建设，工作室成员交流、学习、研究、实践、成长的共同体，发挥研究、咨询、指导、服务作用。

第一，党委统一领导。名师工作室是在学校党组织的直接领导下进行工作的，这确保了工作室的方向正确，与学校的教育教学目标保持一致。

第二，工作重心明确。工作室的工作重心围绕学生管理、教育教学、学科建设等方面展开，这些方面是学校工作的核心，工作室的工作能够直接服务于学校的整体发展。

第三，教师自愿参与。工作室的成员是由教师自愿参与的，这种自愿性能够确保成员对工作的热情和投入，提高工作室的凝聚力和工作效率。

第四，共同体建设。工作室是成员交流、学习、研究、实践、成长的共同体，这意味着工作室不仅是一个工作平台，更是一个促进教师专业成长和团队建设的平台。

第五，咨询指导服务。工作室通过深入研究学生管理、教育教学等问题，为学校的决策提供咨询和建议；通过指导青年教师成长，提高教师队伍的整体素质；通过服务学生和教师，促进教育教学质量的提升。

名师工作室建设验收要点如下。

要点一：名师工作室专属牌匾内容；

要点二：名师工作室申报书。

名师工作室建设明确自身的目标和使命，结合自身的优势和特点，形成工作室的价值观和愿景，精准定位研究方向和服务对象，提升工作室建设的针对性和实效性，形成具有竞争力的工作室研究内容和形式。

三、方案周密

工作室建设方案系统科学、目标合理，符合区域、学校实际和队伍建设需要；重点围绕工作室的研究方向安排理论研究、工作探索、资源建设等，工作内容饱满充实、重点突出、针对性强；工作举措有力，交流、学习、研究、实践、评价等活动丰富多彩、实效性强；预期成果丰富、推广价值高；组织保障到位，学校党组织把关严格。

制订详细工作计划。名师工作室应制订详细的工作计划，包括年度计划、学期计划、月度计划等。计划应明确工作任务、时间节点、责任人等要素，确保工作的有序进行。

注重方案实施细节。在制订方案时，名师工作室应注重实施细节的考虑。通过深入调研、广泛征求意见、反复论证等方式，确保方案的可行性和有效性。同时，还应关注方案实施过程中的问题和挑战，及时调整和完善方案。

建立评估与反馈机制。名师工作室应建立评估与反馈机制，对工作的进展和成果进行定期评估。通过收集和分析数据、听取成员的意见和建议等方式，了解工作的实际效果和存在的问题，为下一步工作提供改进的依据。

名师工作室建设验收要点如下。

要点一：名师工作室建设实施方案；

要点二：名师工作室年度工作计划；

要点三：名师工作室团队成员年度考核方案；

要点四：名师工作室团队成员培训方案。

反思复盘

名师工作室的总体要求应确保领导有力、定位准确、方案周密。这将有助于名师工作室的高效运作和持续发展。

拓展阅读

关于建立首批高校团校名师工作室委托建设单位的方案

为进一步加强高校团校师资力量配备和人才培养工作，发挥名校、名师示范引领作用，按照团省委工作安排，学校部拟面向全省委托建设首批高校团校名师工作室，具体方案如下。

（一）选建范围

全省现已建成的高校团校作为名师工作室委托建设候选单位。

（二）主要任务

（1）充分发挥优秀高校团校教师专业引领、带动、辐射作用，加强高校团校体制机制建设，提升高校团校授课教师的政治素质，加强高校团校师资队伍建设，推动落实关于高校团校工作的相关部署。

（2）开展高校团校教育和工作研究。每年撰写一篇高质量高校团校名师工作室工作调研报告，字数在3000字以上。

（3）每个名师工作室每年需组织本校团校骨干教师自主设计、开发不少于2门课程。

（4）联系、凝聚本校教师，参与开展交流研讨。工作室带头人作为骨干师资，每年至少开展2次专题讲座，组织内部成员进行集中备课1次。

（三）管理机制

（1）工作室由学校部具体指导、支持建设，高校团委负责直接具体管理、督导相关工作。

（2）学校部将对工作室进行年度评估，对不能发挥作用甚至产生不良影响的工作室予以取消。

（3）省团校将对今年申报成功的每个名师工作室匹配5000元经费支持，经费将由省团校一次性拨付到工作室所在学校，必须开具正规票据，禁止购买固定资产。

（4）工作室如有进入与退出的成员须经名师工作室主要负责人同意后请示所在学校团委，由学校团委将进入或退出名单报团省委学校部，经批准后方可执行。

（四）师资队伍

（1）名师工作室设置1名主要负责人，须具有副高及以上职称，要具有体现素质教育要求、符合时代特点的先进教育教学思想，形成系统的教育教学方法和有显著特点的教学艺术。要坚持在教学一线承担实际教学任务，所开课程深受学生、同行好评，形成独特而有效的教学风格，教学效果好，教育教学成果显著，获得过省级以上成果奖的优先考虑。

（2）名师工作室主要负责人原则上为年龄45岁以下的一线中青年优秀骨干教师，能够自愿参加工作室各项任务活动，承担相应职责，努力发挥示范、辐射作用。

（3）名师工作室主要负责人和成员要通过各种学习研讨、集中备课、业务培训、实践探索、主题研究、专题讲座等活动，提高高校团干部在团课开发、团员管理、活动组织等方面的水平，形成独特的工作特色。

（五）工作要求

（1）高度重视。各高校团委要高度重视，以高校团校名师工作室为契机，深入挖掘本校优秀团校教学师资人才和团队工作者，认真做好高校团校名师工作室的申报和建设工作。

（2）抓好落实。要认真研究落实名师工作室建设任务，挖掘先进典型，总结工作经验，切实把好名师工作室建设质量关。以工作室为载体，通过各种学习研讨、实践探索、主题研究、专题讲座等活动，提升工作室全体成员的素质和专业化水平。

（3）引领示范。名师工作室要在理论研究、政策宣讲、引领示范、骨干培育、学生联系等方面发挥模范作用，通过示范性展示、专题讲座、经验交流、工作论坛等形式，促进名师工作室教师队伍的专业成长。

（4）加强保障。名师工作室可依托团校阵地建设，设独立的办公场所，配备书籍、文献资料和基本信息化设备，具备日常办公、教研交流的条件。鼓励高校团委配套提供名师工作室工作经费。鼓励邀请校外党政领导、社会工作者、高校教师、青少年工作者等兼任名师工作室教师，充实师资力量。

（来源：共青团吉林省委）

第二节　名师工作室成员组成

进入工作室的成员，大多是优秀教师和名师培养对象，具有积极主动性，自身也有一定的潜质和追求，但在专业化发展道路上还不够成熟，教学技能还不熟练，因此要通过加入工作室提升自身能力水平。

一、成员组成

以本校教师作为名师工作室的主体，以德育和学生管理专家、心理健康教师、教研人员、行政干部和校外专家等为补充。

规模适宜，性别、年龄、教龄、工作年限、职务职称及任教课程专业、研究领域等结构合理，满足名师工作室建设发展实际需要。

名师工作室以工作室主持人为带头人，聚合工作室成员的个人优势，抱团取暖攻关、凝心聚气合力，丰富团队视角，促进创新思维碰撞。

二、成员要求

第一，立德树人。坚持以德立身，模范践行社会主义核心价值观；严守规矩，模范遵守有关规定；全面贯彻党的教育方针，坚持以德立学、以德立教，敬业爱生、师德高尚，群众基础和组织评价好，受到学生好评；勇于担当，作风优良，奉献精神和服务意识强；热爱本职工作，具有良好的团队合作精神。

第二，四有老师。党员教师在育人工作中亮出党员身份、立起模范标尺、发挥先锋作用，成为“四有”好老师、“四个引路人”、“四个相统一”的表率。

第三，主持标准。牵头工作室建设的主持人或负责人，还应做到政治立场坚定，党性修养好，清正廉洁、以身作则，纪律意识和规矩意识强。担纲领衔的主持人，业务上工作能力过硬；掌握工作规律，善于创新、勇于实践；善于开展思想政治工作，具有较强的影响力、号召力和凝聚力；责任心强，担当到位，积极主动团结团队成员推进工作室建设。

名师工作室建设验收要点如下。

要点一：名师工作室团队成员职称证书复印件；

要点二：名师工作室外聘专家证书复印件；

要点三：名师工作室团队成员所获得荣誉证书复印件；

要点四：名师工作室团队成员所获得奖励证书复印件。

名师工作室的团队成员要有梯度，老中青相结合。

老教师经验丰富，犹如智慧的灯塔，为年轻教师指引前行的方向。他们不仅传授知识，更传递着一种对教育事业的执着与热爱，激励着每一位年轻教师不断追求卓越。

中年教师则是工作室的中坚力量，他们善于沟通、协调各方资源。他们既有着丰富的教学经验，又保持着与时俱进的学习态度。他们不仅能够在团队中发挥桥梁作用，促进老中青三代教师的交流与合作，而且能够在教学实践中不断创新，推动工作室的发展。

青年教师则是工作室的新生力量，他们充满活力，富有创新精神；他们敢于挑战传统，勇于尝试新的教学方法和手段；他们的创新思维和敢打敢拼的精神为工作室注入了新的活力，使得整个团队更加年轻、有朝气。

> 在名师工作室的团队成员选拔组成中，我们不应该过分追求年轻化或者老龄化，而应该追求一种和谐与平衡。

典型案例 1

高校辅导员工作室成员组成与结构

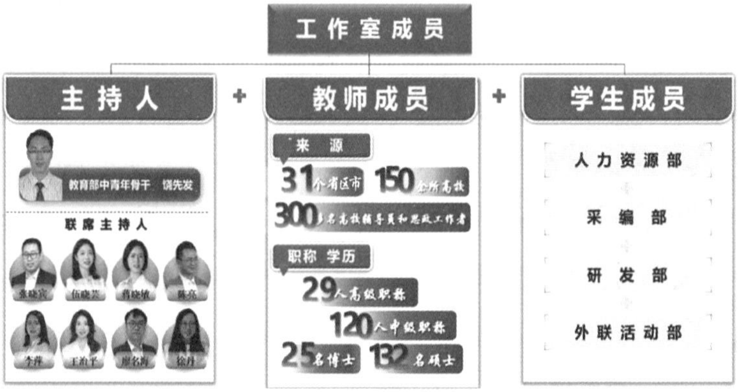

典型案例 2

高校辅导员工作室成员结构

饶先发，男，中共党员，博士，副教授，硕士研究生导师，江西理工大学能源与机械工程学院党委书记，教育部高校思想政治工作中青年骨干、全国网络正能量榜样、英国雷丁大学访问学者、国家高级职业指导师、国家心理咨询师、江西省高校辅导员名师工作室主持人，曾获全国高校辅导员年度人物提名等70余项荣誉。出版著作8部，主持教育部人文社科课题2项、团中央重点课题1项、省部级课题11项，发表论文30余篇，其中SCI论文5篇，申请发明专利7项，先后为全国170多所高校做相关工作报告。

张晓宾，男，中共党员，讲师，西安工业大学党委学工部（处）副部（处）长，高校辅导员工作室联席主持人、高校创业指导师、陕西省非物质文化遗产研究基地研究员、陕西省人口学会理事、学校学工干部宣讲团成员。

伍晓芸，女，中共党员，西南石油大学计算机科学学院辅导员，高校辅导员工作室联席主持人、红心柚辅导员工作室成员、“E路同行”辅导员工作室主持人、全球职业生涯规划师（GCDF）、BCC生涯教练。

蒋晓敏，女，中共党员，副教授，成都航空职业技术学院党委学生工作部副部长，高校辅导员工作室联席主持人、学校首批辅导员工作室主持人、国家三级心理咨询师、高级职业指导师、全球职业生涯规划师、BCC生涯教练。

陈亮，男，中共党员，副教授，四川传媒学院智慧广电学院分党委副书记（主持工作），高校辅导员工作室联席主持人、四川传媒学院“智慧导语”导员工作室主持人、全国民办高校优秀辅导员、国家高级职业指导师。

李萍，女，中共党员，大理大学数学与计算机学院团委书记，高校辅导员工作室联席主持人、大理大学“传·承”辅导员工作室主持人（省级培育对象）、中央彩票公益金宏志助航计划就业创业特聘导师、大理州国防教育讲师团成员。

王治平，女，中共党员，讲师，西南石油大学南充校区学生发展部（团委）团学工作中心副主任，高校辅导员工作室联席主持人、“好学深思”辅导员工作室主持人、全球职业规划师、北森生涯规划师。

廖名海，男，中共党员，南昌大学抚州医学院辅导员，中国大学生在线专栏作者、抚州市基层理论宣传宣讲师、抚州市青年讲师团成员、国家心理咨询师、南昌大学抚州医学院辅导员工作室主持人。

徐丹，女，中共党员，秦皇岛职业技术学院辅导员，高校辅导员工作室联席主持人、秦皇岛职业技术学院“匠心筑梦”工匠精神培育工作室（省级培育对象）成员、国家三级心理咨询师、职业指导师。

典型案例 3

"西游记名师工作室"成员构成与分工

（一）成员构成

"唐僧"（1名）、工作室主持人，"孙悟空"（1名）、"猪八戒"（1名）、"沙僧"（1名）。

（二）角色分工

"唐僧"：作为团队领导，设定前进目标，树立权威，以情感人，引领团队前进。

"孙悟空"：作为团队中的能者，技能高超，负责攻克难关，保障团队安全。

"猪八戒"：性格活泼，在团队中调节气氛，负责团队素质拓展。

"沙僧"：忠诚可靠，执行有力，负责后勤服务保障，确保团队顺利进行。

反思复盘

教育就是人与人之间的相互感染。选择了加入名师工作室，也就是选择了一种生活方式，在工作室里，大家共同阅读、共同研讨、共同策划项目、共同开发课程，群内打卡、互动分享，从而形成一种读书、学习、研究、成长的氛围。工作室像一股热源，源源不断地用热能辐射温暖着周边的每一个人。

拓展阅读

名师工作室：星光璀璨，谁将脱颖而出？

在教育的星空中，名师工作室就像一颗璀璨的星辰，吸引着无数有志于教育事业的年轻人。这里会聚了业界的精英，他们不仅在教学上有着过人的造诣，更在教育的道路上不断探索、创新。如今，名师工作室再次敞开大门，寻找那些有梦想、有才华、有潜力的成员，共同书写教育的辉煌篇章。

名师工作室成员的选拔过程可谓激烈而精彩，选拔方式多种多样，可以自荐，可以被推荐。

准入制。每一位申请者都需要提交自己的学生管理案例、教育教学案例、教育理念以及未来的发展规划。这些材料如同一幅幅精美的画卷，展现了申请者们的独特魅力和无限可能。名师工作室将组织专家团队对申请材料进行严格的筛选和评审，确保选拔出的成员都是真正的佼佼者。

展风采。选拔的门槛并不止于此，除了材料评审外，申请者还需要通过一系列的面试和试讲环节。他们将向名师工作室的资深成员和业界专家，展示自己的教学水平和教育理念。这个过程不仅是对申请者能力的考验，更是对他们意志和毅力的锤炼。

经过层层选拔，最终脱颖而出的成员将有机会加入名师工作室这个大家庭。在这里，他们将获得更多优质的教育资源和培训机会，与业界精英共同探讨教育的真谛和未来的发展方向。同时，他们也将肩负起更多的责任和使命，为培养更多优秀的学子贡献自己的力量。

名师工作室的成员选拔不仅是一场激烈的竞争，更是一次自我挑战和成长的机会。名师工作室充满了无限的可能和机遇，等待着那些有梦想、有才华、有潜力的年轻人前来探索和奋斗。让我们共同期待这场星光璀璨的选拔盛宴吧！

第三节　名师工作室建设实践

一、建设模式

总结各地各校名师工作室成功经验和优势，结合本校实际和工作室成员、设施设备等方面基础条件，科学确定工作室建设模式。建设模式应符合工作室定位，时代特征鲜明、职教特色明显、实际运转有效，能够充分发挥团队成员作用，释放专业活力，支撑建设目标有效达成。

第一，名师引领。由“名班主任”、优秀教师（教育工作者）等担任主持人，通过他们的专业引领和示范作用，带动团队成员共同成长。

第二，师徒结对。通过师徒结对模式，实现教育教学的传承与创新，促进青年教师快速成长。

第三，模块化团队协作。在负责人统筹协调下，团队成员按模块分工合作，实现资源共享和优势互补。

第四，实践探索。注重教育教学实践探索，形成具有本校特色的教学模式或学生管理方法。

第五，学术交流。积极开展学术交流活动，拓展团队成员的学术视野和创新能力。

名师工作室建设验收要点如下。

要点一：名师工作室主持人的职责；

要点二：名师工作室团队成员结对仪式；

要点三：按照九大职责模块化分类活动集。

二、工作载体

建设方案确定的各项建设内容和任务，均有对应落实的工作载体，如教研会、示范课、资源库、典型学生“会诊”、情感沙龙等，覆盖团队成员交流、学习、研究、实践、成长等各领域。

工作载体遵循思想政治教育、技术技能人才培养和名师工作室建设规律，形式多样、针对性强、参与面广。

在班主任能力提升、建班育人资源建设、发挥辐射带动作用等方面有可借鉴、可推广的示范性工作品牌和活动载体。

名师工作室建设验收要点如下。

要点一：名师工作室开展各项任务活动（教研会、主题班会、资源库、示范课、沙龙）具体实施方案；

要点二：名师工作室开展示范性影响力工作品牌活动（具体方案、宣传海报、新闻报道、活动总结、现场照片）。

三、组织实施

第一，年度安排。做到年初有工作计划、有任务台账，年中有序推进、逐项销账，各类载体和平台运用合理，年终有总结、回顾。定期反思工作进展和改进空间，及时调整改进策略，确保工作室建设实效。

第二，成长档案。对工作室成员知识储备、实践基础、个性特点、工作理念、发展诉求等情况了解深入，建有工作室成员成长档案，对能力提升、成长发展等记录详细，便于追溯和质量分析。

第三，可视成果。坚持目标导向、问题导向、成果导向，确保工作室建设取得能力标准、质量标准、工作指南、活动品牌、培训资源、质量评价等方面实绩。

名师工作室建设验收要点如下。

要点一：名师工作室的年度工作计划；

要点二：名师工作室的工作任务台账；

要点三、名师工作室的年中自查总结；

要点四：名师工作室的年终工作总结；

要点五：名师工作室成员个人成长档案；

要点六：名师工作室成员个人年度总结；

要点七：名师工作室成员个人培训总结；

要点八：名师工作室具体活动新闻截屏。

每一个成员、每一项活动、每一个学生都是一颗独特的种子，名师工作室用爱和智慧浇灌，让每一颗种子都绽放出属于自己的光彩。

典型案例

辽宁石油化工大学孔祥慧老师的“新时代雷锋精神种子培育工作室”的2022年度十项特色工作

（一）深化理论研究

撰写1~2篇研究论文，尝试申报教育部《2022年高校思想政治工作研究文库》。2022年1月成功召开“用雷锋精神涵养时代新人”全国学生工作研讨会，今年力争还要以雷锋精神为主题，召开研讨会、论坛等。

（二）持续组织宣讲

除了工作室主持人要带头深入高校、企业宣讲雷锋精神，工作室6支学生理论宣讲团即“时代之声”“抚油精神”“雷锋精神”“心系国防”“石油报国”“东北振兴”，也要围绕雷锋精神、喜迎二十大等主题，进企业、进农村、进机关、进社区、进网络，组织开展百场“接地气”“有土气”“冒热气”的理论宣讲活动，不断推动党的思想理论在中华大地落地生根、开花结果，以实际行动讲好雷锋故事、讲好中国故事、传播中国声音。

（三）策划主题活动

围绕3月5日、8月15日、9月28日、11月8日、12月18日等重要时间节点，推出系列主题实践活动。

一是参与筹办省教育系统2022年学雷锋活动启动仪式。3月5日，积极配合学校团委筹备省教育系统2022年学雷锋活动启动仪式，并作为工作室代表向全省进行工作室以及我校雷锋精神育人成果展示。

二是举办“缅怀雷锋同志　弘扬雷锋精神”主题访谈活动。8月15日，组织学生开展向雷锋墓敬献花篮仪式，对雷锋生前战友代表或雷锋辅导过的学生代表进行访谈，让学生们近距离聆听雷锋故事、争做雷锋传人。

三是举办“传承雷锋精神　赓续红色血脉”大型图片展。9月28日，通过线上线下两种方式，举办“传承雷锋精神　赓续红色血脉”大型图片展，并邀请为雷锋拍照最多的人张俊之子为学生们讲述雷锋照片背后的故事，让学生们进一步认识雷锋、了解雷锋。

四是策划“雷锋——永恒的精神坐标”诗歌诵读活动。11月8日，组织策划“雷锋——永恒的精神坐标”诗歌诵读活动，邀请雷锋生前战友以及辅导过的学生，与学生们共同朗读雷锋日记、雷锋故事等内容，让学生们深切感悟雷锋精神的强大魅力。

（四）举行新书发行仪式

举行《种子花开——雷锋式大学生成长手册》、《雷锋照片背后的故事》（暂定名）新书发行、签名仪式。经过一年的酝酿，《种子花开——雷锋式大学生成长手册》已经出版，计划在3月学雷锋活动月，配合雷锋精神宣讲进校园，进行发售活动，有效扩大在学生中的影响力。同时，启动《雷锋照片背后的故事》（暂定名）一书。拟定于12月18日，举行《雷锋照片背后的故事》（暂定名）新书发行签名仪式，邀请张俊之子张晶，雷锋班班长，雷锋生前战友、工友易秀珍，辅导过的学生等人为新书签名，向优秀学生代表现场赠送新书，分享读书心得体会，勉励广大学生以雷锋同志为榜样，在雷锋精神的指引下成长成才。

（五）开展实践体验

开展“践行新时代雷锋精神”三个实践体验。一是进行情景体验，开展“永恒的精神丰碑——百名党员解读百座丰碑”系列活动；二是利用暑假组织学生走进石油石化行业的创业一线进行创业体验；三是组织学生到雷锋纪念馆、抗联英雄纪念馆等基地进行参观体验，使学生切身感知雷锋精神，传承铁人精神，把爱国之心转化为报国之志。

（六）策划专题宣传

策划“追寻雷锋足迹”专题宣传活动。工作室继“永恒的精神之光——新时代雷锋日记解读”系列活动后，还要开辟另一档节目，向广大学生和社会解读雷锋的人生经历，让学生们在聆听雷锋故事中得到启迪和成长，进一步坚定自己的人生理想、明确方向目标。

（七）设计文创作品

设计“雷锋文化”系列文创及融媒体作品。设计带有“雷锋”元素的学习、生活等方面的文创用品，充分利用网络阵地、网络技术，加大直播、音频、视频、图解、动漫、H5（全称HTML5，代表一种新型的网络页面技术标准）等可视化产品创新力度，拟推出1~2个H5作品，拍摄一部3~5分钟雷锋题材精品视频。

（八）开展国防教育

在全民国防教育日（9月的第三个星期六），邀请相关专业人士为学生开展国防教育室外拓展训练，引导学生弘扬爱国主义精神，普及国防教育，进一步增强国防观念，掌握必要的国防知识和军事技能，自觉履行国防义务，参军入伍，关心、支持、参与国防建设。

（九）校外互动交流

强化与校外辅导员工作室的交流互动、相互学习，组织“做‘雷锋式’辅导员”主题沙龙、研讨等活动。

（十）拓展实践基地

加强与雷锋学院的交流互动和沟通合作，适时在雷锋学院设立社会实践基地，联合举办相关活动，为学生成长发展提供实践平台。

四、资源建设

第一，活动开展。重点围绕学生思想工作、班级管理工作、班级活动组织、职业指导工作、沟通协调工作和心理健康教育等，协同建设支撑育人工作的教育教学资源并及时共享，突出共性问题减负。

第二，网络载体。探索建设名师工作室微信公众号、短视频号等，筑牢拓展网络德育和思想政治教育阵地，共享育人资源。

名师工作室建设验收要点如下。

要点一：名师工作室具体活动实施方案（思想教育、班级管理、职业指导、心理健康、职业素养）；

要点二：名师工作室有效网络宣传载体（公众号、视频号、小红书、抖音号、网页）。

五、建班育人

组织工作室成员担任辅导员、班主任，将工作室建设成果有机融入育人实践，用工作研究指导班级建设，用育人资源支撑教育教学，用集体智慧破解育人难题，用评价反思改进策略方法，切实推进加强班风学风建设，在实际带班和育人实践中检验工作室建设成效并及时调整完善，实现螺旋递进。

名师工作室建设验收要点如下。

要点一：名师工作室成员担任辅导员、班主任聘书；

要点二：辅导员、班主任召开主题班会记录；

要点三：辅导员、班主任10分钟精品微课视频。

典型案例

高校辅导员工作室建设情况

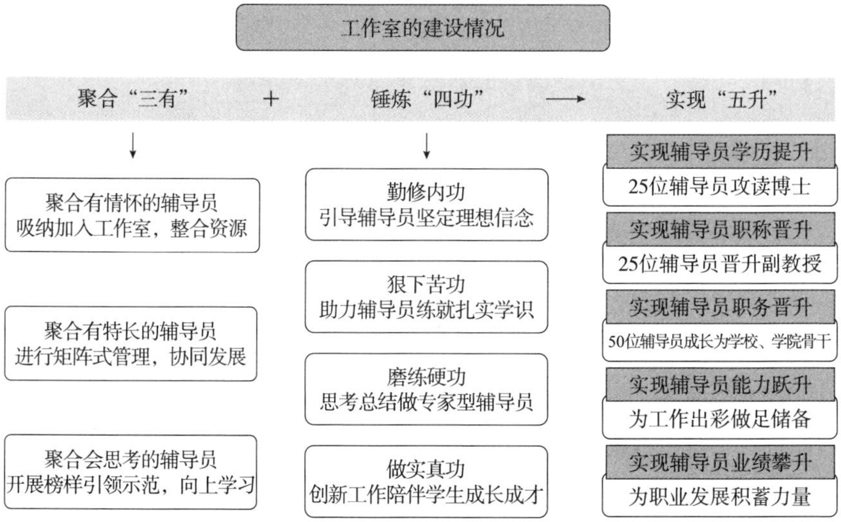

反思复盘

名师工作室在建设实践过程中要“接地气”，同一线教师与学生进行有效链接，真正融合，解决问题；要“冒热气”，敢于打破传统模式，创新方式方法，赋能激活点燃；要“聚人气”，打造名师工作室品牌IP，提升名师工作室的吸引力和影响力。

拓展阅读

名师工作室：双翼齐飞，共绘教育新篇章

名师工作室一般分为两种类型：一是“抱团取暖型”名师工作室；二是“单兵作战型”名师工作室。虽然两种类型形态各异，但都散发着迷人的魅力。

（一）“抱团取暖型”：光环效应下的温暖集体

“抱团取暖型”的名师工作室，如同冬日里的一团火焰，温暖而耀眼。它们依靠成员间的相互吸引和影响力，形成了一个强大的集体。在这里，每位成员都是光环中的一部分，他们彼此照亮、共同前行。当然，主持人则是光环的中心。这种类型的工作室往往具有强大的凝聚力和向心力，成员之间互相学习、互相支持、共同成长。他们通过集体的力量，解决了许多教育难题，为教育事业的发展作出了重要贡献。

“抱团取暖型”的名师工作室存在的问题：工作室是靠主持人个人影响力吸引成员，光环效应凸显，但很多成员加入工作室只想取暖却不能为主持人以及工作室带来温暖。

（二）“单兵作战型”：品牌特色下的独行侠

与“抱团取暖型”名师工作室不同，“单兵作战型”的名师工作室更注重个人能力和品牌特色的凸显。这些工作室通常由一位或几位具有强大个人能力和独特风格的主持人领衔，他们凭借自己的专业素养和独特魅力，吸引了众多成员以及学生的关注。这些人通常具有深厚的学术背景和丰富的教学经验，他们将自己的教学理念和教学方法融入每一堂课中，让学生受益匪浅。它们的品牌特色不仅吸引了众多学生的目光，也为整个教育行业树立了新的标杆。

“单兵作战型”的名师工作室存在的问题：工作室需要主持人个人能力极其强大，拥有自己的特色品牌，把自己一个人活成了一个团队。

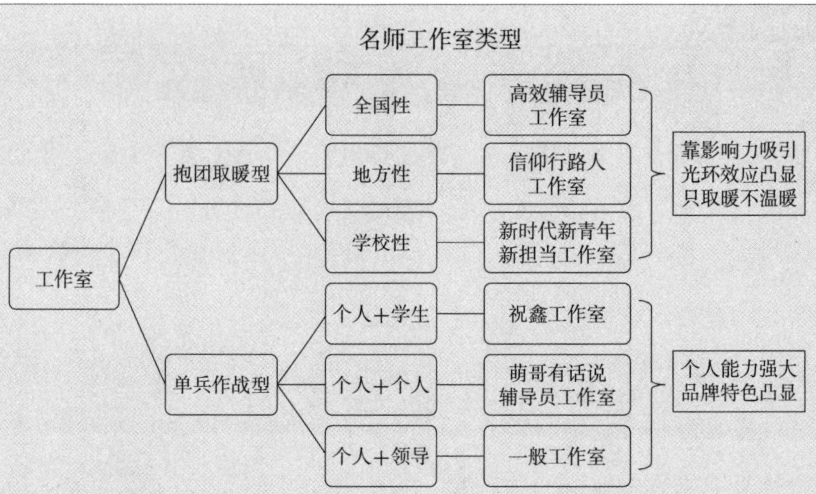

（三）双翼齐飞，共绘教育新篇章

无论是“抱团取暖型”还是“单兵作战型”的名师工作室，它们都在以自己的方式推动着名师工作室的建设发展。“抱团取暖型”的工作室通过集体的力量解决了许多难题，为名师工作室的发展注入了新的活力；“单兵作战型”的工作室则凭借个人能力和品牌特色，为成员以及学生提供了更加优质的服务。这两种类型的工作室相互补充、相互促进，共同描绘了教育事业的新篇章。

在未来的日子里，我们期待更多的名师工作室涌现出来，为教育事业的发展贡献自己的力量。同时，也让我们为这些默默奉献的工作室主持人以及团队成员点赞，感谢他们执着前行，奋发有为！

第四节　名师工作室建设成效

一、育人理念

有体现名师工作室共有价值观念、育人理念、群体意识、行为规范的精神文化载体、品牌，推进以文化人、以文育人。形成团结、奋进、务实，体现名师工作室育人工作特点，具有一定特色的工作室文化。

名师工作室建设验收要点如下。

要点一：名师工作室的专属标识（Logo）及文化含义；

要点二：名师工作室的专属旗帜；

要点三：名师工作室的文创产品（如笔记本、T恤衫、钥匙扣）。

典型案例

孙振云名师工作室的Logo设计、室旗设计

二、工作团队

工作室成员建班育人能力普遍提升，身份归属感、工作认同感、成长紧迫感、学习获得感、育人成就感明显增强。

培养一批能够胜任班级建设、学生教育管理服务工作的合格辅导员、班主任；培育一批经验丰富、工作扎实、深受学生信任和喜爱的优秀辅导员、班主任；打造若干研究深入、建班育人成效显著，能够发挥示范、引领和带动作用的专家型辅导员、班主任。

开展专题报告、公开课、专项活动展示、班级建设成果展、各类比赛等，通过与优秀者对标，对自身能力水平和不足认识更加准确，比学赶超、努力成长、争当榜样的良好氛围初步形成。

名师工作室建设验收要点如下。

要点一：名师工作室获得的荣誉证书；

要点二：名师工作室成员获得的荣誉证书；

要点三：名师工作室成员所带班级获得的荣誉证书；

要点四：名师工作室成员所带班级学生获得的荣誉证书。

三、工作研究

围绕名师工作室建设模式、运行机制、成员培训，形成一批理论和研究成果，推动名师工作室建设提升。

围绕班级建设管理、班风学风建设，形成一批理念先进、模式创新、手段新颖，能有效指导工作实践的研究成果。

名师工作室建设验收要点如下。

要点一：名师工作室成员发表的论文；

要点二：名师工作室成员申报的课题；

要点三：名师工作室出版的专著教材；

要点四：名师工作室撰写的案例网文；

要点五：名师工作室开发的原创版权课程；

要点六：名师工作室成员申报的专利发明。

四、育人资源

编制包括但不限于班情分析、班风学风建设、班级管理、师生互动、学生评价、家校企社多元共育等方法策略的工作手册（或指南），汇编班级建设方案、班级制度等方面优秀案例，建成班级活动、专题教育等方面资源库。

建成班级文化建设、重点学生帮扶、典型学生教育、家校沟通协调、突发事件处置等案例库。

名师工作室建设验收要点如下。

要点一：名师工作室成员成长手册；

要点二：名师工作室学生成长手册；

要点三：名师工作室的劳动教育指导手册；

要点四：名师工作室的班级建设方案；

要点五：名师工作室的德育案例库；

要点六：名师工作室的主题班会课程资源库。

五、建设质量

班级建设水平明显提升，形成良好班风、学风，技术技能人才培养质量、家长满意度和社会美誉度进一步提高。

名师工作室建设验收要点如下。

要点一：名师工作室成员所获得的荣誉证书；

要点二：名师工作室成员所带班级获得的荣誉证书；

要点三：名师工作室成员所带班级学生获得的荣誉证书；

要点四：名师工作室成员所带学生的满意度问卷调查；

要点五：名师工作室成员所带学生家长的满意度问卷调查；

要点六：名师工作室成员所带学生就业率、升学率统计表。

> 名师工作室，将教育视为艺术，用匠心独运的教育教学方式，塑造学生的品格，启迪他们的智慧。

典型案例 1

教育部高校教师党支部书记工作室建设成果要求

建设期内，各“双带头人”工作室每年要至少形成1~2项代表性成果，成果形式包括但不限于：

（1）教师党支部建设制度体系、机制办法；

（2）教师党支部工作法、典型案例；

（3）思想政治工作品牌、育人载体；

（4）“双带头人”工作室宣传平台、网络阵地；

（5）相关工作论文、专著等。

同时，通过校内外开展理论宣讲、经验交流、案例展示、实践服务等方式推广建设经验，扩大成果覆盖面，发挥点亮一盏灯、照亮一大片的示范带动效应。每年7月底前应提交年度工作总结和成果报告，3年建设期满提交总结报告及成果汇编。

（来源：教思政厅函〔2018〕19号）

典型案例2

江苏省高校辅导员名师工作室建设成果要求

建设期满考核采取定性和定量相结合的方式，主要内容包括：

（1）工作室主持人至少应获评1项省级及以上高校思想政治工作类个人重大荣誉或个人省级重大综合表彰（含主持工作室之前所获奖项）。

工作室主持人在带领学生服务全省经济社会建设发展、乡村振兴，毕业生就业创业等重大工作推进中，在自然灾害、事故灾难、公共卫生事件、社会安全事件以及学生心理危机干预等重大事件处置中，主动作为、甘于奉献、发挥重要作用、作出突出贡献并在省内外有显著影响力且获省级以上表彰奖励的，视同前述荣誉。

（2）团队成员在本校思想政治工作和辅导员队伍建设中成绩突出，积极发挥示范引领作用，形成品牌效应。

团队成员在省级及以上高校辅导员素质能力大赛决赛中获奖不少于1项，获评校级及以上“高校辅导员年度人物（最美高校辅导员）”奖励不少于2项。

团队成员带教学生获评校级及以上“大学生年度人物（最美大学生）”奖励不少于2项。

（3）以工作室名义举办跨校或跨省的高校思政工作相关主题论坛、研讨交流活动不少于3次。

工作室承接省级及以上教育行政主管部门或高校思政网、高校辅导员能力提升大数据赋能平台等交办的高校思政工作专项任务不少于2项，或为校级及以上有关部门提交高质量的研究报告、政策咨询报告等不少于2篇。

主持人在省内外高校开展高校思政工作和辅导员队伍建设相关讲座、授课、案例分享不少于4次，团队成员在校内外开展高校思政工作和辅导员队伍建设相关讲座、授课、案例分享人均不少于1次。

（4）团队至少完成1项厅级及以上高校思政工作相关研究课题。

主持人作为第一完成人，至少在全国中文核心期刊、高校辅导员专业期刊、省级以上党报党刊发表高质量论文2篇，或正式出版相关著作、案例集、通俗理论读物1部。

团队成员（不含主持人）在全国中文核心期刊、高校辅导员专业性期刊、省级以上党报党刊发表论文数量不得少于团队成员总数的三分之二，或参编正式出版的相关著作、案例集、通俗理论读物2部以上。

（来源：《江苏省高校辅导员名师工作室建设管理办法》）

典型案例3

吉首大学魏浓老师的“生涯北斗辅导员工作室”所取得的成效

“生涯北斗辅导员工作室”聚焦研究的方向为大学生职业规划与就业指导，按照“一建二拓三挖”的工作思路开展理论与实践研究。依托就业指导教研室队伍，通过集体备课磨课赛课争创一流课程，站稳就业育人第一阵地，发挥课程育人在就业引导过程中的重要作用。

一年来，工作室编写了1本教材，组织了2轮课程培训，参加了3个教学赛事，召开了10余次教学研讨会，均取得不错效果。通过打造“十个一”工程拓展第二课堂，强化实践育人在就业服务过程中的精准力度。

引进生涯测评系统（受益人数3万余人），成立“‘职’此一生生涯咨询室”，持续开设简历门诊，先后举办了全国首届职业规划大赛校级赛事（参与人数达万人）、生涯人物访谈大赛、“智育赋能　养好生涯花”等生涯育人活动。

通过创建“生涯小北”微信公众号和视频号，从教师和企业以外的第三视角（学生视角），深化网络育人在就业辅导过程中的正向效果。不到半年时间，微信公众号单篇推文阅读量即破万。

反思复盘

在名师工作室建设成效中，没有功劳的苦劳是徒劳。示范辐射是基础，专业引领是关键，赋能成长是核心，教育研究是内涵，把名师工作室打造成教师培养的基地、名师展示的舞台、教学示范的窗口、学生管理的标杆、创新改革的实验。

拓展阅读

工作室建设流程设计：八步打造高效能名师工作室

（一）对标文件，明确方向

在名师工作室建设之初，首要任务是深入研究对标文件，确保团队的工作方向与国家、行业或组织的发展目标相一致。通过仔细研读文件，我们可以明确工作室的使命、愿景和核心价值观，为后续工作奠定坚实基础。

（二）搭建框架，规划蓝图

在明确方向后，需要搭建工作室的整体框架。这包括确定工作室的组织结构、人员配置、工作流程等。通过搭建合理的框架，我们可以确保团队成员之间的协作顺畅，提高工作效率。

（三）制订方案，细化步骤

基于搭建的框架，制订详细的工作室建设方案。方案应包含具体的工作目标、任务分配、时间节点等，以确保团队成员能够清晰地了解自己的工作内容和进度要求。同时，方案应具有可操作性和可调整性，以适应不断变化的实际情况。

（四）分工明确，责任到人

在方案中明确团队每个成员的职责分工，确保每个人都清楚自己的工作内容和职责范围。通过明确的职责分工，可以避免出现工作重叠或遗漏的情况，提高团队的整体执行力。

（五）设计项目，聚焦重点

在工作室的建设过程中，需要设计一系列具有针对性的项目。这些项目应围绕工作室的核心业务展开，聚焦重点，突出特色。通过项目的实施，可以推动工作室的快速发展，提升团队的专业能力和创新水平。

（六）开展活动，加强协作

为了加强团队成员之间的协作与交流，需要定期开展各种形式的活动。这些活动可以是内部培训、经验分享、团队建设等，旨在提高团队成员的专业素养和团队协作能力。通过活动的开展，可以促进团队成员之间的情感交流，增强团队的凝聚力和向心力。

（七）实施执行，严格把控

在方案实施的过程中，需要严格把控各个环节的执行情况，包括进度管理、质量控制、风险管理等方面。通过实施有效的执行措施，可以确保工作室建设工作的顺利进行，达到预期的目标和效果。

（八）复盘总结，持续改进

在每个阶段或项目结束后，都需要进行复盘总结。通过回顾和分析工作过程中的经验教训，找出存在的问题和不足，提出改进措施和建议。通过持续改进，可以不断优化工作室的建设流程和管理模式，提高工作室团队的工作效率和创新能力。

第五节 名师工作室工作保障

学校制定了工作室建设保障政策，对人员、经费、场地等有明确规定，支持开展工作研究和实践探索，搭建工作室研究平台、实践平台、宣传平台，加强培育工作、研究成果和典型经验在校内外的示范推广运用。

工作室成员优先参加各级培训、活动和各类比赛等，对在建设工作中发挥作用显著、贡献大的，给予适当激励。

名师工作室建设验收要点如下。

要点一：名师工作室专项经费使用统计表；

要点二：名师工作室建设发展奖励机制；

要点三：名师工作室专门场地照片；

要点四：名师工作室社会实践基地协议书；

要点五：名师工作室共建合作实施方案或协议书。

各学校要对工作室建设高位推动。将工作室队伍建设纳入学校人才队伍建设总体规划，优先安排工作室成员参加省内外省培、国培、骨干培训、研学、进修和访学，工作室建设成果作为职称评审、职务晋升的重要参考。

各学校要对工作室加强指导协调。协助做好工作室管理考核和成果推广应用。根据工作需要，为工作室提供相对独立的办公场所和设施设备，给予相应的经费支持，工作室建设运行经费要确保单独列支、专款专用。工作室建设期满后，所在学校应继续加强工作保障和经费支持，确保工作室持续高质量发展。

名师工作室建设验收核心要点如下。

核心要点一：有效的工作室建设模式、制度体系、机制办法；

核心要点二：工作室建设特色品牌、项目载体；

核心要点三：工作室典型工作方法、育人实践典型案例；

核心要点四：有较大影响力工作室宣传平台、网络阵地；

核心要点五：工作室高水平的工作研究、实践成果。

典型案例 1

辽宁省“辅导员联播”名师工作室保障措施

（一）政策保障

学院出台的《关于印发〈辽宁生态工程职业学院关于加强辅导员队伍建设

实施意见〉的通知》明确规定了落实辅导员职务职级“双线”晋升；设置辅导员培训专项经费；支持鼓励辅导员开展科研。学院党委将对工作室给予场地、人力、财力的支持。

（二）人员保障

工作室成员由在职在编的辅导员、思政教师、二级院副书记组成。他们具有研究生学历，具有思想政治教育、教育管理、法学、心理学等专业背景，具有丰富的一线辅导员工作经验和理论研究水平。

（三）制度保障

工作室建设纳入学院思想政治教育整体计划中，学院将出台专门的工作室建设具体方案，定期向党委进行汇报。工作实施完善学习交流、培训、科研、实践、评价等制度，确保工作室建设有序开展。

（四）技术保障

工作室建设将纳入学院信息化建设整体规划中，通过网络大数据建设，提升工作室网络大数据搜索与应用能力，实现工作室数字化建设。

典型案例 2

中南大学张金学老师的“思政名师工作室”建设优势

（一）在条件支持上

工作室利用中南大学“辅导员之家”、“56度中南工作室”、建筑与艺术学院“四家”等阵地开展辅导员沙龙、论坛、专题研讨会；工作室入驻机电与工程学院“一站式”思政实践育人长廊，联合科学发展长廊、中兴师生互动课堂、美的“未来”工作室、机械名人长廊等共同打造思政资源育人基地。

（二）在平台搭建上

教育部高校思想政治工作队伍研修中心（中南大学、湖南大学分别搭建）、湖南省高校思想政治工作队伍培训研修中心（中南大学、湖南大学、长沙理工大学分别搭建）充分利用团队成员工作成效开展辅导员专项和新入职辅导员培训，既是对工作室成员的鼓励与鞭策，也为工作室成员作用发挥提供有利平台。

（三）在作用发挥上

工作室成员在立项前后通过自身努力、团队研讨提升，在大学生思想教育与管理，辅导员专业化职业化素质能力提升中取得了较好成绩。在省高校工委的领导下，由中南大学牵头，在2020年全国辅导员素质能力大赛、2022年全国辅导员素质能力提升骨干训练营备赛中，工作室9名成员被邀请担任省队的指导教师，他们精心指导、认真练习，为我省摘得辅导员大赛“三连冠”成绩发挥了积极作用，打造出一支辅导员“湘军”。我校辅导员连续三届以第一名成绩获大赛一等奖，被同行称为“中南现象”。

典型案例3

齐齐哈尔大学李立立老师的“‘双带头人’教师党支部书记工作室”创新模式

“双带头人”教师党支部书记工作室创新模式是一个综合利用支部内外资源，以实现党建引领学校高质量发展的有效机制。在这个模式下，支部内部要为工作室工作提供明确的方向，拓展工作空间，发挥引领作用；外部则注重多方共建，扬长补短，强化“双带头人”教师党支部书记工作室的职能。

（一）多元共建高质量工作室

要推动高质量工作室建设就要做到四个坚持：

一是坚持支部政治把关定向。党支部书记工作室定期研判教师思想状况，强化理想信念教育，拧紧思想政治建设的“总开关”。同时，对举办的每场报告会、讲座等活动，都要严格执行“一事一报”制度，保证主阵地的稳固。

二是坚持引领学科专业发展。“双带头人”教师党支部书记工作室要围绕学院改革发展的中心工作，制订党建工作目标，明确工作重点。通过定期集中研讨教学科研、专业建设等事项，完善支部内部的管理体制与决策机制，提升党建引领学科发展的专业化、科学化水平。

三是坚持开展党风廉政建设。“双带头人”教师党支部书记工作室要组织教师党员严格落实“一岗双责”，签订《党风廉政建设责任书》，严控风险点，健全廉政风险防控长效机制。

四是坚持支部标准化、规范化建设。不断完善相关制度，全面落实“三会一课”制度、“主题党日”活动，规范组织生活，完善支部组织体系，实现支部标准化、规范化建设。

（二）上下共建高效率工作室

“双带头人”教师党支部书记工作室是支部的组织核心，它是决定支部发展质量和水平的关键点。一个有效的“双带头人”教师党支部书记工作室必须以实为主，适当进行虚实结合。这样的工作模式不仅能够确保工作的高效性，而且能够充分利用各种资源，为支部各项工作的开展提供充足的空间。

工作室必须建立一处面积适中、功能合理的真实工作场所，要为支部活动提供充足的空间，以实现“三会一课”、组织生活、谈心谈话、专题研讨和成果展示等多种功能。工作室还应建立虚拟工作室，为真实工作室提供必要而有益的补充。

（三）动态共建稳定工作室

“双带头人”教师党支部书记工作室的发展要做到“四全双带头”，即“全员、全域、全面和全时双带头”。这是一个全方位、多层次、全过程的动态系统，旨在构建一个高效、有序、稳定的工作平台。

首先，全员“双带头”意味着工作室需要在人员结构上进行优化，确保每一个成员都能够做到“双带头”，要求书记、支委、党小组和全体党员的总动员，建立起“书记带支委、支委带党小组、党小组带全体党员”的组织体系，保障人人都能够在党建与业务两个方面发挥带头作用。

其次，全域“双带头”要求工作室明确职责，确保在各个领域都能够做到“双带头”，要求工作室将“双带头”的理念引入教书育人、科学研究、日常管理、社会服务及业余生活等各个领域，以实现党建与业务的全领域融合。

再次，全面“双带头”则要求工作室在各项工作中强化激励，做到事事“双带头”。无论是大的项目还是小的任务，工作室都要努力做到在各项日常工作中起到“双带头”作用，从而保障各项工作都能从党建与业务两个方面进行融合。

最后，全时“双带头”要求工作室强化制度建设，做到时时“双带头”。这就需要工作室在各项工作的准备、执行、评价和改革等每个环节中“双带头”，以保证各项工作都能从党建与业务两个方面得到有力的推动。

（四）联合共建全面工作室

党支部共建是一个强大的工具，可以帮助“双带头人”教师党支部书记工作室，实现优势互补、资源共享、强化协作和共同提高。这种共建模式可以全面增强党建和业务能力，丰富和拓展组织建设形式，提升基层党组织建设水平，更好地发挥党组织和党员的引领作用。

在高校教师支部共建的实践中，可以采取校内共建、校企共建、校地共建和校地企共建等多种方式。共建包括组织共建、基地共建、项目共建等。

组织共建指通过党课共上、活动共办、成果共享等形式，开展同上一堂课、同过一次组织生活、共同交流研讨等活动，加强支部间相互学习交流，实现“1+1>2”的共建效果。

基地共建指双方或多方共同打造一个示范基地，分别为基地建设提供人才和科技支撑，或者为高校本科生、研究生实习提供基地和保障。

项目共建有两种方式，技术需求方委托的横向项目和共同申报的纵向项目，要有效地整合各方的优势资源，实现更大的效益。

反思复盘

名师工作室要设立自己的“充电桩”，建立自己的“加油站”，形成自己的“保养厂”，确保名师工作室高速安全行驶。

拓展阅读

打造名师工作室新标杆：名师工作室建设的全方位保障措施

古人云：兵马未动粮草先行。为了确保名师工作室能够持续、健康、快速地发展，需要为名师工作室设计一系列具体而有力的保障措施。

（一）人才保障：会聚精英，共筑梦想

名师工作室的建设，离不开优秀人才的会聚。我们积极引进和培育一批批教育界的佼佼者，为他们提供广阔的发展空间和良好的工作环境；同时，我们还建立了完善的人才激励机制，让每一位教师都能在这里实现自己的教育梦想。

（二）资源保障：优质资源，共享共赢

为了确保名师工作室的顺利运行，我们积极整合各类优质教育资源，包括教材、教具、教学软件等。同时，我们还与各大高校、科研机构建立了紧密的合作关系，共同研发教育创新项目，实现资源共享、优势互补。

（三）制度保障：规范管理，提升效率

为了保障名师工作室的高效运转，我们制定了一系列科学、规范的管理制度。这些制度涵盖了教师选拔、培训、考核、经费管理等各个环节，确保每一位教师都能在这里得到充分的支持和帮助。同时，我们还建立了完善的反馈机制，及时收集教师的意见和建议，不断优化工作流程。

（四）文化保障：传承创新，共铸辉煌

名师工作室不仅是一个成长联合体，更是一个传承和创新教育的文化阵地。我们注重培育教师的教育情怀和创新精神，鼓励他们在教学中不断探索、勇于创新；同时，我们还积极开展各类文化交流活动，提升教师的文化素养和人文情怀。

（五）技术保障：科技助力，智慧教育

在信息化时代，科技已经成为教育发展的重要推动力。我们充分利用现代科技手段，为名师工作室提供全方位的技术支持。这包括智能教学系统、在线课程平台等，让教师可以更加便捷地进行教学和管理。同时，我们还积极探索教育科技的前沿领域，引领教育创新的潮流。

名师工作室的建设离不开全方位的保障措施，名师工作室建设需要一系列具体且清晰的保障措施来确保其顺利运行和持续发展。

肆

内核动力——

名师工作室建设任务驱动

第一节 名师工作室建设方案设计

一、存在问题

名师工作室在申报立项确定后，大部分主持人认为工作室的申报书就是名师工作室的具体建设方案，完全按照申报书指导工作室未来三年的规划，但申报书的内容不足以支撑工作室未来三年建设发展规划，需要重新制订设计名师工作室的建设方案。

当前，很多名师工作室的建设方案存在如下几个问题：

（一）目标定位不清晰

如果名师工作室的目标和定位不明确，则可能会导致工作室成员缺乏方向和动力，难以形成有效的合作和成果。

（二）选拔机制不健全

如果名师工作室的成员选拔机制不够公正、透明和科学，则可能会影响工作室的整体素质和发展潜力。

（三）资源配置不合理

名师工作室需要一定的资源支持，包括场地、设备、经费等。如果资源配置不合理，则可能会导致工作室无法正常运作，影响成员的工作积极性和成果产出。

（四）载体活动不丰富

名师工作室应该通过组织各种形式的载体活动来促进成员之间的交流与合作，提升教育教学水平。如果活动安排单一或者不够丰富多彩，则可能会降低成员的参与度和兴趣度。

（五）评估机制不完善

名师工作室需要建立有效的评估机制来评估成员的工作成果和工作室的整体发展。如果评估机制不健全或者不够科学，则可能会导致评估结果不准确，无法为工作室的进一步发展提供有力支持。

二、设计思路

名师工作室建设方案应该以提升学生管理、教育教学、教师成长以及推动教育教学创新为核心进行设计。

（一）明确目标方向

明确工作室的目标和方向，如加强学生管理、提升教师的教学技能、推动教育教学改革、形成具有影响力的教育研究成果等。确定工作室的定位，即确定工作室是面向全校、全市还是更广泛的区域，以及工作室在教育教学领域中的特色和方向。

（二）选拔组建团队

制订明确的选拔标准，选拔具有丰富教学经验、较高教学水平和较强研究能力的教师加入工作室；组建由名师领衔、以骨干教师为主体的工作团队，形成结构合理、优势互补的团队结构。

（三）建立管理机制

制定详细的工作室管理规章制度，明确各成员的职责和权利，确保工作室的有序运转；建立定期会议制度，加强成员之间的沟通与协作，共同推进工作室的各项工作。

（四）制订工作计划

根据工作室的目标和定位，制订详细的工作计划，包括学生管理、教育研究、教学改革、师资培训、外出考察、资源共享等方面的内容；工作计划应具有可行性和可操作性，明确具体的时间节点和任务分工。

（五）开展研究实践

鼓励成员积极开展学生管理、教学研究、改革实践等方面新的教学方法和手段的探索，提高教学效果和质量；定期组织各种比赛、教学观摩、教学研讨等活动，促进成员之间的经验交流和成果分享。

（六）加强师资培训

针对工作室成员的不同需求和特点，制订个性化的培训计划，提供针对性的培训和指导。邀请教育专家、名师等来工作室进行指导和交流，提高成员的专业素养和能力水平。

（七）建立资源平台

建设完善的工作室公众号、网站或线上宣传平台，整合优质教育教学资源，为成员提供便捷的资源共享途径。加强与其他学校和机构的合作与交流，拓宽资源渠道，提升工作室的影响力和辐射力。

（八）注重推广应用

鼓励成员将研究成果和优秀案例进行整理和出版，扩大工作室的知名度和影响力。积极推动成果的推广与应用，促进学校教育教学质量的提升和区域教育发展。

三、具体策略

名师工作室建设方案设计

（一）名师工作室建设方案概述

本名师工作室建设方案旨在系统科学地规划工作室的发展方向和目标，紧密结合区域、学校的实际情况和队伍建设需求，确保工作内容的充实性、针对性和实效性。通过重点围绕工作室的研究方向开展理论研究、工作探索、资源建设等活动，促进教师的专业成长和团队建设，为区域教育质量的提升作出贡献。

（二）名师工作室建设方案目标

构建一个专业性强、学术氛围浓厚的名师工作室，成为学校或区域内教师专业成长的摇篮。

围绕名师工作室的研究方向，形成一系列具有推广价值的研究成果和实践经验。

加强与区域内外学校的交流与合作，推动教育教学资源的共享和优化配置。

（三）名师工作室工作内容

理论研究。深入研究学生管理、教育教学理论，结合区域、学校实际，形成具有指导意义的理论成果。

工作探索。围绕研究方向，开展学生管理、教育教学实践探索，形成可复制、可推广的工作模式和方法。

资源建设。建立学生管理、教育教学资源库，包括教学课件、学生管理案例、教学视频等，为教师提供丰富的教学资源。

（四）名师工作室工作举措

定期组织交流。邀请业内专家、学者举办讲座和交流，促进名师工作室成员之间的思想碰撞和学术交流。

开展学习研讨。鼓励教师自主学习、合作学习，定期组织学习研讨活动，分享学习心得和研究成果。

深化实践探索。结合学校实际情况，开展教育教学实践探索，形成具有本校特色的教学模式和方法。

强化评价反馈。建立科学的评价机制，对工作室成员的工作进行定期评价，及时反馈评价结果，促进成员的专业成长。

（五）名师工作室预期成果

形成一系列具有推广价值的研究成果和实践经验，包括网络文章、典型案例、学术论文、教学案例、教学视频等。

培育一批具有教育教学创新能力和实践经验的优秀教师，为学校教育质量的提升作出贡献。

建立完善的教育教学资源库，为兄弟院校提供丰富的学生管理经验和教育教学资源。

（六）名师工作室组织保障

学校对名师工作室的建设进行严格把关，确保建设方案的顺利实施。

设立专门的工作小组，负责名师工作室的日常管理和组织工作。

提供必要的经费和场地支持，确保名师工作室的正常运转。

加强兄弟院校之间的交流与合作，共同推动名师工作室的建设和发展。

名师工作室建设方案顶层设计遵循四大核心策略：定调子、抬轿子、铺路子、搭架子。

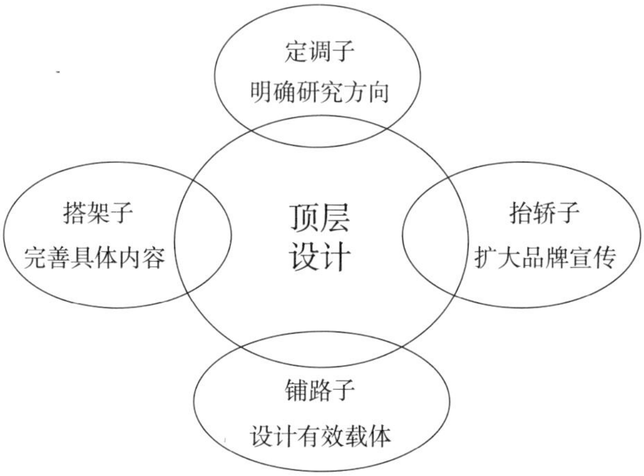

定调子，明确研究方向。名师工作室的首要任务是确定其研究方向和特色。选准研究主题，为工作室的发展定下基调。例如，我们可以围绕“智慧教育”“核心素养培养”等热点话题，进行深入的研究与实践，形成独具特色的研究品牌。

抬轿子，扩大品牌宣传。有了明确的研究方向，接下来就需要通过各种渠道和方式，扩大名师工作室的品牌影响力。这包括举办学术研讨会、参与教育交流活动、发布研究成果等。同时，我们还可以通过微博、微信、抖音、网站等平台，展示名师风采，分享教育心得，让更多人了解并认可我们的工作。

铺路子，设计有效载体。为了将研究成果转化为实际效益，我们需要设计有效的载体。这可以是一个个特色案例、一本本精品教材、一堂堂生动课程，也可以是一个个创新项目。通过这些载体，我们可以将先进的教育理念和教学方法传递给更多的教师和学生，促进教育教学质量的提升。

搭架子，完善具体内容。完善名师工作室的具体内容。这包括制订详细的工作计划、建立科学的评价体系、优化资源配置等。同时，我们还要注重对团队成员的培养和激励，为工作室的可持续发展提供有力保障。只有搭好了这个架子，名师工作室才能更加稳健地前行。

反思复盘

名师工作室建设不应成为一时的"应景"和"政绩"，而应从人的成长高度去认识名师工作室的存在价值。一张蓝图绘到底，名师工作室要有自己的"施工图"。好的名师工作室建设方案是名师工作室建设发展的关键和前提。

典型案例

名师工作室建设任务可视化分解表

工作项目	第 1 年度（　年　月—　年　月）	第 2 年度（　年　月—　年　月）
素质能力提升	预期目标：加强学习提高，提升工作室成员的科研能力和写作水平。 验收要点：撰写网络文章 5 篇；发表论文 2 篇；申报校级以上课题 1 项。 负责人：主持人或成员。	预期目标：扩大工作室影响力，提升工作室成员素质能力。 验收要点：参加校外工作室培训 3 次；开展校外工作室交流 2 次。 负责人：主持人或成员。
品牌项目打造	预期目标： 验收要点： 负责人：	预期目标： 验收要点： 负责人：
……	……	……

拓展阅读

名师引领，智慧启航——打造卓越名师工作室建设方案

为了进一步发挥名师工作室的示范引领作用，通过撰写名师工作室建设方案，更好地为名师工作室发展保驾护航，旨在打造一个集学生管理、教学研究、合作交流于一体的卓越平台。

（一）名师引领，共筑梦想

名师工作室以“名师引领、团队合作、创新发展”为核心理念，汇聚了一批教育界的精英。在这里，名师们将携手共进，共同探索教育教学的奥秘，为培养更多优秀人才贡献智慧和力量。

（二）创新模式，智慧启航

我们借鉴国内外先进经验，结合本地实际，创新名师工作室的运营模式。通过线上线下相结合的方式，开展丰富多彩的教育教学活动，如名师公开课、教学研讨会、教学技能竞赛、学生工作交流等，让名师的智慧在工作室中得到充分展现。

（三）资源共享，协同发展

名师工作室将打破传统界限，实现优质教育资源的共享。通过搭建网络平台、建立教学资源库、开展校际合作等方式，促进教育资源的优化配置和高效利用。同时，名师们将积极参与教育扶贫、支教等活动，为更多学生带去优质的教育资源。

（四）激发活力，创新未来

名师工作室将注重激发教师的创新活力，鼓励教师勇于尝试新的学生管理、教学方法和手段。通过设立创新基金、举办创新大赛等方式，为教师提供广阔的发展空间。同时，我们还将积极引进国内外先进的教育理念和技术，为名师工作室注入新的活力。

（五）筑梦未来，共创辉煌

名师工作室的建设是一个长期而艰巨的任务。我们将以坚定的信念和不懈的努力，为打造卓越名师工作室而不懈奋斗。我们相信，在名师的引领下，名师工作室将成为教育改革的先锋队和排头兵，为培养更多优秀人才作出更大的贡献。

让我们携手共进，在名师工作室的平台上书写教育的辉煌篇章！

第二节　名师工作室建设经费设计

一、存在问题

名师工作室建设经费设计存在的问题主要包括以下几个方面。

（一）资金短缺

许多名师工作室面临经费不足的困境，这可能导致工作室无法正常开展活动，如组织培训、研讨会、考察学习等。经费短缺还会限制工作室购置教学设备、图书资料等必需品，影响工作室的完成质量和研究水平。

（二）来源单一

某些名师工作室的经费主要依赖于上级拨款或学校支持，缺乏多元化的经费来源。一旦上级或学校的支持减少或中断，工作室的经费来源就会受到严重影响，甚至导致工作室无法正常运作。

（三）使用不透明

一些名师工作室在经费使用上缺乏透明度，没有明确的经费使用计划和报销制度。这可能导致经费被滥用或挪用，影响工作室的公信力和形象。

（四）管理不规范

经费管理不规范是名师工作室建设中普遍存在的问题之一。一些工作室没有建立完善的财务管理制度，经费使用缺乏监管和审计，容易出现财务漏洞和违规行为。

（五）活动不匹配

经费设计可能与工作室的实际活动需求不匹配，导致经费无法充分支持工作室的各项活动。例如，一些工作室可能更侧重于教学研究和改革实践，而经费设计却更多地用于购置设备和图书资料等方面。

（六）缺乏灵活性

一些名师工作室的经费使用受到严格的限制和规定，缺乏灵活性。这可能导致工作室在面临突发事件或特殊需求时无法及时调整经费使用计划，降低工作室的应急能力和创新能力。

二、设计思路

名师工作室建设经费设计应与工作室开展的项目深度融合，依托项目申请经费，按照经费实施项目。为了解决名师工作室经费设计所面临的问题，名师工作室在设计经费时应该注重以下几个方面。

（一）多元化经费来源

通过与企业、社会组织等合作，拓展经费来源渠道，确保工作室有足够的经费支持。

（二）透明化经费使用

建立明确的经费使用计划和报销制度，确保经费使用的透明度和公正性。

（三）规范化经费管理

建立完善的财务管理制度，安排专人负责工作室财务管理，确保经费使用的合法性和规范性。

（四）经费与项目匹配

根据工作室的实际活动或项目需求设计经费，使项目与经费相匹配，确保经费能够充分支持工作室的各项活动。

三、具体措施

名师工作室经费来源既需要“输血式”外部经费设计，也需要实施“造血式”内部经费设计。

（一）名师工作室“输血式”外部经费设计

项目一：名师工作室团队成员素质能力提升培训

为了提升名师工作室主持人以及团队成员的综合素质能力，促进名师工作室健康有序发展，定期组织名师工作室主持人以及团队成员参加校外、上级部门的培训。

经费设计：培训费、交通费、住宿费。

项目二：名师工作室团队成员原创版权课程证书申报

组织名师工作室团队成员开展原创版权微课程开发与设计，并对开发出来的原创版权课程向国家知识产权局进行申报。

经费设计：原创版权课程证书申报费。

项目三：名师工作室团队成员开展读书沙龙

组织名师工作室团队成员开展读书沙龙、共读一本书活动，提升名师工作室团队成员的学生管理、教育教学能力。

经费设计：图书购买费。

项目四：名师工作室团队成员精品微课录制费

鼓励名师工作室团队成员积极参加上级各种微课评比，如劳动教育微课、心理健康教育微课、党史微课等，提升工作室成员的教学能力。

经费设计：微课制作费。

项目五：名师工作室开展的主题活动

按照名师工作室的计划，结合各种主题节日开展相关主题活动，丰富工作室内容，打造名师工作室特色品牌。

经费设计：活动展板设计费、海报设计费。

项目六：名师工作室开展项目活动评选

名师工作室组织开展优秀案例评选、征文评选、微课评选、育人故事、先进个人评选、各类比赛等项目，给获奖者颁发证书。

经费设计：荣誉证书制作费、奖品费、评审费。

项目七：名师工作室邀请专家讲座交流指导

名师工作室定期邀请校外专家入校面向全体成员举办讲座，进行交流指导，提升名师工作室团队成员的教育教学能力。

经费设计：专家讲座课时费、交通费、住宿费。

项目八：名师工作室成员进行论文发表、教材出版

名师工作室组织团队成员围绕工作室建设发展发表论文、撰写出版教材，提升工作室团队成员的科研能力和水平。

经费设计：论文发表费、教材出版费。

项目九：名师工作室组织团队成员到兄弟院校调研

为了学习兄弟院校工作室建设经验，组织团队成员到兄弟院校开展工作室学习交流调研。

经费设计：交通费、住宿费。

项目十：名师工作室承办学校或上级大型活动

名师工作室承办学校或上级安排的大型活动，负责活动的具体落实执行。

经费设计：材料费、租车费、场地费。

项目十一：名师工作室年终总结材料汇编

名师工作室年终对一年所开展的工作进行梳理、总结、凝练，分类分级进行汇编，形成工作室的工作成果。

经费设计：材料印刷费。

上述内容是名师工作室建设经费的部分项目经费设计，名师工作室主持人以及全体成员可以群策群力、创新思维，围绕工作室的研究方向进行建设项目经费设计。

名师工作室建设经费设计是一项系统工程，需要工作室主持人以及全体成员全面考虑、统筹策划、精心设计，为名师工作室筑巢引凤，使名师工作室成为源头活水。

在经费的使用上，名师工作室要做到精打细算，确保每一分钱都花在刀刃上。让经费的血液流淌于名师工作室的每一个细胞。

反思复盘

兵马未动，粮草先行，好的工作室经费设计是名师工作室建设发展的“弹药库”和“粮仓”。

典型案例

辽宁省“辅导员联播”工作室建设经费设计

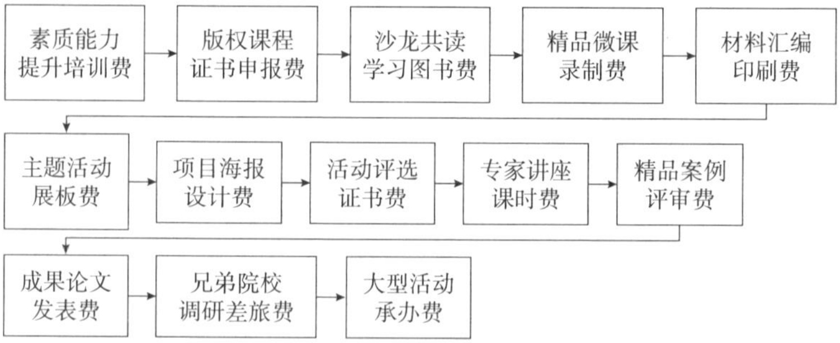

（二）名师工作室“造血式”经费设计

项目一：名师工作室直播分享项目设计

组织名师工作室成员通过线上平台定期开展直播分享、线上指导，这不仅有助于提升成员自身能力，还能取得一定收益。

经费设计：直播收益。

项目二：名师工作室与平台合作项目设计

组织名师工作室成员制作系列微课，与各种平台合作线上课程，由平台负责推广。工作室、课程主讲人、平台按照比例进行收益分配。

经费设计：线上微课收益。

典型案例

聚焦职教平台招募课程讲师条件

（一）成为聚焦职教线上讲师的所得

（1）优厚的课酬待遇；

（2）专属个人形象打造，课程包装；

（3）聚焦职教认证讲师，聘请证书；

（4）将纳入聚焦职教专家库参与授课；

（5）聚焦职教全平台优先发稿权；

（6）聚焦职教全平台免费宣传；

（7）提高个人影响力、行业知名度；

（8）成为内容合作优先考虑对象；

（9）获得更多精准的商业机会。

（二）视频课内容输出流程

（1）与聚焦职教协定课题提纲；

（2）输出单次课程作小范围试听，优化调整内容；

（3）按时提交完整的音频内容；

（4）运营团队包装与正式上架课程；

（5）双方合作推广课程；

（6）课程总结复盘与收益结算。

（三）讲师需遵守的条约

（1）录制课程内容由聚焦职教与讲师共同商定；

（2）课程录制内容应按照提前规划好的内容进行，不得在录制过程中随意发布或更改；

（3）若有故意不遵守条约的讲师，聚焦职教有权即时解除其讲师身份，且被解除身份讲师不可享受任何聚焦职教讲师福利；

（4）课程如获差评超过所有评价的20%，将不能享受聚焦职教线上讲师福利。

项目三：名师工作室线下指导项目设计

组织名师工作室成员通过线下入校讲座、指导，各学校支付一定的课时费用。

经费设计：讲座指导收益。

项目四：名师工作室主题训练营项目设计

组织名师工作室成员开展各种主题训练营项目，工作室可以独立承办，面向全国招收学员并收取一定的费用。

经费设计：学员缴费收益。

典型案例

辽宁省“辅导员联播”工作室设计的“7天辅导员校园危机管理专项能力提升实战营”项目

课程路线	第一期“7天辅导员校园危机管理专项能力提升实战营”						
星期	周六	周日	周一	周二	周三	周四	周五
每天一次课	晚8点—9：30点	晚8点—9：30点	晚8点—9：30点	晚8点—9：30点	晚8点—9：30点	晚8点—9：30点	晚8点—9点
任务	开营+首次课	听课+答疑	听课+答疑	听课+答疑	听课+答疑	听课+答疑	听课+答疑
直播平台	微信语音直播+小鹅通直播平台	小鹅通直播平台	小鹅通直播平台	小鹅通直播平台	小鹅通直播平台	小鹅通直播平台	小鹅通直播平台
回听平台	小鹅通直播平台	小鹅通直播平台	小鹅通直播平台	小鹅通直播平台	小鹅通直播平台	小鹅通直播平台	小鹅通直播平台
主题	提升校园危机管理的领导力	心理危机预防与干预的边界	谈心与谈话沟通的有效区别	学生违纪处分的防雷避坑指南	休学退学打架通知危机预警	校园危机应对处理六脉神剑	成员分享
课程大纲	一、危机管理领导力 二、危机管理变态钻石模型 三、保护自己的最好护身符	一、心理危机三个核心阶段 二、心理危机涟漪处理模型 三、与家长沟通的三个角度	一、谈心谈话的注意事项 二、谈心谈话四个底层逻辑 三、刘备谈心谈话应对策略	一、学生违纪处分五种形式 二、学生违纪处分程序流程 三、教育部41号令重点解读	一、学生退学三种形式 二、学生打架报警须知 三、撰写通知注意事项	一、凝神注目细节决定成败 二、收发自如切勿火上浇油 三、心随意动一招三式管理	
实操演练	校园活动预案撰写	知情同意书撰写	谈心谈话位置感知模型	陈述申辩告知书撰写	退学申请书撰写	三大群体排查表	
成果	作业+每日答疑	作业+每日答疑	作业+每日答疑	作业+每日答疑	作业+每日答疑	作业+每日答疑	作业+每日答疑
资源	课件PDF、阅读电子资料	课件PDF、阅读电子资料	课件PDF、阅读电子资料	课件PDF、阅读电子资料	课件PDF、阅读电子资料	课件PDF、阅读电子资料	课件PDF、阅读电子资料
课程特色	典型案例：真实案例解读；理论依据：有理有据分析；互动体验：具体实操训练；解决痛点：直接应用实战						

项目五：名师工作室平台发布广告项目设计

依托名师工作室宣传平台的影响力，发布一些符合成员以及全体教师的科研提升、学习培训、证书考取等方面的广告，获得一定的广告收入。

经费设计：广告收益。

注意：对工作室自身产生的收益，也要有明确的制度规范和经费管理办法。成员经由工作室推荐，与平台合作开展、创建的课程或者培训活动、入校指导等所获得的收入按照一定比例进行分配。活动获得的收入应80%归成员自身所有，收入的20%可以作为工作室经费。这样既能调动每一个成员的积极性，又保证了工作室良性健康发展。

反思复盘

激情是暂时的，情怀是需要的，但经费是必需的。按劳分配、赏罚分明、合理分配才是名师工作室推动可持续发展的根本保障。

拓展阅读

揭开名师工作室经费设计的神秘面纱

在教育的沃土里，名师工作室犹如一颗璀璨的明珠，它不仅是知识的殿堂，更是智慧与创新的源泉。然而，这颗明珠的闪耀离不开精心设计的经费支持。今天，就让我们一起揭开名师工作室经费设计的神秘面纱，探索其背后的艺术与智慧。

（一）经费之基：保障日常运营

名师工作室的日常运营离不开资金的支撑。这主要包括校外活动场地租金、设备购置与维护、教学材料采购、荣誉证书制作等基本开支。在经费设计中，首先要确保这些基本需求的满足，为师生提供一个稳定、舒适的学习环境。

（二）创新投入：激发教学活力

名师工作室的魅力在于其独特的学生管理、教学方法和创新的教育理念。

因此，在经费设计中，要特别注重创新投入，鼓励教师进行学生管理、教学改革和课程研发。这不仅可以提升教学质量，还能激发学生的学习热情，培养他们的创新精神和实践能力。

（三）师资培养：打造教育精英

名师工作室的师资力量是其核心竞争力。因此，在经费设计中，要充分考虑师资培养的需求。这包括组织教师参加专业培训、学术交流等活动，提升他们的专业素养和教学水平。同时，还要为优秀教师提供丰厚的奖励和荣誉，激励他们为教育事业贡献更多力量。

（四）项目资助：拓宽研究领域

名师工作室通常承担着一系列研究项目，这些项目不仅有助于推动学科发展，还能为社会提供有价值的成果。在经费设计中，要给予项目充分的资金支持，确保项目的顺利进行。同时，还要积极争取外部资助和合作机会，拓宽研究领域和影响力。

（五）社会责任：回馈教育事业

名师工作室作为教育事业的重要组成部分，承担着一定的社会责任。在经费设计中，要充分考虑如何回馈教育事业和社会。这可以通过设立奖学金、资助贫困学生、参与公益活动等方式实现。通过这些举措，名师工作室不仅能够提升自身的社会影响力，还能为教育事业的繁荣发展贡献更多力量。

综上所述，名师工作室的经费设计是一项复杂而重要的工作。它既要确保日常运营的稳定性，又要注重创新投入和师资培养；既要关注项目资助和拓宽研究领域，又要承担社会责任和回馈教育事业。只有这样，才能打造出一个卓越的教育高地，为培养更多优秀人才贡献更多力量。

第三节 名师工作室房间布置设计

一、存在问题

名师工作室的房间设计几乎是所有主持人要面临的现实问题，由于历史原因或场地原因，很多名师工作室虽然立项了但没有专门独立的场地空间。名师工作室主持人的办公室往往变成了名师工作室的办公室，或者名师工作室和其他部门共享一个房间。

梦想是一间房，现实是一面墙。

二、设计思路

名师工作室的房间布置设计，要学会以空间换空间。如果没有独立的工作室房间，可以联合使用房间，但要充分发挥工作室房间的墙文化，设计打造一个高效、舒适且充满灵感的工作室空间。

要平衡工作室空间的大小与整体布局是设计过程中要考虑的一个关键因素。以下是一些设计思路，帮助你在有限的空间内实现最佳的布局效果。

功能优先。明确工作室的主要功能和需求，如工作、会客、交流等。根据功能需求确定空间划分的优先级，确保主要功能区域得到足够的空间。

设计多样。采用多功能的家具和设备，如折叠桌、储物床、带储物功能的椅子等，以节省空间。

空间流动。设计灵活的空间布局，以适应不同工作模式和需求的变化。利用透明或半透明的隔断（如玻璃、屏风等）来划分空间，同时保持空间的流动性和开放性。

色彩与光线。使用明亮、柔和的色彩来营造宽敞、舒适的感觉。充分利用自然光和人工照明，确保工作区域有足够的光线。考虑使用镜面或反光材料来增加空间感。

个性化与舒适。在满足功能需求的前提下，考虑加入个性化的设计元素和装饰，以展现名师工作室的独特风格。注重工作区域的舒适性和人性化设计，如提供舒适的座椅、调节适宜的温度等。

会议室不等于工作室。工作室是一个学习型组织，需要一个相对安静、愉悦的空间环境。一间固定的工作室房间是必备条件，有了工作室房间，工作室成员才有了一个“家”，才能产生归属感。

名师工作室，不只是一间教室，更是创意与智慧的熔炉，每一个人在这里，用匠心点燃教育的火焰。

三、具体措施

以空间换空间，名师工作室文化墙设计

文化墙设计注意整体要简约，颜色和字体要尽量少一点，信息要清晰易读，排版要有对比和变化。名师工作室在文化墙的设计上要体现出美观、高级、时尚。以下是文化墙设计的几种思路，以供大家参考。

主题定位。你需要明确文化墙的主题。这可能与名师工作室的研究方向、教育理念、教学目标或特定项目相关。主题定位清晰后，可以根据主题来选择合适的素材和设计元素。

视觉吸引。文化墙需要具有视觉吸引力，以便引起别人的注意并激发他们的兴趣，可以运用丰富的色彩、有趣的图形和生动的照片来装饰文化墙，同时，考虑使用不同的材质和纹理来增加视觉层次感和立体感。

内容丰富。文化墙的内容应该丰富多样，能够全面展示名师工作室的特色和成果，可以展示名师的简介、教育理念、教学成果、学生作品等。此外，还可以添加一些激励性的标语或名言警句，以激发师生的学习热情和动力。

互动有效。为了增加文化墙的互动性，可以设计一些互动环节，如留言板、

照片墙等。这些环节可以让师生们参与到文化墙的建设中来，表达自己的想法和感受，从而增强他们的归属感和荣誉感。

创新元素。在设计文化墙时，要敢于创新，尝试不同的设计风格和元素。可以借鉴其他优秀的设计案例，也可以结合自己的创意和想法来打造独特的文化墙。

细节处理。在设计文化墙时，要注意细节处理。例如，字体大小、颜色搭配、排版布局等都需要仔细考虑和调整。同时，还要确保文化墙的内容真实、准确、严谨，避免出现歧义或错误信息。

后期维护。完成文化墙设计后，还需要进行后期维护和管理。定期检查文化墙的状况，及时修复损坏的部分，保持其整洁和美观。同时，也可以根据需要更新和添加新的内容或元素。

名师工作室文化墙设计是一个独特且富有教育意义的过程。以下是一些建议，能帮助你设计出富有特色和吸引力的名师工作室文化墙。

第一种：几何图形与异形组合搭配文化墙的设计。整体是有序的、简单的，所以在编排文字和图片的时候最常用到的还是几何图形，但如果全是几何形也容易给人单调、缺少变化的感觉，所以搭配上一个异形的造型，或者异形的图片，强烈的对比效果会让版面更有视觉冲击力和设计感。

第二种：用简单的造型重复排列。文化墙的信息通常是有不同组别的，为了清晰易读，我们通常会用一些图形将不同组别的信息区别开来，但是所用的图形最好造型简单，因为简单的造型更适合文字和图片排版，也不会喧宾夺主，把这些简单的造型通过有序、重复的排列，根据需要还可以在图形大小和颜色上做一些变化，创造出视觉上的节奏感，效果通常不错。

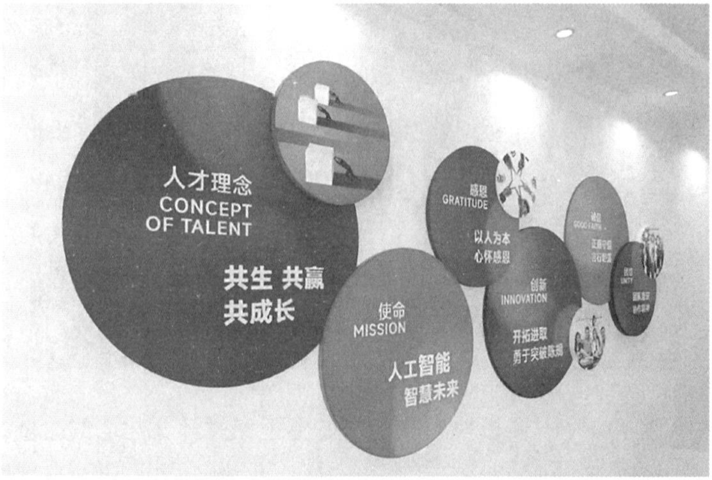

第三种：图文组合。文化墙的设计尽量不要用纯文字，因为视觉上会很单调，选择一些好看的图片组合，排版效果会更好，如果确实不适合加图片，也可以把部分内容设计成图表、ICON等形式，或者加入一些点、线、面来丰富版面。

第四种：使用立体效果。如果成本允许，可以把文化墙做成立体的，即运用亚克力、PVC或雪弗板之类的材质，使版面中的文字、图片、板块呈现出不同的厚度，视觉上会更有层次和品质感。

第五种：用异形将不同板块串联起来。由于在设计文化墙的时候，通常会用图形将不同组别的信息进行分组，所以整个版面可能会有分散、缺乏联系、整体性不强的感觉，这时可以用一些延续性比较强的图形贯穿所有版面，使各个版面建立联系，有点像画册设计中的跨版，视觉冲击力更强、更大气，常用的图形有山脉、路、树丛、曲线等。

第六种：使用网格系统构图、排版。使用网格系统排版的特点是简洁、有序，整体会给人很规范、很有条理的感觉，但在排版的细节上还会有很多变化，所以对于一些要求简约、现代、高级的文化墙设计，使用网格系统的原理进行排版，比如将版面进行分栏处理，或者分割成若干个单元格来进行排版，更容易出效果。

（以上文字和图片来源：“葱爷”公众号）

同时，工作室还要配备必要的办公电脑、桌椅、大屏幕、书架、饮水机等设备。

反思复盘

名师工作室的文化墙，不仅是一面墙，更是一扇窗，一扇连接过去与未来、沟通现实与理想的窗。它见证了名师工作室全体成员辛勤耕耘的汗水与智慧，也承载着学生们对知识的渴望与追求。在未来的日子里，文化墙将继续见证教育的力量与希望，引领一代又一代学生走向更加广阔的天地。

典型案例 1

辽宁省“辅导员联播”名师工作室空间设计

典型案例 2

广东省周玲名班主任工作室空间设计

典型案例 3

辽宁省孙晓茹名班主任工作室空间设计

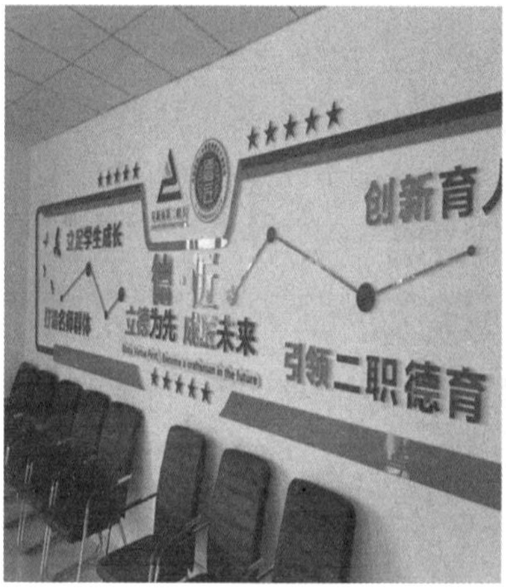

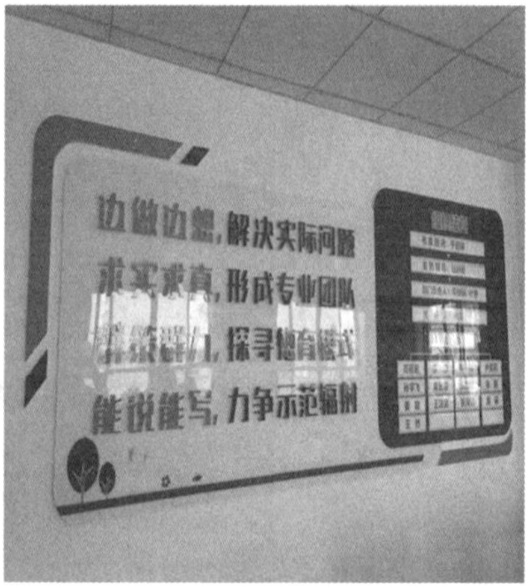

拓展阅读

揭秘名师工作室：打造激发创意的灵感空间

当我们谈论名师工作室时，不仅是在谈论一个物理空间，更是在探讨一个能够激发创新思维、促进知识交流的独特环境。在这个空间中，每一处细节都凝聚着主持人以及全体成员的匠心独运，每一个角落都充满了知识的芬芳。

（一）空间布局：功能与艺术的完美融合

名师工作室的空间设计，首要考虑的是其功能性。宽敞明亮的工作区、舒适的休息区、设备齐全的会议室，无一不是为了让名师们能够更加高效地进行学习、交流和工作。同时，主持人们也不忘将艺术元素融入其中，通过独特的装饰风格、色彩搭配和光影运用，让整个空间既实用又充满美感。

（二）创意元素：激发无限可能的灵感源泉

名师工作室的空间设计中，创意元素是不可或缺的。从墙面上的创意涂鸦到书架上的艺术品，从独特的家具设计到个性化的照明系统，每一个创意元素都在默默地激发着名师们的灵感。这些元素不仅让空间更具趣味性，也让名师们在工作之余能够放松身心，享受创作的乐趣。

（三）互动交流：促进知识共享的社交场所

名师工作室不仅是一个独立的工作空间，更是一个促进知识共享的社交场所。工作室全体成员通过巧妙的布局和空间设计，为大家提供了更多的互动交流机会。比如，设置开放式的讨论区，配置多功能的展示墙，安装便于沟通的音频设备等，都旨在让团队成员能够更加方便地进行思想碰撞和学术交流。

（四）环保理念：打造绿色健康的学习环境

在名师工作室的空间设计中，环保理念也是不可或缺的一部分。主持人以及成员注重选择环保材料、降低能耗、增加绿化等方式，打造出一个绿色健康的学习环境。这样的设计不仅有助于提升大家的工作效率和身心健康，也符合当下社会对环保和可持续发展的追求。

布置工作室的过程，也是启动工作室建设的过程，更是凝聚团队成员的过程。在布置工作室的过程中，主持人要充分调动全体成员的积极性，群策群力、头脑风暴，每一个人都是这个“家”的主人。切忌采用找一家广告公司设计方案，施工人员装修完毕，全体人员入驻的模式。

名师工作室的空间设计是一个充满创意和挑战的过程。通过精心规划和巧妙设计，我们可以打造出一个既实用又美观、既充满创意又注重环保的灵感空间。让大家在这样的环境中充分发挥自己的才华和创造力，为社会培养出更多的优秀人才。

第四节　名师工作室内涵文化设计

一、存在问题

在名师工作室的建设发展过程中，名师工作室内涵文化设计做得并不显著。很多名师工作室没有凝练出工作室的内涵文化，没有让人过目不忘的超级符号，没有形成工作室自身特色品牌IP。主要是因为存在以下几个方面问题：

（一）缺乏明确的文化定位

有些工作室在内涵文化设计上缺乏明确的定位，导致文化元素杂乱无章，无法形成统一的文化氛围。

（二）忽视成员个人特色

名师工作室通常聚集了一批具有独特教学风格和管理经验的教师，但在文化设计上往往忽视了他们的个人特色，使得文化内涵显得单一且缺乏活力。

（三）缺乏实践互动

一些工作室的文化设计过于理论化，缺乏实践性和互动性，导致工作室成员难以将文化理念融入日常学生管理和教学中。

二、设计思路

（一）明确文化定位

需要明确工作室的文化定位，包括工作室的教育理念、核心价值观、发展目标等。这有助于形成统一的文化氛围，增强团队成员的归属感和认同感。

（二）融合个人特色

在工作室文化内涵设计中，应充分考虑团队成员的个人特色和教学风格，将他们的经验和智慧融入文化元素中。这不仅可以丰富文化内涵，还可以激发全体成员的创造力和积极性。

（三）设计品牌Logo

Logo是名师工作室的视觉标识，应具有象征意义和内涵。在设计Logo时，可以融入工作室的教育理念、核心价值观等元素，通过图形、色彩、字体等设计元素来体现工作室的文化特色。

（四）开发文创产品

文创产品可以作为工作室文化内涵的延伸和体现，不仅可以传播工作室的文化理念，还可以增加工作室的知名度和影响力。

> 在名师工作室建设过程中，启迪润心，点亮智慧之光，让知识的光芒照亮名师工作室前行的道路。

三、具体措施

进行名师工作室内涵文化设计是一个综合性的过程，涉及多个方面。以下是一些建议，帮助你设计工作室的使命、愿景、价值观，并创建具有文化内涵的Logo以及开发文创产品。

（一）名师工作室的使命设计

使命是工作室存在的根本理由，是团队成员共同努力的目标。对于名师工作室，其使命可能包括提供专业的教育培训、引领教育创新、促进教师职业发展等。具体使命的确定需要结合工作室的实际情况和长远发展目标。

> 使命是什么？使命是自己相信，才能让别人相信。

例如，信息技术丁玉海名师工作室的使命是致力于极简技术的应用研究，不断探索信息技术与教育教学融合创新，让每个人都成为教育创新的实践者。

（二）名师工作室的愿景设计

愿景是工作室期望实现的长期目标和短期目标，是团队成员共同追求的理想状态。名师工作室的愿景可能包括：成为教育领域的佼佼者；引领教育改革潮流；为社会培养更多优秀人才等。愿景的设定应该具有挑战性和激励性，能够激发团队成员的积极性和创造力。

> 愿景是什么？愿景是每个人的近期目标和长远目标。

工作室是成长共同体，任何共同体都要通过愿景凝聚人心。工作室的共同愿景应该是建立在参与者个人愿景之上，渗透于每一个成员内心之中。

例如：辽宁省“辅导员联播”工作室的愿景是辅导员团队“出名师”，服务学生“有实效”，工作成果“塑品牌”，危机管理“可复制”。

（三）名师工作室的价值观设计

价值观是工作室成员共同遵守的行为准则和价值观念。名师工作室的价值观应该包括追求卓越、勇于创新、团队协作、关爱学生等。这些价值观应该贯穿工作室的各项工作和活动中，成为团队成员的共同信仰和行为准则。

价值观是什么？价值观是共同遵守的行为准则和价值观念。

典型案例

如何设计辅导员、班主任名师工作室的使命、愿景、价值观

名师工作室的使命：辅导员、班主任要全心全意为学生服务，促进学生成长，实现立德树人。

名师工作室的愿景：努力成为一名职业化、专业化、专家化辅导员、班主任。

名师工作室的价值观：辅导员、班主任按照九大职责要求做精、做细、做实各项工作。

通过工作室的互助研修、互帮互助、共建共享，能够照见自身与优秀的差距，见贤思齐；能够帮助成员梳理工作，凝练经验，提炼教育理念；能够帮助成员坚定理想信念，提升精神境界，从自发走向自觉。

（四）名师工作室Logo设计

名师工作室的标识是工作室内涵文化的可视象征之一，是体现名师工作室内涵文化的标志，主要包括名称、室训、室徽、室歌、室诗、室旗、室服等。

Logo是工作室的典型视觉标识之一，应该能够直观地传达出工作室的教育理念和文化内涵。

创作一句能够概括工作室文化的口号，用于宣传和推广。

选择能够体现工作室文化的色彩和字体，以形成统一的视觉风格。

请说出下面六个工作室Logo的含义。

典型案例1

江西制造职业技术学院“点滴辅导员名师工作室”Logo设计理念

特质：崇德向善、勇毅担当、诚信友爱、追求进步

个性：有理想、敢担当、能吃苦、肯奋斗

目标：求真知、懂技术、会创新、讲奉献

设计理念：工作室IP形象点点、滴滴由水滴形态衍生而成，紧紧围绕“春风化雨、润物无声、点滴润心”的方式，传播红色精神，搭建情感桥梁。

典型案例 2

“宿州市马道宏地理名师工作室”Logo设计理念

设计理念：整体呈同心圆形，环形内嵌“宿州市马道宏地理名师工作室”的中文（隶书）与英文名称，体现了中华传统文化同国际接轨与融合。

中间主体标识呈“心”形地球，下方双手托举，突出地理学科特点，“心”形地球的中间凸显祖国版图（红色五角星代表祖国政治心脏——首都北京），既表达胸怀祖国、放眼全球的开阔胸襟，又传达了工作室团队的“凝心聚力、携手同行”和构建教师专业、发展共同体的思想。

下方一望无际的海平面和翱翔空中的海鸥，透视着“海阔凭鱼跃，天高任鸟飞”的自信担当与崇高的志向。

Logo的主色调为蓝色，既彰显旺盛的生命力，又蕴藏着崇尚自然、追求人与自然和谐发展的理念。

典型案例 3

“东莞市苏敏娜名师工作室”Logo设计理念

设计理念：东莞市苏敏娜名师工作室以“崇尚自然，实践创新”为理念，建设富有“自然教育”特色的名师工作室。

颜色主调选择了象征生命的色彩——绿色系，凸显出生物科学的生命本质，与工作室作为生物学科名师工作室相契合。通过搭配深绿到浅绿的渐变色调，彰显朝气蓬勃的生命力量与希望。

用“鸟”图腾的元素能体现工作室“崇尚自然”的文化内涵。在鸟图腾的旁边还有一支正在描绘DNA分子结构的笔。DNA分子作为生物科学中的典型代表，象征着生命科学知识和文化，与笔构成的组合，寓意着工作室将秉持“传播生命科学知识与文化”的职责，继往开来书写东莞教育新的篇章。另外，笔和鸟图腾的组合又构成了字母D，即为东莞的“东”。

圈形青藤，充分展现了生命科学的魅力，是生命的表征。同时，圈又寓指生物圈，青藤又是渐变的细藤，正是汲取阳光雨露快速生长的阶段，充满活力与生机，寓指工作室发展日新月异、蒸蒸日上，圈形青藤又形似字母G，即为东莞的“莞”。

鸟图腾和青藤交接之间呈现一个“人”字，寓指工作室秉持“以人为本”的理念，推动学员的个性化发展与成才，更要担当起作为人师教书育人的使命，助力东莞基础教育，为成千上万的学生提供更优质的教育。

（五）文创产品开发设计

文创产品是工作室文化内涵的延伸和体现，能够进一步传播工作室的教育理念和文化特色。在开发文创产品时，可以结合工作室的教育特色和文化底蕴，设计出具有实用性和艺术性的产品。

例如，可以设计旗帜、图书、文具用品、纪念品、书签、T恤衫等，通过产品的设计和制作来传达工作室的教育理念和文化特色。同时，也可以考虑将文创产品作为工作室的推广和宣传手段，吸引更多人的关注和参与。

典型案例 1

“程冠华小学思政名师工作室”文创产品设计

典型案例 2

三峡职业技术学院“青力青为”辅导员工作室文创产品“表情包”设计

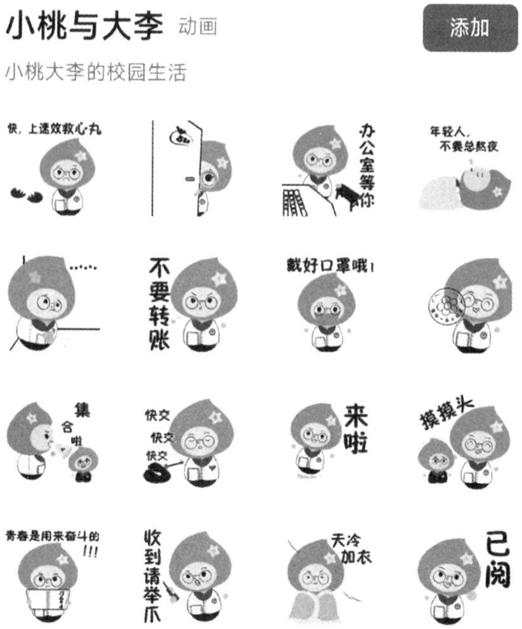

典型案例 3

河北政法职业学院李晓辉老师的“光辉岁月”工作室

“辉哥娟姐叨叨叨”卡通漫画形象设计

总之，进行名师工作室内涵文化设计需要综合考虑多个方面，包括使命、愿景、价值观、Logo设计以及文创产品开发等。这些方面的工作相互关联、相互影响，共同构成了工作室的文化内涵和品牌形象。

反思复盘

愿景：描绘工作室未来的蓝图，明确工作室希望达到的长期目标和理想状态。

使命：阐述工作室存在的目的和核心价值，即工作室为什么存在，它要做什么。

价值观：列出工作室的核心价值观，这些价值观将指导工作室成员的行为和决策。

名师工作室明确自己的使命、愿景和价值观，才能确保未来工作室的“基业长青”。

典型案例

河南省济源市第一中学秦望老师“8+1工作室”的定位

工作室愿景：远离浮躁，追求宁静；远离肤浅，追求丰盈；远离低俗，追求高贵；远离专制，追求民主；远离私情，追求公正；远离平庸，追求卓越。用爱心温暖爱心，用智慧启迪智慧，用人格塑造人格，为学生的终身幸福、为学生的持续发展、为民族的伟大复兴、为中国未来崛起，培养高素质公民。

工作室的使命：建设一所班主任职业大学，为改善教育而努力。

工作室价值观：做足功课、心怀梦想、阳光心态、合作分享、学术争鸣、成就学生、发展自己。

反思复盘

名师工作室内涵文化设计是名师工作室的群体画像，是名师工作室的“精气神”，是名师工作室的内在气质。

拓展阅读

揭秘名师工作室Logo背后的设计奥秘：如何打造引人入胜的视觉符号？

在知识的海洋中，名师工作室如同灯塔，照亮学子们前行的道路。而一个独具匠心的Logo，更是工作室的门面，承载着其独特的理念与愿景。那么，如何设计一款既吸引人又富有内涵的名师工作室Logo呢？接下来，就让我们一起探索其中的奥秘。

（一）理念先行，彰显特色

一个好的Logo设计，首先要明确工作室的核心理念。是注重学术传承，还是强调创新思维？是追求个性化教学，还是注重团队协作？这些理念都需要在Logo设计中得到体现。比如，如果工作室注重学术传承，可以采用古朴典雅的字体和色彩，彰显其深厚的文化底蕴；如果强调创新思维，则可以采用简洁明快的线条和色彩，展现其活力与朝气。

（二）色彩搭配，引人入胜

色彩是Logo设计中不可或缺的元素。不同的色彩搭配会给人带来不同的视觉感受。对于名师工作室来说，可以选择一些温暖、明亮、富有活力的色彩，如橙色、蓝色、绿色等，以吸引人们的注意力。同时，也应注意色彩的搭配要和谐统一，避免过于花哨或刺眼。

（三）图形设计，巧妙寓意

图形是Logo设计的核心部分。一个好的图形设计不仅要美观大方，还要富有寓意。对于名师工作室来说，可以选择一些与教育、学习相关的图形元素，如书本、笔、灯塔等，以展现其教育特色。同时，也可以巧妙地运用一些象征性图形，如凤凰、龙等，寓意工作室的腾飞与辉煌。

（四）字体选择，彰显品位

字体是Logo设计中不可忽视的一部分。一种合适的字体可以让Logo更加美观大方。对于名师工作室来说，可以选择一些简洁明了、易于识别的字体，如宋体、黑体等。同时，也可以根据工作室的特色和风格来选择相应的字体，如古朴典雅的楷书、行书等，以彰显其独特的品位。

（五）整体布局，和谐统一

一个好的Logo设计还需要注意整体布局的和谐统一。图形、色彩、字体等元素要相互协调、相互呼应，形成一个整体。同时，也要注意Logo的简洁明了性，避免过于复杂或烦琐的设计。

总之，只有综合考虑以上这些因素，才能打造出一款既吸引人又富有内涵的Logo。让我们一起期待更多优秀的名师工作室Logo诞生吧！

第五节　名师工作室成长档案设计

一、存在问题

名师工作室个人成长档案设计存在的问题包括以下几个方面。

（一）设计缺乏系统性

如果没有一个清晰的设计框架或模板，可能会导致档案内容杂乱无章，难以有效地记录和展示个人的成长历程。

（二）内容不够全面

成长档案可能只关注到了某些方面（如学术成果、培训经历），而忽略了其他同样重要的方面（如个人反思、职业发展规划等）。未能充分涵盖团队成员在名师工作室中的多样化活动、参与的项目、贡献等。

（三）缺乏个性化展示

成长档案设计可能过于通用，没有充分考虑到每个团队成员的个性化特点和需求。未能提供足够的空间或机制来展示团队成员的独特贡献、个人特长或兴趣。

（四）更新不及时

如果成长档案设计没有考虑到定期更新和维护的需要，可能会导致信息过时，无法准确反映团队成员当前的成长状态。

（五）缺乏互动性

成长档案可能只是单向地展示信息，而缺乏与团队成员的互动和反馈机制。成员可能无法方便地查看、更新或补充自己的档案内容，也无法从其他成员那里获得有价值的反馈和建议。

（六）缺乏目标导向性

成长档案设计可能没有明确地指向团队成员的职业发展目标或名师工作室的整体目标。因此，档案内容可能无法有效地支持团队成员实现个人和团队的目标。

（七）缺乏可视化呈现

成长档案可能只是以文字形式呈现信息，缺乏图表、图像等可视化元素来增强信息的可读性和吸引力。

二、设计思路

为了解决成长档案设计存在的问题，名师工作室可以考虑采用以下策略来改进个人成长档案的设计。

（一）框架结构

设计一个清晰、系统的档案框架或模板，确保内容有序、全面。充分考虑团队成员的个性化特点和需求，提供足够的空间或机制来展示独特贡献、个人特长或兴趣。

（二）定期更新

设定定期更新和维护档案的机制，确保信息准确、及时。一般分为年中个人总结和年终个人总结。

（三）互动反馈

鼓励团队成员积极参与档案的查看、更新和补充过程，并从其他成员那里获得有价值的反馈和建议。

（四）紧扣目标

将档案设计与团队成员的职业发展目标和名师工作室的整体目标紧密联系起来，确保档案内容能够有效地支持个人和团队目标的实现。

（五）可视化元素

引入可视化元素来增强信息的可读性和吸引力，如使用图表、图像等来呈现数据或关键信息。

典型案例

信息技术丁玉海名师工作室成长积分制

为了更好地关注工作室每位成员的成长，引领成员的发展，信息技术丁玉海名师工作室设置了成长积分制，将成员不同的任务完成及成果输出记录为成长积分，工作室成员为实现成员成长积分的记录专门开设工作室专属成长系统。

工作室成员自加入信息技术丁玉海名师工作室起就依据组别分别生成了专属的个人ID，个人成长过程中的加分情况会定时更新到“易查分”平台，工作室成员可以随时通过平台系统查询自己的成长积分。通过这种方式，关注每位成员的成长。

成长积分重在关注成员的成长，通过成长积分排名管理，成员能在短期至更长的时间段内，从工作室中找到自己的学习状况，多方面、多阶段地记录成员学习状况，通过对不同方面、不同阶段进行积分积累，可以为记录成员个人综合能力提供更为丰富的多维度立体信息。

三、具体措施

名师工作室团队成员的个人成长档案设计，可以从多个维度来展开，确保档案既全面又能够凸显每个成员的成长轨迹和个性化特点。以下是个人成长档案设计的基本框架。

（一）基本信息

它包含了姓名、性别、年龄、职务/角色、学历/教育背景、专业领域/研究方向。

（二）职业成长历程

教育经历：列出从高中到目前的所有教育经历，包括学校名称、学习专业、学位等。

工作经历：详细描述加入名师工作室的时间、职位变动以及参与的重要项目或活动。

职业发展规划：展示成员个人的短期和长期职业规划，以及为实现这些规划所采取的行动。

（三）学术成果与荣誉

论文发表：列出在学术期刊、会议上发表的论文，包括作者排名、发表时间、期刊/会议名称等。

课题参与：介绍参与的科研项目、课题以及在其中承担的角色和贡献。

荣誉与奖项：展示获得的学术荣誉、奖项以及在社会活动中获得的认可。

（四）技能与能力

专业技能：详细描述在专业领域内的专业技能和专长。

通用能力：如沟通能力、团队协作能力、创新能力等，可以举例说明在具体工作中的表现。

自我评价与反思：成员对自己在技能和能力方面的评价，以及未来的提升方向。

（五）培训与学习

参加培训：列出参加的培训课程、研讨会、学术交流等，以及从中获得的收获和启示。

自我学习：描述成员在业余时间进行的学习活动，如阅读书籍、在线课程等。

（六）个人成长与反思

成长经历：回顾在名师工作室的成长经历，包括遇到的挑战、克服的困难以及取得的进步。

自我反思：成员对自己的性格、优点和不足进行反思，以及未来的改进方向。

（七）未来展望

职业目标：描述成员在名师工作室以及个人职业道路上的长期目标。一般分为一年目标和三年目标。

计划行动：为实现这些目标，成员打算采取的具体计划和行动。

这样的个人成长档案设计既全面又具体，能够详细记录每个成员在名师工作室的成长轨迹和个性化特点，同时，也为成员提供了一个自我反思和规划未来的平台。

在名师工作室平台上，每一个成员都是一颗璀璨的明星，大家会聚一堂，用团队的力量照亮自己成长的未来。

典型案例

名师工作室成长目标模型

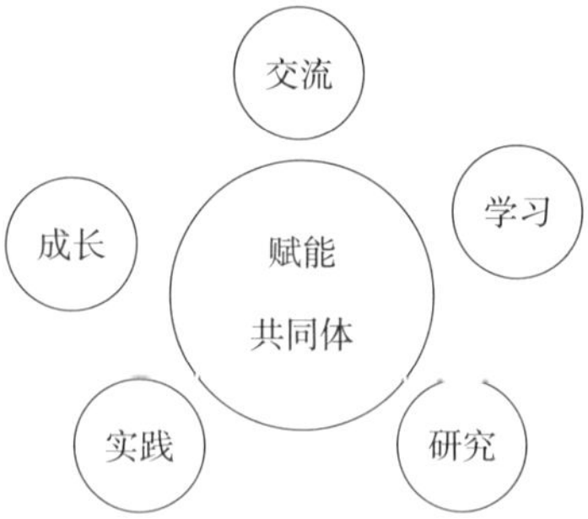

反思复盘

名师工作室培养成员的终极目标，不是解决某个具体问题，而是引领每一个成员都能实现品质的提升，追求更高的境界，成为一名有内驱力的成长型教师。

典型案例

名师工作室个人目标设计思路

个人目标设计	
目标	具体可视化成果
梦想目标 （目的意义）	那个远大的画面是什么样子？ 例：和一群小伙伴辅导员研究立德树人。
成长目标 （清晰规划）	你想达成什么？ 例：未来三年，我要成为一个熟练掌握九大职责的辅导员。
纯净目标 （里程碑节点）	你会交付什么？ 例：通过名师工作室学习，完成两个省级课题立项，发表 3 篇论文，出版 1 部专著。
过程目标 （明确达成步骤）	（1）学习：每周读 1 本书，写 2 篇网文； （2）实践：每月召开 3 次主题班会； （3）反思：每个季度进行 1 次复盘，撰写 1 篇论文。

拓展阅读

跃升教育之巅：名师工作室成员个人目标揭秘

在教育的广阔天地里，名师工作室如同一座闪耀的灯塔，汇聚了众多教育精英，他们以独特的智慧与激情，引领着教育的潮流。而在这群璀璨的星辰中，每一位成员都怀揣着自己的梦想和目标，为着更高的教育境界不懈努力。

交流是名师工作室的灵魂。这里汇聚了来自五湖四海的优秀教师，他们有着不同的教学风格和独特的教育理念。在交流中，思想的碰撞激发出更多的火花，为教育注入了新的活力。

学习是名师工作室的主旋律。在这个知识爆炸的时代，只有不断学习，才能跟上时代的步伐。名师工作室为教师提供了丰富的学习资源，让每位教师都能在这里汲取到知识的甘露，不断提升自己的专业素养。

研究是名师工作室的重要任务。在这里，教师们不仅要关注教学实践，更要深入研究教育现象，探索教育的本质。通过研究，教师们能够更好地理解教育的规律，为教学实践提供有力的支持。

实践是名师工作室的试金石。只有将所学知识运用到实践中去，才能真正检验其价值。在名师工作室中，教师们可以将自己的研究成果付诸实践，通过实践来检验和改进自己的教学方法和策略。

成长是名师工作室的最终目标。在这里，每位教师都能感受到成长的喜悦和力量。他们不仅能够在专业上取得进步，更能在精神上获得滋养。名师工作室就像一个巨大的磁场，吸引着越来越多的教师加入其中，引导他们共同为教育事业贡献自己的力量。

工作室成员李老师是名师工作室的佼佼者，他深知教育的力量，更明白作为一名教育工作者的责任。他的个人目标设计，不仅是对自身专业能力的提升，更是对教育理念的追求与实践。他立志成为一名真正的教育引领者，用自己的智慧点亮学生的未来。

为了实现这一目标，李老师制订了详细的计划。他深知“学无止境”，因此不断学习新知识、新技能，保持与时俱进。他积极参加各种教育研讨会，与同行交流心得，汲取先进的教育理念和方法。同时，他注重实践，将所学应用到实际教学中，不断探索适合学生的教学模式。

然而，李老师并不满足于现状。他深知教育是一个需要不断创新和突破的领域，因此他始终保持着对教育的热情和追求。他希望通过自己的努力，推动教育改革的深入发展，让更多的学生受益。

在名师工作室的大家庭里，像李老师这样的成员还有很多。他们怀揣着梦想和目标，共同为教育的美好未来努力着。他们用智慧和汗水，书写着教育的辉煌篇章。

跃升教育之巅，名师工作室成员的个人目标设计，不仅是对自身的挑战和提升，更是对教育事业的贡献和奉献。我们期待他们在未来的日子里，能够继续为教育事业的发展贡献力量，共同创造更加美好的明天！

第六节　名师工作室制度机制设计

一、存在问题

名师工作室在建设发展过程中，制度机制建设至关重要。但很多名师工作室在立项以后直接闷头开展活动，没有制度护航，没有机制保障，没有规则上墙，导致工作室在建设发展过程中后劲不足，偏航歧途。

名师工作室制度机制设计存在的问题主要包括缺乏明确的制度框架和有效的运行机制。在没有制度或机制不健全的情况下，名师工作室可能会面临以下问题：

工作开展无序。没有明确的制度指导，工作室的工作开展可能显得杂乱无章，难以形成有效的合力。

成员权责不明。缺乏制度规定，工作室成员之间的职责和权限可能不明确，导致工作重复或遗漏。

缺乏考核与激励。没有有效的考核机制，工作室成员的工作表现难以得到公正评价，也难以激发工作室成员的工作积极性。

二、设计思路

名师工作室在建设过程中就是一个不断反省、不断完善、不断改进的过程。工作室要有完善的激励评价考核机制，激励成员勤于思索、善于总结、敢于创新，促进成员进步与成长。

名师工作室可以通过建立《名师工作室考核与管理办法》等系列相关制度，明确名师工作室各类组成人员的任务与职责，将过程评价与结果评价有机统一，调动大家的积极性、主动性和创造性。

名师工作室制度机制设计的具体思路可以围绕以下几个方面进行展开。

（一）建立完善的制度框架

明确工作室的性质、目标和定位，确保所有工作都围绕这些核心要素展开。制订详细的工作流程和规范，包括成员的选拔、培训、考核、激励等方面的规定。建立科学、合理的评价体系，对成员的工作表现进行客观、公正的评估。

（二）设计有效的运行机制

设立专门的负责人或管理团队，负责工作室的日常管理和运行。定期组织成员进行交流和研讨，分享经验和资源，促进成员之间的合作与互动。建立与外部机构的合作机制，引入外部资源，提高工作室的影响力和实力。

（三）加强考核与激励

设立明确的考核标准和指标，对成员的工作表现进行量化评价。建立激励机制，对表现优秀的成员给予相应的奖励和荣誉，激发成员的工作积极性；设立惩罚机制，对违反规定或工作不力的成员进行惩罚或调整。

（四）强化制度宣传培训

通过多种渠道宣传工作室的制度和机制，提高成员的制度意识和规则意识。定期组织成员进行制度培训和学习，确保成员熟悉并遵守工作室的各项规定。

通过以上设计思路，可以逐步完善名师工作室的制度机制设计，提高工作室的运行效率和工作质量，为名师和成员提供更好的发展平台和支持。

三、具体措施

（一）工作室例会制度

工作室每两周召开一次例会，讨论阶段性工作目标、工作任务；每学期至少安排两次阶段性工作情况汇报，督促检查各项工作的实施情况，解决实施过程中的难点；每学期召开一次总结会，总结经验成果，梳理存在的问题，研究解决的办法。

（二）工作室学习制度

按时学习。工作室成员平时学习以自主学习为主，同时要根据研究方向、工作任务，确定主题，并利用工作平台交流学习心得。

按需学习。工作室成员在每学期自我发展规划中明确学习内容、学习目标，按需有选择性地进行学习。

合作学习。工作室成员在每次活动中要相互支持、合作探究、资源共享，实现共进、共赢的目标。

外出学习。选拔与研究课题相符的优秀成员，定期组织工作室成员外出学习研讨，积极参加各项德育培训交流，将外出学习的内容在学校积极进行二级培训。

（三）工作室研讨制度

工作室成员积极参加各级各类德育研讨活动；工作室建立“每学期一主题”研讨制度，由工作室根据研究方向确定主题，两周集体研究学习一次，形式多样地开展研讨活动；工作室研讨问题要定好中心发言人，提前做好发言准备，其他成员要各抒己见，以达到预期的目标；工作室记录人要第一时间做好讨论记录，并分类整理存档，方便查阅。

（四）工作室考核制度

考核形式。每学期结束后，主持人组织人员根据考核项目对工作室成员进行考评。

考核内容。主要从活动参与情况、工作室任务及相关科研课题完成情况、论文发表获奖、个人荣誉等各方面进行考核评价。

考核结果。每学期考核的结果分为优秀、良好两个等级。对考核达到“优秀”者给予表彰和奖励。

工作室的考核要实行量化制度，对可视化成果进行考核。

典型案例

河南省济源市第一中学秦望老师“8+1工作室”行动契约

（一）班级成绩

校级优秀，每次加10分；市级优秀，每次加20分；省级优秀，每次加30分。

（二）研修活动

（1）考勤。参加研修每次加1分。

（2）主持。研讨分为三个小组，成员轮流主持，主持人负责记录并完成整理，发到群共享。每次加2分。

（3）每周完成一篇教育随笔或案例（至少500字），并发到团队所在论坛指定区域者，每次加2分。

（4）在《济源教育》“秦望老师约你谈班级建设”栏目处发表一篇文章加2分。

（5）在CN级报纸上发表一篇文章加5分；在CN级杂志上发表一篇文章加10分。

（6）出版专著一部加50分。

（7）坚持读书并每本写一篇读书感悟（至少1000字）加5分。

（五）工作室档案制度

建立工作室档案制度，并选择一个成员专职管理；主持人要将工作室成员的个人发展规划、总结、听课与评课记录、班会公开课、展示课、教案等材料及时收集、存档，为个人的成长和工作室的发展提供依据，为课题研究收集资料。

（六）经费使用制度

根据学校安排，对划拨经费进行有计划、有目标、有效果的合理分配与使用，努力做到公开透明、开支合理，由负责人根据工作开展情况向学校提出申请，学校负责对经费进行审核、监督，经费使用情况须保证符合学校报销程序，并保证严格落实资金使用情况，严禁挪作他用。

反思复盘

通过创新名师工作室制度机制设计，打造一个汇聚优质教育资源、激发教育创新活力的卓越名师工作室教育生态系统。

典型案例

________年度名师工作室成员量化考核表（1）

工作室名称：　　　　　　　　　　　　　　　　　　成员姓名：

考核项目	评估指标	考核办法	标准分数	考核得分
师德师风（20分）	爱岗敬业、遵守职业道德；关心学生，为人师表	工作室评价 荣誉证书	10分	
	荣获校级以上荣誉		10分	
个人发展（20分）	三年成长规划、年度研修计划，总结	查阅资料 提供证书	10分	
	荣获校级以上荣誉		10分	
研修过程表现（30分）	按时参加工作室各项活动	量化统计	10分	
	积极参与工作室主题分享		10分	
	每月撰写网文、案例、课件、视频，体现工作成果		10分	
研修成果评奖（30分）	按照要求提交相关材料，包括计划、总结、报告等	提交材料 证书佐证	15分	
	指导学生获奖或所带班级学生获奖		15分	

________年度名师工作室量化考核表（2）

工作室名称：

考核指标		内容赋分（100 分）	自评	考评
日常工作（10 分）	计划总结（3 分）	（1）科学制订工作室和个人发展规划和近期计划； （2）工作室和个人学期总结； （3）工作室各项规章制度		
	资料归档（3 分）	（1）纸质或电子资料，包括资源积累、编制的学习资料、研修成果等； （2）专人负责		
	理论学习（4 分）	（1）工作室成员每月共读一本书，有读书感悟； （2）个体阅读，体现特色，有读书笔记		
项目推动（40 分）	集体研修（13 分）	（1）工作室集体研修每两周一次； （2）有主题、有记录、有新闻、有成果		
	课题研究（13 分）	（1）至少申报一项校、市、省或国家级课题，并扎实开展研究活动		
	课程开发（14 分）	（1）开发一门具有特色的原创微课； （2）开展一次校级主题分享		
示范引领（20 分）	示范课（5 分）	（1）每个成员一个学期开展一次示范课； （2）有主题、有新闻、有总结		
	讲座（5 分）	工作室在各级各类会议上开展讲座交流，传播工作室研究成果		
	师带徒（5 分）	（1）工作室部分教师与青年教师开展结对子； （2）有仪式、有总结、有新闻		
	主持工作（5 分）	主持本校或兄弟院校的工作室研修学习活动		
成果呈现（30 分）	荣誉称号（10 分）	工作室成员所获得的各类各项荣誉称号		
	发表作品（10 分）	网文、案例、著作、论文、总结		
	带班效果（10 分）	（1）所带班级所获得的荣誉； （2）所带学生获得的荣誉； （3）学生及家长的评价		

拓展阅读

打造卓越教育生态：名师工作室制度机制的创新设计

在当今教育领域，名师工作室已成为培养优秀教师、推动教育创新的重要平台。然而，如何设计一套科学、高效的名师工作室制度机制，以确保其能够真正发挥应有的价值，成为摆在我们面前的重要课题。

（一）激励机制：激发名师创造活力

为了激发名师的创造力和积极性，我们可以设计多元化的激励机制。包括设立精品项目、优秀教学成果奖、教育创新奖等，对在学生管理、教育教学、课程开发等方面取得突出成果的名师进行表彰和奖励。同时，我们还将名师的学术成果、教育贡献等纳入职称评定、岗位晋升等考核体系，让名师的辛勤付出得到应有的回报。

（二）合作机制：促进名师交流合作

名师工作室不仅是名师个人成长的平台，更是名师间交流与合作的重要场所。我们建立了定期的交流机制，组织名师进行教育教学经验分享、课程开发研讨等活动，促进名师间的交流与合作。同时，我们还鼓励名师与校外专家、学者进行合作，引进先进的教育理念和教育资源，推动教育教学的创新与发展。

（三）培训机制：提升名师专业素养

为了不断提升名师的专业素养和教育教学能力，我们建立了完善的培训机制。包括定期组织名师参加国内外教育培训、学术交流等活动，让名师不断更新教育观念、掌握先进的教育教学方法。同时，我们还为名师提供个性化的培训方案，针对名师的特长和兴趣进行专业培训，让名师在教育教学领域取得更加卓越的成就。

名师工作室汇聚了众多教育界的精英，他们不仅在教学上有着丰富的经验，更在学生管理、教育研究、课程开发等方面有着深厚的造诣。然而，如何将这些优秀的教育资源进行有效整合，让名师工作室真正成为教育创新的源泉，未来需要我们在制度机制上进行更加深入的探索。

第七节　名师工作室成长内驱力设计

一、存在问题

名师工作室建设管理是一项系统持续性工程。在名师工作室建设管理过程中面临最大的突出问题就是名师工作室成员积极性不高，参与度不强，由最开始的一群人到最后变成了主持人一个人。导致名师工作室“营养不良”主要有三大方面。

（一）成员动力不足

名师工作室成立后招募成员的时候，大家都是一窝蜂报名，但随着工作室建设的发展，感觉作为工作室的成员并没有获得理想中的期待，但承担工作室的任务却越来越多，因此导致自身动力越来越小，在各种烦琐小事中逐渐对工作室失去了热情，渐行渐远。

（二）政策资金不足

资金不足是大部分名师工作室在建设发展过程中都会面临的一个突出问题。虽然上级文件要求工作室需要配套专项经费，但在实际建设过程中专项经费配套并没有完全实现。

由于工作室属于独立的微项目，按照财务制度要求，经常出现工作室配套经费要么划入学工口统一管理，要么归口到教学运行经费里，所以工作室专项经费具体是多少估计主持人也不清楚。从上级看学校给予了配套经费，从下级看却没有具体经费数额。很少单独给予立项专项配套经费。

（三）成长能力不足

名师工作室的部分成员在建设过程中不愿主动成长，缺乏自我提升的能力，不愿意主动学习和探索新的知识和技能，满足于现状，只是简单地重复过去的经验，不愿意接受新的挑战和机会，难以产生创新性思维和行动，导致自身成长能力不足。

二、设计思路

名师工作室的成长内驱力设计，关键在于激发成员的内在动力，激励他们主动追求专业成长和个人发展。以下是具体的设计思路。

（一）明确目标愿景

确立工作室的长期发展目标和愿景，确保每位成员都清楚了解并认同这些目标。设定明确的短期和中期目标，使成员能够看到自己的进步和成就，从而激发内驱力。

（二）强化个人发展

鼓励成员树立个人发展目标，明确自己在工作室中的定位和发展方向。定期组织个人发展规划研讨会，帮助成员分析自己的优势和不足，制订切实可行的个人发展计划。

（三）营造学习氛围

倡导终身学习理念，鼓励成员保持好奇心和求知欲，勇于探索新的教育理念和方法。定期组织读书会、分享会等活动，让成员能够交流学习心得和体会，相互启发和激励。

（四）驱动项目任务

设立不同的项目和研究课题，让成员能够根据自己的兴趣和专长选择参与，发挥所长。鼓励成员参与各类比赛、研讨会和论坛等活动，拓宽视野，增强自信心。提供外部培训和学习资源，支持成员参加专业培训和进修课程，提高专业素养。

（五）建立激励机制

设立奖励制度，对在项目中表现优秀的成员给予表彰和奖励，激发他们的工作热情和积极性。建立成果展示平台，让成员能够展示自己的研究成果和教育创新实践，增强自信心和成就感。

通过以上设计思路的实施，可以有效地激发名师工作室成员的成长内驱力，促进他们主动追求专业成长和个人发展。同时，也能够增强团队的凝聚力和向心力，推动工作室的可持续发展。

1+1>2，名师工作室的每一个创新、每一场活动、每一次跃升，都为成员与学生带来超乎想象的成长。

三、具体措施

针对名师工作室建设从以下几个方面进行成长内驱力设计。

（一）动力不足给激活

动力不足给激活要做到以下三个方面：

一是职称加分激活。职称加分是促进名师工作室良性健康发展的重要途径。但需要学校在政策上给予大力支持，以红头文件的形式予以确定，为工作室主持人以及成员未来发展做保障。当然，此政策并不是主持人自己所能决定的，需要领导的高度重视，高度重视体现之一就是职称加分。职称加分不仅是工作室建设的一项荣誉，更是一种激励，更有利于工作室主持人在建设管理工作室过程中对所有成员更好地实行进入与退出机制。例如：出台职称评审政策，立项的工作室主持人职称评审可以加2分，工作室的成员可以加1分。主持人与成员之间的分数加值要有梯度。

二是物质刺激激活。物质刺激是促进名师工作室良性健康发展的外在条件。此物质刺激并不是给工作室发多少加班费，给多少奖金。而是在荣誉激励方面对工作室主持人与成员进行刺激。在课题立项、评奖评优等方面提供优先申报支持。特别是在外出培训方面优先支持工作室成员进行培训提升，走出去学习交流。要把培训当成一种荣誉而不是一种负担。例如：工作室成员可以优先参加国培、省培项目；优先给予学历进修支持；优先参加市级以上荣誉评选。

三是品牌打造激活。品牌打造是促进名师工作室良性健康发展的内核动力。工作室主持人要围绕每个成员进行个体规划设计，挖掘每个成员的优势与特长，围绕工作室建设放大每个成员的优势特长，明确定位，深度聚焦，以工作室平台载体打造个人品牌。将工作室的发展与个人成长有机融合，相互支撑。

通过课程化设计、品牌化实施、职业化发展、专业化成长、专家化赋能，打造工作室成员的“课程化、品牌化、职业化、专业化、专家化”，五化赋能名师成长内核动力。

名师工作室是水，每个成员是鱼，海阔才能凭鱼跃。

例如：工作室每个成员开发出一门原创微课，通过工作室载体平台予以展示分享、包装宣传、品牌打造，既实现了个人成长，又促进了工作室发展，使工作室发展与个人成长形成滋养与反哺的关系。

（二）资金不足引外援

工作室主持人要利用天时地利人和的条件为工作室争取经费。

一是领导牵头。工作室要想实现良性健康发展，需要领导的高度重视；要想实现工作室的项目有经费支持，必须需要领导的加入。工作室在立项的时候可以聘请领导担任工作室顾问；工作室在吸纳成员的时候可以邀请领导成为第一成员；工作室在开展项目的时候可以申请领导牵头负责。领导宏观指导，亲自指挥，调动一切人力、物力、财力，工作的经费不足问题也随之解决，工作室的建设成果也成为领导的一项重要工作业绩。

二是借力打力。如果工作室因为学校资金紧缺没有专项经费支持，主持人要学会借力打力，要学会“借东风”。工作室可以承办学校的相关活动，由相关部门提供项目经费支持，这样既解决了资金不足问题，又完成了工作室的项目任务。一举两得，双向共赢。

（三）能力不足找项目

当名师工作室成员能力不足时，通过设计项目来调动成员的积极性并提升他们的能力是一个有效的策略。

1.明确项目目标

确保项目的目标清晰、具体，并与工作室的整体愿景和成员的个人发展目标相契合。项目的目标应该具有挑战性，但又不能过于超出成员的能力范围，以保证其在项目中能够获得成长和成功。

2.选择合适项目

根据工作室的专长和资源，选择适合的项目。项目应该与工作室的专业领域相关，能够体现工作室的特色和优势。同时，也要考虑项目的社会价值和影响力，选择具有实际意义和价值的项目。

3.分解项目任务

将项目任务分解成若干个子任务或阶段，确保每个成员都能参与到项目中来，并承担一定的责任。根据成员的能力和特长，合理分配任务，让他们在自己的领域内发挥专长，提高工作积极性和效率。

4.提供培训支持

针对工作室成员能力不足的问题，提供必要的培训和支持。可以通过组织内部培训、邀请专家讲座或安排成员参加外部培训等方式，提升他们的专业能力和技能水平。同时，也要为成员提供必要的资源和支持，如教学材料、教学设备、技术支持等，帮助他们更好地完成项目任务。

5.加强沟通协作

建立良好的沟通机制，确保成员之间能够及时交流信息、分享经验和解决问题。鼓励成员之间的协作和合作，让他们在项目中相互支持、共同进步。定期组织项目会议或团队活动，增强团队的凝聚力和向心力。

6.关注成员成长

不仅要关注项目的完成情况，还要关注成员在项目中的成长和进步；及时给予成员反馈和建议，帮助他们发现自己的不足并改进；鼓励成员分享自己的经验和成果，促进彼此之间的学习和交流。

通过以上措施的实施，调动工作室成员的积极性，提升他们的能力，不仅能够推动工作室的可持续发展，还能够为成员提供一个良好的成长平台。

一个优秀的名师工作室和成员之间是相辅相成的，互为促进的，名师工作室也应为成员内驱力的提升发挥多方面的作用。

1.名师工作室要成为吸引人才的磁力场

名师工作室以其独特的魅力，吸引着来自五湖四海的优秀教师。他们汇聚一堂，共同探讨教育教学艺术，分享教育心得，形成了一个强大的磁场效应。在这里，每一位教师都能感受到同伴的激励和鼓舞，共同追求卓越，为学生们提供更高质量的学生管理、教学服务。

2.名师工作室要成为互相解压的放松场

在紧张忙碌的学生管理、教育教学工作中，名师工作室为教师们提供了一个解压放松的港湾。这里有舒适的休息环境，有温馨的交流氛围，还有丰富多彩的团队活动。教师们可以在这里放松心情，调整状态，以更加饱满的热情投入学生管理、教育教学工作中去。

3.名师工作室要成为学生管理的练兵场

名师工作室不仅是教师们的交流平台，更是学生管理能力的实战演练场。在这里，教师们可以学习到先进的学生管理理念和方法，通过实践演练提高自己的管理能力。同时，学生们也能在名师的引导下，更好地规划自己的学习生涯，实现自我价值的最大化。

4.名师工作室要成为激活赋能的充电场

名师工作室是一个充满活力和创造力的地方。在这里，教师们可以不断挑战自我，挖掘自己的潜能，通过持续的学习和进步，为学生们提供更加丰富、多元的教育教学资源。同时，学生们也能在名师的引领下，激发自己的学习热情，掌握科学的学习方法，为自己的未来奠定坚实的基础。

5.名师工作室要成为走向卓越的梦工场

名师工作室是每一位主持人以及全体成员走向卓越、实现梦想的梦工场。在这里，他们可以接受名师的悉心指导，与优秀的同伴共同进步，在知识的海洋中畅游，探索未知的世界。最终，他们将在名师工作室的助力下，勇敢地迈向卓越之路，实现自己的梦想。

名师工作室是一个赋能成长的共同体。它打破了传统教育模式的束缚，将教育者从孤军奋战的困境中解放出来。在这里，每位成员都能找到志同道合的伙伴，共同探讨教育奥秘，分享经验，共同成长。

名师工作室是一个充满活力和创造力的共同体。在这里，每位成员都能找到自己的定位和价值，共同为教育事业的发展贡献自己的力量。

反思复盘

动力不足给激活、资金不足引外援、能力不足找项目，是打造名师工作室成长内驱力的三大法宝。

拓展阅读

名师工作室成员：如何点燃内驱力，超越自我？

在名师工作室这片知识的沃土上，每一位成员都承载着培育未来之星的使命。然而，我们不得不面对一个严峻的问题——工作室成员的内驱力似乎不足，犹如失去了动力的引擎，难以发挥出应有的潜能。

内驱力，是推动个体不断进取、超越自我的核心力量。但在现实工作中，我们不难发现，一些成员或因缺乏目标感，或因受到外界诱惑，或因长时间的重复工作带来的疲惫感，使得他们的内驱力逐渐减弱，这不仅影响了他们个人的成长，更对工作室的整体发展造成了阻碍。

那么，如何点燃名师工作室成员的内驱力，让他们重新焕发生机与活力呢？在名师工作室的建设发展过程中要做到“三有”：

个人成长有目标。让每一位成员都能清晰地看到自己的成长路径和未来的发展方向。通过设定具体的目标，成员们能够更加有动力地去追求、去努力，从而不断提升自己的专业素养和教育教学能力。

工作状态有氛围。我们要为成员们创造一个良好的工作环境和氛围。通过举办各种形式的交流、研讨和实践活动，让成员们能够互相学习、互相借鉴，激发彼此之间的创新思维和灵感火花。同时，我们还要关注成员们的身心健康，为他们提供必要的支持和帮助，让他们能够全身心地投入工作中去。

深挖特长有潜力。我们要善于发现和挖掘成员们的潜力。每个人都有自己独特的优点和长处，只要我们能够用心去发现和培养，就能够让他们成为工作室的瑰宝。通过为成员们提供个性化的指导和支持，让他们能够充分发挥自己的特长和优势，从而在学生管理、教育教学领域取得更加辉煌的成就。

总之，点燃名师工作室成员的内驱力是一项长期而艰巨的任务。但只要我们坚定信念、持之以恒地做下去，就一定能够唤醒每一位成员内心深处的激情和动力，让他们成为推动名师工作室不断前进的动力源泉。

第八节　名师工作室宣传平台载体设计

一、存在问题

在名师工作室的建设发展过程中，有效的宣传平台载体是名师工作室建设发展的必需品。在互联网时代下，名师工作室的宣传平台载体设计存在以下几个问题。

（一）平台载体单一

当前大部分名师工作室的宣传载体只开通了微信公众号。随着互联网技术的迅速迭代，公众号的文章点击率也越来越低。微信公众号单一的宣传载体难以全面展示名师工作室的品牌形象和价值理念。

（二）内容更新滞后

很多名师工作室的宣传平台载体在内容更新上存在滞后现象，或者因为工作室缺少项目活动，或者因为工作室成员没有时间，无法第一时间及时发布工作室的最新动态和成果，导致粉丝不断流失。

（三）缺少黏性互动

很多名师工作室的宣传平台载体都设置了互动功能，如微信公众号的留言区、点赞、在线问答等，但实际上因为平台缺乏足够的吸引力，或者因为工作室成员没有足够时间和精力及时在线回复或互动，大大降低了粉丝对平台的参与度和黏性。

二、设计思路

针对以上问题，名师工作室可以采取以下措施来改进宣传平台。

打造宣传矩阵。充分发挥新媒体、自媒体平台，打造名师工作室的宣传矩阵。

内容更新及时。定期更新内容，及时反映工作室的最新动态和成果。

实施黏性互动。加强与访问者的互动，及时回复留言和提问，增强用户的参与感和归属感。

优化平台设计。优化平台设计和功能，提高用户体验，使用户能够更加方便地获取所需信息。

加大宣传力度。通过社交媒体、线下活动等多种渠道推广平台，提高平台的知名度和影响力。

三、具体措施

当为名师工作室设计微信公众号、微博、网站、小红书、抖音以及“学习强国”等宣传平台时，我们需要考虑各自平台的特点和受众群体，以确保信息的有效传播和品牌的塑造。以下是针对每个平台的设计建议措施。

（一）微信公众号宣传载体——最广泛使用平台

头像与封面。使用清晰、具有辨识度的头像，可以是名师的肖像或工作室的Logo。封面图应与教育、学习相关，色彩搭配和谐。

菜单栏设计。设置“首页”“课程介绍”“联系我们”等菜单，方便用户快速找到所需信息。

内容规划。定期发布教育文章、学习技巧、名师心得等内容，增强用户黏性。同时，设置互动环节，如问答、投票等，提高用户参与度。

典型案例

辅导员关注的“微信公众号”平台（节选）

工作室名称	主持人	聚焦方向	公众号
曲建武名师工作室	曲建武	思想引领	仍然在路上
高校辅导员工作室	饶先发	网络思政	高校辅导员工作室
萌哥有话说	李　萌	辅导员成长	萌哥有话说
情感教育工作室	范　蕊	情感教育	陌上花开
朱应开网络工作室	朱应开	网络思政	朱子微言
小种子网络工作室	吴　迪	网络思政	班主任小柒
“辅导员联播”工作室	刘明耀	校园危机	辅导员联播

（二）微博宣传载体——影响力最大平台

头像与背景。与微信公众号保持一致，确保品牌形象的统一。

话题标签。利用微博的话题标签功能，提高内容的曝光度。例如，#名师工作室#、#学习心得#等。

互动与转发。积极与用户互动，回复评论，同时鼓励用户转发和分享优质内容。

（三）网站宣传载体——最全面展示平台

界面风格。采用简洁、大方的界面设计，确保用户能够轻松找到所需信息。

内容布局。将课程介绍、名师风采、学员评价等内容清晰展示在首页，方便用户快速了解工作室的情况。

在线功能。提供课程预约、在线咨询等在线功能，提高用户体验。

（四）小红书宣传载体——最方便发布平台

封面与标题。使用吸引眼球的封面图和简洁明了的标题，吸引用户点击。

内容规划。发布与教育、学习、生活相关的笔记，分享名师工作室的学习经验和心得。

标签与互动。使用相关标签提高曝光度，同时鼓励用户留言和点赞。

（五）抖音宣传载体——学生最喜欢平台

短视频制作。拍摄有趣、生动的短视频，展示名师工作室的教学场景、学习氛围等。

音乐与特效。选择适合的音乐和特效，提高视频的吸引力。

话题挑战。参与或发起与教育相关的话题挑战，吸引更多用户关注和参与。

（六）“学习强国”宣传载体——最官方平台

内容定位。发布与教育、政策、党建等相关的内容，体现名师工作室的政治觉悟和社会责任。

标题与摘要。使用简洁明了的标题和摘要，吸引用户点击和阅读。

互动与分享。鼓励用户在“学习强国”平台上进行互动和分享，扩大名师工作室的影响力。

反思复盘

酒香也怕巷子深。打造名师工作室宣传矩阵，让深巷子里的酒香飘万里。

典型案例 1

中北大学李红霞老师“绘声绘色”辅导员工作室直播平台数据分析

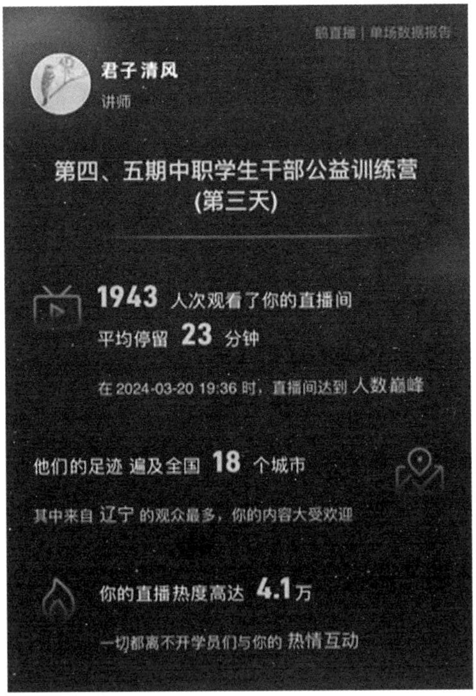

典型案例 2

辽宁省“辅导员联播”名师工作室直播平台数据分析

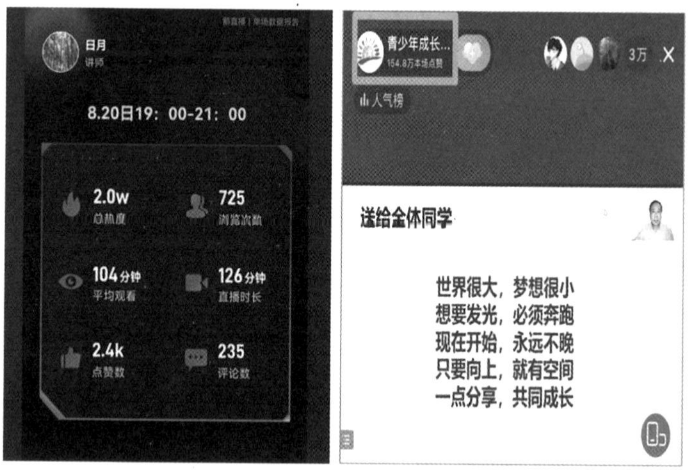

拓展阅读

小鹅通平台：名师工作室的璀璨舞台，宣传优势一览无余！

在当今这个数字化飞速发展的时代，如何为名师工作室搭建一个高效、专业的宣传舞台，成为每一位工作室主持人深思的问题。而小鹅通平台，凭借其卓越的性能和全面的服务，无疑成为名师工作室宣传的最佳载体。

（一）全方位展示，让名师风采尽现

小鹅通平台为名师工作室提供了丰富的展示空间，无论是教学视频、音频，还是图文资料，都能在小鹅通平台上得到完美的呈现。名师工作室成员可以将自己的学生管理、教学理念和教学方法通过小鹅通平台传达给更多的学生，让他们的风采得到充分的展现。

（二）互动性强，构建师生沟通桥梁

小鹅通平台不仅是一个展示平台，更是一个互动平台。学生们可以通过小鹅通平台与名师进行实时互动，提问、交流，让学习变得更加生动有趣。这种互动性强的特点，不仅增强了学生的学习体验，也加深了师生之间的情感联系。

（三）传播迅速，扩大工作室影响力

在信息时代，传播速度的快慢直接决定了影响力的大小。小鹅通平台凭借其强大的推广能力和广泛的用户基础，能够让名师工作室开展的各项活动内容迅速传播到各个角落，从而扩大名师工作室的影响力。

（四）数据分析，形成可视化报告

小鹅通平台提供了强大的数据分析功能，通过大数据抓取，将分析结果以图表、报告等形式进行可视化展示，为名师工作室形成可视化成果提供积累。

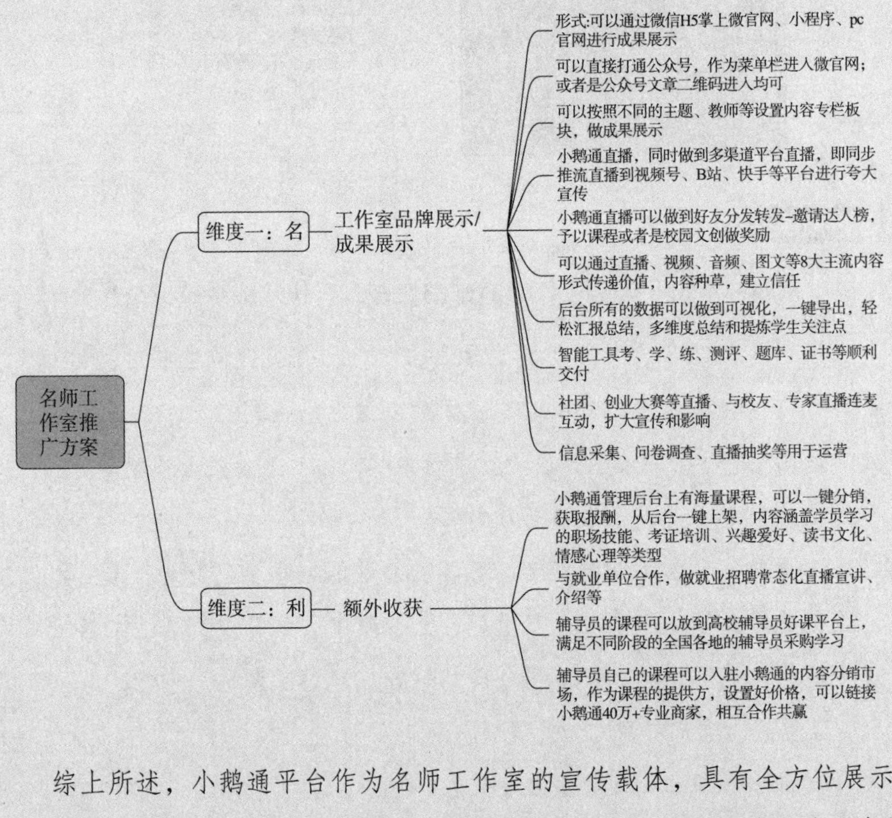

综上所述，小鹅通平台作为名师工作室的宣传载体，具有全方位展示、互动性强、传播迅速和数据支撑丰富等多重优势。它为名师工作室建设发展提供了一个璀璨的舞台。如果你是名师工作室的主持人，不妨试试小鹅通平台，让你的名师工作室建设之路更加精彩！

第九节 名师工作室项目载体设计

一、存在问题

名师工作室建设的项目载体设计是打造名师工作室品牌特色的最佳路径。目前很多名师工作室虽然已经立项了，或者已经开始上路建设了，但主持人依然很迷茫，不知道如何进行名师工作室建设。其根本原因在于不会设计名师工作室的项目载体，或者所设计出来的项目载体平平淡淡、普普通通，风吹去痕，“雨打地皮湿”。

名师工作室建设的项目载体设计主要存在以下几个问题。

项目载体缺乏明确定位。部分名师工作室在建设项目载体时，没有明确的目标和定位，导致项目方向不明确，难以实现预期效果。

项目载体缺乏创新特色。一些名师工作室在设计项目载体时，缺乏创新性和特色，无法体现名师工作室的独特价值和影响力。

项目载体缺乏复制推广。有些名师工作室的项目载体设计过于复杂或特定，难以在其他环境中复制和推广，限制了项目的应用范围。

项目载体缺乏统筹规划。一些项目载体设计缺乏持续性和长期规划，导致项目在实施过程中缺乏连贯性和稳定性。

二、设计思路

名师工作室建设的项目载体设计主要围绕以下几个方面进行设计。

（一）明确目标定位

名师工作室在设计项目载体之前，应明确名师工作室的目标和定位，确保项目载体能够为实现这些目标提供支持。设计的项目载体也要体现出明确的目标和定位，符合学校的要求和工作室的发展。名师工作室开展项目活动不能一哄而上，一拥而下，搞完了就结束了。

（二）凸显创新特色

名师工作室在项目载体设计的过程中，应注重创新性和特色，不能走老路，走别人的路，走重复的路，要有特色，有创新。领导支持，成员拥护，学生喜欢，使项目载体能够体现名师工作室的独特价值和影响力。

（三）注重复制推广

在设计项目载体时，应考虑其可复制性和推广性，要从项目活动中总结出经验，凝练出特色，转化出成果，确保项目能够在不同环境中得到广泛应用，发挥项目载体的品牌效应，提高名师工作室的知名度和影响力。

例如：名师工作室组织开展“读书会”活动，如何将“读书会”设计成为一个具有影响力、可复制、创新性的品牌项目呢?

可以设计“全国百所学校百名教师共读一本书”品牌项目活动；

可以设计“100天早起读书打卡”线上训练营品牌项目活动；

可以设计“读书漂流接力传”品牌项目活动；

可以设计“读书写作工作坊”品牌项目活动；

可以设计“书海掘金，化书成课”品牌项目活动。

名师工作室成员通过读书可以设计各种项目载体，工作室围绕辅导员和班主任设计读书品牌项目时，下列书籍可供大家参考。

适合辅导员阅读的书目：

《辅导员打造个人品牌IP实战指南》　作者：刘明耀

《新时代校园学生危机管理指导与实践》　作者：刘明耀

《学工宝典：一名老辅导员的实话实说》　作者：杨庆实

《新时代高校辅导员工作十讲》　作者：冯刚

《高校辅导员七项修炼》　作者：徐川等

《辅导员谈心谈话六讲》　作者：范蕊

《图说大学生活》　作者：尤长军

适合班主任阅读的书目：

《班主任工作漫谈》	作者：魏书生
《一个学期打造优秀班集体》	作者：钟杰
《爱心与教育》	作者：李镇西
《有效主题班会八讲》	作者：迟希新
《做一个专业的班主任》	作者：王晓春
《从班会课到成长课》	作者：林志超
《校园里的有效沟通》	作者：崔佳

典型案例

信息技术丁玉海名师工作室项目考核退出机制

（1）项目策划书提交时至少完成一个季度预期成果策划，以后每个季度最后一个月提交下一季度预期成果的安排，以后逐次类推；

（2）为保证参与者的参与效果，每个成员最多可申请参与2个项目；

（3）所有项目成果经价值及质量认定后视其工作量大小分别在成长系统中每次分别加0.5分、0.2分、0.1分；

（4）为充分发挥工作室成员的创造性和主动性，工作室所有成员均可申请成为项目负责人，撰写项目策划书，经评估认定后在工作室发起招募，所有项目策划方案申请一旦通过将获得工作室发展平台与奖励等专项支持；

（5）项目策划采用优选机制，每个月都会对项目成果进行质量评估，如果连续两个月成果质量评估都在85分以下，将会取消该项目。

（来源：信息技术丁玉海名师工作室项目策划书）

三、具体措施

名师工作室建设的项目载体设计要体现影响力、可复制、创新性三大特点。以下项目供大家参考。

（一）精品活动项目载体设计

鼓励工作室成员结合工作室的研究方向和本职工作，积极组织开展精品活动，形成精品项目。以工作室承办学生活动为例可以设计如下精品项目活动。

科技创新类项目：机器人设计大赛，鼓励学生设计和制作机器人，展现他们的创新和科技能力；编程马拉松，组织学生进行编程比赛，提升编程技能和团队协作能力；创新创业大赛，支持学生的创业想法，帮助他们将创意转化为实际产品或服务。

文化艺术类项目：校园歌手大赛，为学生提供展示音乐才华的平台，增强校园文化氛围；话剧比赛，鼓励学生创作和表演话剧，提升他们的表演和创作能力；舞蹈大赛，展示学生舞蹈才艺的盛会，促进舞蹈艺术的交流和发展。

体育竞技类项目：趣味运动会，开展团队素质拓展趣味运动会，提高团队的协作能力；篮球联赛，组织班级或学院间的篮球、足球比赛，培养团队精神和竞技意识；定向越野比赛，在户外进行，考验学生的体能和定向能力。

典型案例

电子科技大学江倩老师的“5月的向日葵”辅导员工作室

“五微”项目载体设计

“5月的向日葵”辅导员工作室打造“微拍、微课、微记、微剧、微享”五微系列，充分发挥线上阵地的引领示范和宣传推广作用。工作室充分挖掘学校办学发展中的红色元素，将宣讲深耕理论、建长征实践链、培育文化剧社、开辟网络专栏作为建设重点，形成具有“成电红　科技蓝”标签的新时代学科特色型大学生爱国主义教育创新实践的具体路径。

长征微拍。启动“网上重走长征路”活动，推出“我的长征vlog”优秀作品线上展播，记录学生在重走长征路及走好新时代长征路实践链上的见闻感受。

党员微课。推出“信仰之光”大学生新思想宣讲团成员微党课线上展播及微视频录制，打造“党员说党史”品牌，围绕优秀共产党人事迹、党史事件等方面进行讲述，以青春之声传播信仰力量。

云端微记。展示学生党员以“读、写、拍、画、创”等方式进行网络创作，创新推出党日活动线上接力。

舞台微剧。对“星光”大学生红色文化原创剧社创作及展演的作品进行宣传展示，并同步推出表演预约。

日志微享。收录辅导员工作室负责人关于“专业与职业、情怀与信仰、棱角与碰撞、格局与视野、梦想与远方”五个板块的工作随笔，通过文字的方式记录学生成长及工作中的所思所感，引领学生立大志、明大德、成大才、担大任。

（二）教学创新项目载体设计

名师工作室的教学创新项目载体多样化，鼓励工作室成员探索新的教学方法和技巧，如翻转课堂、项目式学习、混合式教学等。设立教学创新比赛或展示活动，让成员有机会展示他们的创新成果，并获得认可。

1.在线精品课程项目

在线精品课程是名师工作室项目载体创新的重要形式之一。它们通常是由经验丰富的名师团队精心设计和制作的，内容涵盖学科的核心知识点和前沿研究。名师工作室可以组织团队成员进行申报，集中力量目标一致做好在线精品课程。

典型案例

抚顺职业技术学院王莹老师“莹在生涯工作室”建设的
《大学生职业生涯规划》课程入选教育部2022年职业教育国家在线精品课程

2.虚拟仿真课程项目

虚拟仿真课程是名师工作室利用虚拟仿真技术进行教学创新的又一重要形式。它们通过模拟真实场景或实验过程，让学生在虚拟环境中进行实践操作和探究学习。名师工作室可以利用自身的专业优势和技术支持，开发具有学科特色的虚拟仿真课程，为学生提供更加丰富和深入的学习体验。

典型案例

北方工业学校班主任信雅玲老师的名班主任数字化工作室开发的
“名师工作室虚拟仿真系统介绍”小程序

3.教学能力大赛项目

教学能力大赛是名师工作室推动教师教学创新的重要平台，也是名师工作室出成绩最快的途径之一。通过组织工作室成员参加教学设计、教学展示、教学反思等环节的比赛，激发教师的创新精神和竞争意识。教学能力大赛不仅有助于提升教师的教学技能和专业素养，还可以促进教师之间的交流和合作，形成良好的教学氛围和文化，打造名师工作室品牌影响力。

名师工作室可以积极组织和参与教学能力大赛，为工作室成员提供展示自己才华和成果的机会，同时也可以通过比赛发现和培养更多的优秀教师和创新人才。

典型案例

辽宁省“辅导员联播”工作室成员参加辽宁省职业院校教学能力大赛获奖证书

获 奖 证 书

编号：2022 jxg001

刘颖、陈凤美、陈彦霖、刘明耀同志：

在辽宁省第十九届职业院校技能大赛教学能力比赛高职公共基础课程组比赛中，参赛作品 以水筑梦明志 笃行铸牢精神 荣获：

一 等 奖

特发此证

辽宁省教育厅

二零二二年十月

（三）课题研究项目载体设计

根据工作室成员的兴趣和专业领域，设立具有挑战性和实际意义的课题研究项目。提供必要的资源和支持，帮助成员深入研究，并鼓励他们分享研究成果。

学术讲座：工作室邀请学者或专家进行学术讲座，拓宽成员以及学生的知识和视野。

研讨会：工作室围绕某一学术主题展开讨论，促进学生的学术交流和思考。

学术论坛：工作室组织成员以及全体教师、学生进行学术交流和研讨，培养他们的学术素养和研究能力。

典型案例

辽宁省“辅导员联播”工作室成员承担的立项课题研究

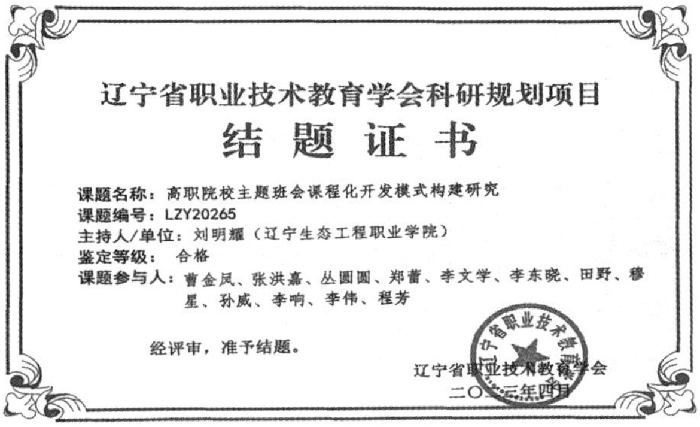

辽宁省职业技术教育学会科研规划项目

结 题 证 书

课题名称：高职院校主题班会课程化开发模式构建研究
课题编号：LZY20265
主持人/单位：刘明耀（辽宁生态工程职业学院）
鉴定等级： 合格
课题参与人：曹金凤、张洪嘉、丛圆圆、郑蕾、李文学、李东晓、田野、穆星、孙威、李响、李伟、程芳

经评审，准予结题。

辽宁省职业技术教育学会
二〇[illegible]三年四月

（四）团队建设项目载体设计

定期组织户外拓展、团队游戏等团队建设活动，增强成员之间的信任和集体的凝聚力。鼓励成员在活动中展现自己的特长和才能，增强自信心和归属感。

团队拓展训练：工作室通过一系列团队挑战任务，提升团队的凝聚力和协作能力。

户外生存挑战：工作室组织学生分团队在户外环境中进行生存挑战，既考验了学生的勇气和智慧，又增强了工作室成员以及学生的团队意识。

创意营销大赛：工作室指导学生进行创意营销策划和实施，提升他们的商业素养和实践能力。

（五）反思复盘项目载体设计

鼓励工作室成员观摩优秀教师的教学课堂，学习他们的教学技巧和策略。鼓励成员进行教学反思，总结自己的教学经验和不足，提出改进措施。

（六）社会公益项目载体设计

组织工作室成员参与社会服务或公益活动，如教育扶贫、支教、社会实践等。通过参与这些活动，让成员感受到自己的价值和意义，增强社会责任感。

社区服务活动：工作室组织学生到社区进行清洁、植树等公益活动，培养学生的社会责任感。

支教活动：工作室成员可以到偏远地区进行支教，为当地学生提供教育支持。

公益讲座：工作室邀请专家或名人进行公益讲座，传递正能量和知识。

（七）研讨分享项目载体设计

定期组织工作室内部的研讨会或分享会，让成员有机会分享自己的学生管理、教学经验和研究成果。邀请外部专家或优秀教育工作者举办讲座或交流，为成员提供新的思路和启示。

（八）承办活动项目载体设计

工作室可以承办上级活动、校级活动、同级综合部门活动、下级活动，每个成员分工负责，协同作战，充分展示工作室的外在形象和内在能力。

这些项目可以根据工作室的实际情况和成员的特点进行选择和调整，既可以最大限度地激发成员的积极性，又可以有效解决名师工作室建设项目载体设计存在的问题，提高项目的质量和效果，为名师工作室的发展提供有力支持。

典型案例 1

哈尔滨师范大学刘国权老师的“新时代　新青年　新担当”
辅导员工作室设计的品牌项目

哈尔滨师范大学刘国权老师的“新时代　新青年　新担当”辅导员工作室设计的品牌项目为5个“百千万”工程建设，着力打造站位有高度、育人有温度、研究有深度、实践有力度、视野有广度、工作有韧度的辅导员工作品牌。通过创作百篇精品网文和每篇网文千次阅读，引导万名师生人生价值认同；通过进行百项课题攻关和开展系列千人调研，形成多篇高质量万字论文；通过前往百校交流研讨和搭建千人互动平台，助力万名辅导员能力提升；通过开展百场理论宣讲和整理千份图文素材，推动万人学研悟基地创建；通过推出百个影音作品和每个影音千次分享，感召万名大学生坚定信仰。

典型案例2

陕西铁路职业技术学院李昌峰老师的“李昌锋工匠精神培育工作室”设计的品牌项目

陕西铁路职业技术学院李昌峰老师的“李昌锋工匠精神培育工作室”设计的品牌项目为“匠魂讲坛”育人品牌，该育人品牌使教育教学更有温度、思想引领更有力度、立德树人更有效度、育人效果更有深度。

品牌一：匠魂讲坛。围绕工匠精神的内涵、意义和要求等内容，由一名高校教师或企业专家以讲座、报告等形式，每月举办一期“匠魂讲坛”。如《做新时代“硬核”的共产党员》《国测一大队与“测绘精神”》等。

品牌二：匠心工坊。组织学生开展模型制作、陶艺制作、手工作品制作等体验活动。在学生活动中寓教于乐。指导教师带领学生体验劳动的艰辛，学习劳动精神，培养学生认真的态度和严谨的作风。

品牌三：匠艺观园。工作室在校园一隅开辟主题教育园地，借助风幽雅的环境、宽松的氛围，以举办“互联网+”创新创业大赛作品展、科技作品展等活动的形式，每2个月举办一期展示，使教育潜移默化、润物无声。邀请全国劳模给学生作报告。

品牌四：匠情茶社。为解答学生成长中遇到的困惑，解决学生在校期间思想迷茫、动力缺失等问题，工作室每个月举办一次师生近距离对话活动。

品牌五：匠行达人。选树学习、生活中的先进典型人物，为学生树立身边的榜样，号召学生向他们学习，提高思想认识，促进行为养成，提高职业素养。每年在国家级技能大赛和日常宿舍内务两个领域中评选出10名“匠行达人”，进行表彰和奖励。

反思复盘

名师工作室的项目载体之最

最有影响力项目——承办上级活动

最具实际意义项目——开展学生活动

最能省钱的项目——开展读书沙龙

最好总结的项目——红色主题教育

最没有风险项目——组织线上交流

最走进学生项目——开展生日庆祝

学生最喜欢项目——王者荣耀比赛

领导亲自参加项目——主题党日活动

拓展阅读

揭秘名师工作室：创新项目载体设计，打造教育新引擎

在教育的浩瀚星空中，名师工作室犹如一颗璀璨的明星，引领着教育创新的风向。而要想让这颗明星更加闪耀，就必须有精心设计的项目载体作为支撑。那么，名师工作室建设的项目载体设计究竟有何奥秘呢？

（一）立足教育前沿，探索项目新方向

名师工作室的项目载体设计，首先要立足教育前沿，敏锐捕捉教育发展的新趋势。通过深入研究教育政策、分析市场需求、挖掘学生潜能，找到项目的新方向，为名师工作室的发展注入源源不断的动力。

（二）创新教育理念，打造独特品牌

在确定了项目方向后，名师工作室需要围绕这一方向，创新教育理念，打造独特的品牌。通过引入先进的教学方法、设计独特的课程体系、开展丰富多彩的教育活动，让学生在名师工作室的引领下，体验与众不同的学习乐趣。

（三）搭建实践平台，提升学生能力

项目载体设计的核心在于实践。名师工作室要为学生搭建实践平台，让学生在实践中提升能力、拓宽视野。通过组织课题研究、开展创新实验、参与社会实践等活动，让学生在实践中感受知识的力量，培养创新精神和实践能力。

（四）强化团队建设，凝聚发展合力

名师工作室的建设离不开优秀的团队。在项目载体设计中，要注重团队建设，凝聚发展合力。通过加强教师培训、优化团队结构、激发团队活力，让名师工作室成为一支高效、协作、创新的团队，共同推动教育事业的发展。

（五）拓展合作渠道，实现资源共享

名师工作室的建设还需要拓展合作渠道，实现资源共享。通过与其他教育机构、企业、社区等建立合作关系，共同开展教育项目，分享教育资源，推广教育成果，让名师工作室的影响力更加广泛，为教育事业的发展贡献更多的力量。

名师工作室建设的项目载体设计是一项系统工程，需要立足教育前沿、创新教育理念、搭建实践平台、强化团队建设、拓展合作渠道等多方面的努力。只有这样，才能让名师工作室在教育的星空中更加璀璨夺目，成为推动教育事业发展的重要力量。

第十节　名师工作室落地成果设计

一、存在问题

名师工作室在建设发展过程中，大家最关心的就是工作室如何能够培育孵化产生更多的落地成果。不能整天忙于工作室的琐事、小事、杂事、临时事以及工作室以外的事。名师工作室落地成果设计主要存在以下几个问题。

（一）成果杂乱

名师工作室在落地成果设计的过程中，经常出现成果杂乱、临时拼凑的状态，东南西北中、党政军民学，所有成果都放在了一起，变成了“大锅炖”。根本原因在于缺乏一个明确的主题或主线来贯穿整个名师工作室的工作，从而导致成果在展示时显得散乱，缺乏连贯性和深度。

（二）成果平淡

名师工作室在落地成果设计的过程中，很多成果平淡、缺少亮点，不能吸引人。原因在于名师工作室在选题、研究和实施过程中缺乏创新和深度，导致成果在总结、凝练、展示时缺乏吸引力和说服力。

（三）成果无形

名师工作室在落到成果设计的过程中，成果缺少可视化，缺少让大家看得见、摸得着、感受得到的可视化成果，没有用直观、易懂的方式呈现出来，传播出去。

二、设计思路

名师工作室在落地成果设计过程中，要围绕工作室的研究方向，聚焦工作室研究目标进行设计。

明确主题。名师工作室在开展工作之前，应明确一个核心主题或研究方向，确保所有成果都围绕这个主题或方向展开。

梳理内容。对已有的成果进行梳理和分类，将与主题或方向相关的内容整合在一起，剔除无关或重复的内容。

制订计划。在开展工作前制订详细的计划，确保每个阶段的工作都有明确的目标和产出。

深入挖掘。对研究主题或方向进行深入挖掘和探讨，发现其中的新观点、新方法和新发现。

创新实践。在实践中不断探索新的学生管理、教学模式和方法，形成具有独特性和创新性的成果。

提炼亮点。从成果中提炼出最具代表性和影响力的亮点，进行重点展示和推广。

三、具体措施

（一）主题活动成果设计

按照主题活动明确主题目标，调动工作室成员以及学生的积极性和参与性，围绕一个主题设计系列活动。可以形成活动汇编材料。

如果工作室一年开展10项主题活动，每项主题活动包含5项子活动。则一年累计开展50项主题活动。

落地成果：主题活动成果集、学生作品集、活动总结报告。

（二）精品案例成果设计

按照不同主题围绕身边的日常管理撰写学生工作、教学工作案例、教学反思等，案例聚焦于创新性、实践性和影响力。可以形成案例汇编材料。

如果工作室一年撰写10个主题方面案例，每个主题方面撰写5个案例。则一年可累计撰写50个精品案例。

落地成果：精品案例集。

例如：辽宁生态工程职业学院辅导员名师工作室主持人也就是作者本人，把十几年工作中遇到的危机事件进行凝练整理，定期撰写危机事件工作案例，不断地积累，把案例进行了分类归纳，最后形成了可视化落地成果，出版了《新时代校园学生危机管理指导与实践》专著。

（三）原创网文成果设计

按照不同主题围绕学生管理、教育教学、思政教育、课堂管理、师德师风等方面撰写原创网络文章。每篇文章1000~2000字即可。网文要体现原创性、专业性和传播性。

如果工作室每个月每个成员撰写一篇原创网络文章，按照工作室10名成员计算，则一年至少可累积100篇原创网络文章。

落地成果：原创网文集。

例如：山东交通职业学院辅导员名师工作室主持人丁兆永老师，围绕学生管理工作每天坚持写原创网络文章，把自己的思考变成网文或软文，最后形成了可视化落地成果，出版了《教育，一场诗意的旅行》专著。

例如：辽宁农业职业技术学院辅导员名师工作室主持人尤长军老师，围绕大学生关注的热点问题撰写原创网络文章，引领学生过好大学生活。最后形成了可视化成果，出版了《图说大学生活》专著。

例如：山东聊城大学辅导员名师工作室主持人杨庆实老师，把日常工作点点滴滴记录下来，甚至一天开几个会都要进行记录复盘总结，他把每次的会议纪要都进行整理归档，日积月累，水滴石穿，最后形成了可视化成果，出版了《学工宝典：一名老辅导员的实话实说》专著。

例如：辽宁生态工程职业学院“辅导员联播”工作室主持人刘明耀老师，即作者本人，在“辽宁省第四届大学生网络文化节和全省高校网络优秀作品推选展示活动”中，荣获优秀网络文章一等奖。

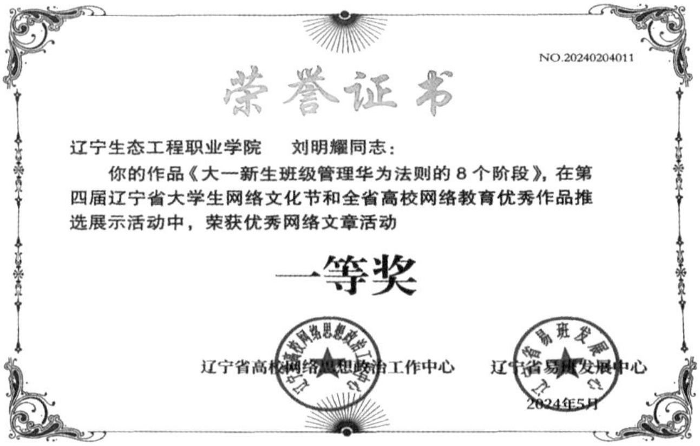

NO.20240204011

荣誉证书

辽宁生态工程职业学院　刘明耀同志：

你的作品《大一新生班级管理华为法则的8个阶段》，在第四届辽宁省大学生网络文化节和全省高校网络教育优秀作品推选展示活动中，荣获优秀网络文章活动

一等奖

辽宁省高校网络思想政治工作中心　辽宁省易班发展中心

2024年5月

（四）育人故事成果设计

每个工作室成员根据自己所带的学生撰写学生成长故事，分享带班育人经验，对学生成长进行点评分析，提炼育人理念和教育方法，形成一系列具有启示性和可操作性的育人故事成果。

如果工作室每个成员围绕自己的学生每个月撰写5个育人故事，则一年每个成员可积累50个育人故事。

落地成果：育人故事集。

例如：郑州科技工业学校的名班主任工作室主持人李迪老师，围绕学生日常管理撰写育人故事，文笔简洁、流畅，故事鲜活、生动，情感温婉、细腻。先后出版了《做学生受欢迎的班主任》《做一个灵魂有香气的女教师》《做一个优秀的中职班主任》等11部著作。

例如：广西工业职业技术大学的“匠心铸魂”辅导员名师工作室主持人农贵老师，围绕学生成长、资助育人汇编了《学生成长故事集》《辅导员心路历程》《学生资助励志故事》等可视化成果材料。

（五）原创课程开发成果设计

工作室成员围绕自己的本职工作或学生管理、教育教学等方面，开发设计一门通识性方法论课程，与全体教师或学生进行分享，让大家受益。

如果工作室成员开发出一门属于自己的原创课程，则可以申请原创课程版权证书，可以进行直播分享，还可以录制精品微课。

落地成果：原创版权课程证书、直播大数据、精品微课。

典型案例1

辽宁省“辅导员联播”工作室开发的原创版权课程

课程一：学生管理课程思政内涵篇之活动设计

课程题目：新时代师生关系重构与学生工作品牌塑造　授课时间：3小时

课程对象：辅导员（班主任）　授课方式：讲座

课程大纲：

（一）新时代走进了解“00后”学生

1. 00后是谁，来自哪里

2. 00后的互联网特点与属性

3. 00后的自我状态与历史穿越

4.三种文化传承模式与“00后”代际特征

（二）新时代生与师关系重构

1.当下师生关系破壳与重构

2.“00后”幸福模型四重门

3.“00后”被点燃的三把火

4.“00后”一招三式管理应用

（三）学生工作品牌如何设计

1.主题维度学生工作品牌设计

2.裂变维度学生工作品牌设计

3.生涯维度学生工作品牌设计

（四）班级特色文化打造

1.“00后”选人用人育人三种方式

2.“00后”班级建设四个阶段

3.辅导员（班主任）与班级建设的重要关系

课程二：学生管理课程思政管理篇之危机处理

课程题目：高校校园学生危机事件处理能力提升　　授课时间：3小时

课程对象：辅导员（班主任）以及全体学管人员　　授课方式：讲座

（一）走进了解校园危机事件

1.校园危机的三种时态、四个特点

2.校园危机管理变态钻石模型

3.校园危机的三个数字密码

（二）校园危机的十五种类型与预防

1.危机类型一：军训教育的“六条”军规

2.危机类型二：运动比赛的“有、听、买、处”四字口诀

3.危机类型三：新生报到的“三有”护身符

4.危机类型四：学籍复核的“四要”程序标准

5.危机类型五：奖助贷评选的“123456”密码

6.危机类型六：学生请假的公事病的“4w”细节

7.危机类型七：学生处分的“前中后”法定程序

8.危机类型八：谈话教育的“四要”自我保护

9.危机类型九：学生打架处理的“六项”修炼

10.危机类型十：意外死亡的“六项”切记

11.危机事件十一：传销的“六点”到位识别

12.危机事件十二：校园贷的“八项”注意警惕

13.危机事件十三：退学申请书的三种写法

14.危机事件十四：特殊群体学生“12345”程序

15.危机事件十五：辅导员（班主任）如何替家长签字手术

（三）校园危机事件责任处理

1.校园危机事件，谁来负责、担责、尽责

2.校园危机事件，如何对“六大”主体划分并进行追责

3.校园危机事件，免责的“四留”关键

课程三：学生管理课程思政舆情篇之舆情应对

课程题目：新时代校园危机管理与网络舆情应对　　　授课时间：3小时

课程对象：学管人员、教师以及行政人员　　　授课方式：讲座

课程大纲：

（一）危机中的领导力

1.领导力含义　　2.三种授权类型

3.效能与效率　　4.危机决策体现

（二）信息时代危机已成为常态

案例：“表哥”杨达才危机事件

（三）危机管理中的三大法则

1.勿行伤害之举　2.按照原则办事　3.维护你的信誉

案例1：党员发展危机——“洁洁良”危机事件

案例2：领导讲话危机——北大校长念错字危机事件

（四）危机管理中道歉的四要素

道歉主题　道歉对象　道歉时间　道歉结果

案例：范冰冰道歉危机事件

（五）危机事件与网络舆情扩散路径

第一时间掌握权威信息　　第一时间赶赴现场处置

第一时间发出正确声音　　第一时间抢占舆论高点

（六）危机管理与网络舆情处理五行之法

1.金的速度　2.水的态度　3.土的气度　4.火的角度　5.木的制度

案例：学生实习伤害危机事件处理

（七）危机管理与网络舆情应对六脉神剑

第一剑：明确对手——找准核心受众

第二剑：凝神注目——细节决定成败

第三剑：收发自如——切勿火上浇油

第四剑：天地齐发——全力以赴应变

第五剑：乾坤挪移——先困者先脱身

第六剑：心随意动——一招三式管理

课程四：学生管理课程思政成长篇之IP打造

课程题目：辅导员如何打造个人品牌化成长IP　　　授课时间：3小时

课程对象：辅导员（班主任）以及学管人员　　　授课方式：讲座

课程大纲：

一、辅导员知识型IP定义

1.知识型IP的三度内容

2.品牌与IP的桥梁地址

3.辅导员IP的成长内驱力

二、辅导员魂道术模型分析

1.辅导员之道——知识

2.辅导员之术——技能

3.辅导员之魂——才干

4.辅导员降龙十五掌

三、辅导员（班主任）品牌化IP形成路径

1.辅导员品牌化IP六大成长路径

2.辅导员品牌化IP九大职责内容

3.辅导员品牌化IP双线晋升单评单列

4.辅导员品牌化IP三者结合

5.辅导员品牌化IP流量口碑

6.辅导员品牌化IP四个赛道

7.辅导员品牌化IP乌卡时代

8.辅导员品牌化IP进阶之路

9.辅导员品牌化IP三个条件

10.辅导员品牌化IP三字经

11.双师型辅导员的新含义

12.双师型辅导员的两条路

13.双师型辅导员的燃烧岁月

课程五：学生管理课程思政创新篇之主题班会开发

课程题目：主题班会课程化开发与精品项目设计　　　　授课时间：3小时

课程对象：辅导员（班主任）、学生处以及团委人员　　　授课方式：讲座

课程大纲：

一、学生管理课程思政设计

1.悬空课程的内容与缺失

2.立德树人的两种形式体现

3.讲师到导师的实现方式

4.学生管理课程思政的底层逻辑

5.思政课程与课程思政的异同

6.学生管理课程化九大职责金字塔模型

二、当前主题班会的现状分析

1.主题班会存在的七宗罪

2.主题班会的三种形式

3.主题班会的四种能力能量状态模型

4.主题班会的三大教学理念

三、主题班会课程化开发与精品项目设计

1.主题班会之主题课程化开发与设计

2.主题班会之结构课程化开发与设计

3.主题班会之内容课程化开发与设计

4.主题班会之成果课程化开发与设计

5.主题班会之案例课程化开发与设计

6.主题班会之故事课程化开发与设计

7.主题班会之目标课程化开发与设计

8.主题班会之活动课程化开发与设计

9.主题班会之单元课程化开发与设计

课程六：学生管理课程思政文化篇之三国智慧

课程题目：从三国智慧看教育管理艺术　　授课时间：3小时

课程对象：辅导员（班主任）以及学管人员　　授课方式：讲座

课程大纲：

一、思想政治教育

管理艺术：如何发挥榜样示范

三国案例：周泰从贫困学生到“时代楷模”的成长之路

二、党团班级建设

管理艺术：选人用人——辅导员（班主任）如何选拔学生干部？

三国案例：曹操降吕布、张郃、关羽、袁谭

三、学风建设

管理艺术：班风形成——辅导员（班主任）如何打造优良的班级文化？

三国案例：刘备如何征服了张松的心？

四、日常管理

管理艺术：学生管理——辅导员（班主任）如何处理不服从管理的学生？

三国案例：诸葛亮如何运用一招三式管理

五、心理咨询

管理艺术：辅导员（班主任）如何做好情绪管理？

三国案例：周瑜不是气死的

六、校园危机应对

管理艺术：充分授权——辅导员（班主任）如何具有危机领导力？

三国案例：刘备三顾茅庐以身作则

七、职业生涯规划

管理艺术：自我规划——辅导员（班主任）如何打造自己的品牌？

三国案例：刘备从摆地摊到三分天下的创业之路

八、辅导员（班主任）管理艺术

管理艺术1：辅导员（班主任）如何对待领导安排的工作？

三国案例：关羽华容道释放曹操

管理艺术2：辅导员（班主任）如何承担具体责任？

三国案例：甘露寺刺杀刘备

管理艺术3：辅导员（班主任）如何向领导提意见？

三国案例：杨修走向死亡的意见之路

管理艺术4：辅导员（班主任）如何谈心谈话？

三国案例：刘备获得张松献图的谈话六步曲

管理艺术5：辅导员（班主任）的家庭事业观

三国案例：刘备、袁绍、曹操、司马懿的教育子女方式

课程七：学生管理课程思政师德篇之师生关系

课程题目：重构师生关系，加强师德师风建设　　授课时间：3小时

课程对象：新入职教师以及专业课教师　　授课方式：讲座

课程大纲：

一、重构师生关系

1.当下师生关系破壳与重构

2.大学教师的成长三重门

3.如何与“00后”学生有效沟通

4.教师课堂“备”的优先级

二、加强师德师风建设

1.了解师德师风十条红线

2.违反师德师风问责程序

3.“三为四有”好老师标准

三、如何成为一名专家型教师

1.专家型教师与普通教师区别

2.成为专家型教师的七个策略

3.成为专家型教师的四度标准

典型案例2

辽宁省“辅导员联播”工作室申报的原创版权课程证书

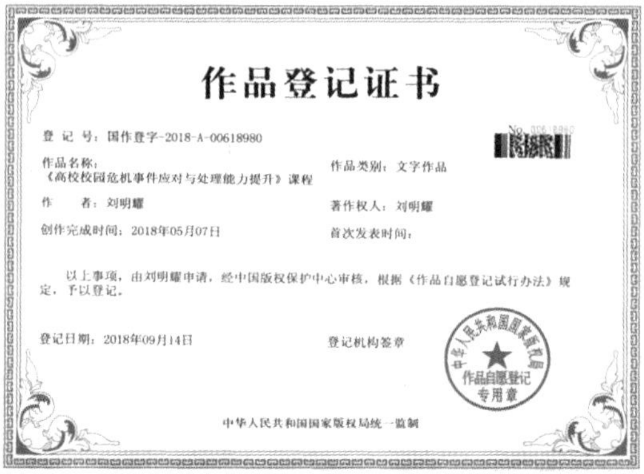

作品登记证书

登 记 号：国作登字-2018-A-00618980

作品名称：《高校校园危机事件应对与处理能力提升》课程　　作品类别：文字作品

作　　者：刘明耀　　著作权人：刘明耀

创作完成时间：2018年05月07日　　首次发表时间：

以上事项，由刘明耀申请，经中国版权保护中心审核，根据《作品自愿登记试行办法》规定，予以登记。

登记日期：2018年09月14日　　登记机构签章

中华人民共和国国家版权局作品自愿登记专用章

中华人民共和国国家版权局统一监制

典型案例 3

辽宁省“辅导员联播”工作室两门微课入选中国教育干部网络学院课程资源库

2021年度高校辅导员网络培训课程建设项目
暨百门精品培训课程征选立项结果公示名单

18	高校辅导员就业指导理论与实践	沈阳工业大学	李春华
19	元认知心理干预技术在辅导员工作中的应用	辽宁师范大学	董成文
20	辅导员校园危机管理的七堂课	辽宁生态工程职业学院	刘明耀
21	基于高校辅导员定位探析思想政治教育途径	长春理工大学	王超
22	辅导员新生入学教育规划与设计技巧	吉林师范大学	赵东方
23	网络思政视域下辅导员新媒体运用能力素养提升	黑龙江大学	吴珩

典型案例 4

无锡城市职业技术学院彭容容老师“容融生涯”工作室开发的精品微课

当然，在名师工作室成果落地设计过程中，课题、论文、教材已经以成果的形式呈现了，这里就不一一赘述。

反思复盘

好成果都是设计出来的。项目要开展，成果需设计。没有功劳的苦劳就是徒劳。成果在，则名师工作室在。

典型案例

生涯规划工作室如何设计落地成果?

该工作室的研究方向是学生生涯规划教育，要围绕生涯规划教育进行落地成果设计，同时要依托项目开展，任务驱动，成果体现。

生涯规划课件1个 负责人：×××；生涯主题班会5场 负责人：×××；

生涯主题沙龙4次 负责人：×××；生涯规划培训3次 负责人：×××；

生涯规划拓展1次 负责人：×××；高考志愿讲座2场 负责人：×××；

生涯规划论文2篇 负责人：×××；同行生涯交流3次 负责人：×××；

生涯规划证书2个 负责人：×××；原创课程证书2个 负责人：×××；

简历撰写培训1次 负责人：×××；招生报考指导2次 负责人：×××；

时间管理讲座1次 负责人：×××；学生作品展1次 负责人：×××；

生涯演讲比赛1次 负责人：×××；写给2049年的一封信 负责人：×××；

撰写生涯规划书40份 负责人：×××。

拓展阅读

名师工作室：点亮教育之光，铸就卓越之路

在新时代教育发展中，名师工作室如同海洋中的灯塔，引领着教育创新与发展的潮流。它不仅是一个聚集了教育精英的殿堂，更是一个孕育教育成果的摇篮。今天，就让我们一起走进名师工作室，领略其建设落地的丰硕成果。

（一）名师汇聚，智慧碰撞

名师工作室的成立，首先汇聚了一批学校的佼佼者。这些成员不仅在教学上有着丰富的经验，更在教育理念上有着独到的见解。他们在这里相互学习、交流心得，碰撞出智慧的火花，共同为教育事业的发展贡献智慧与力量。

（二）创新实践，成果斐然

名师工作室的建设，不仅注重理论的研究，更强调实践的探索。在这里，全体成员将最新的学生管理、教育理念与教学方法付诸实践，不断尝试、不断创新。他们撰写的文章、开发的课程、编写的教材、设计的案例等，都成为教育领域的宝贵财富。这些成果不仅提升了教师的教学水平，也为学生提供了更优质的教育资源。

（三）辐射引领，惠及四方

名师工作室的建设成果，不仅局限于内部，更通过辐射引领的方式，惠及了四方。名师通过公开课、讲座、研讨会等形式，将自己的学生管理、教学经验和成果分享给了更多的教育工作者。他们的智慧和经验，如同春雨般滋润着教育事业的土壤，为教育事业的发展注入了新的活力。

（四）展望未来，再攀高峰

展望未来，名师工作室将继续发挥其在教育领域的引领作用。它们将继续加强学生管理，深化教育改革，探索教育创新，提升教育质量。同时，名师工作室也将积极与国内外优秀教育机构合作，引进先进的教育理念和技术手段，为教育事业的发展注入新的动力。

名师工作室的建设落地成果丰硕、令人瞩目。它不仅是教育创新的典范，更是教育发展的动力源泉。让我们共同期待各名师工作室在未来的发展中再攀高峰，创造更加辉煌的成就！

伍

他山之石——名师工作室建设经验做法

第一节　名师工作室答疑解惑典型案例

典型案例 1

体育专业辅导员名师工作室研究方向确定

一、背景介绍

某本科高校辅导员，毕业于体育相关专业，研究生学历；从事辅导员工作已经13年；在工作中认真完成领导交代的各项工作。多年来一直兢兢业业，没有抱怨，没有倦怠，但也没有成果；在体育学院从事辅导员工作，同时兼任学校“大学生健美操社团”指导教师。

二、当前状态

内心十分热爱学生工作，但感觉工作13年却没有任何成果；同批来的辅导员都已转岗，自己仍然在坚持，内心即将产生倦怠感；对辅导员工作室没有具体的明确方向。

三、具体分析

（一）个人优势：该辅导员从事学生工作13年，内心依然充满激情，发自内心热爱学生工作；其本人是体育相关专业毕业，在体育学院从事辅导员工作，和学生能用专业语言沟通。

（二）成长劣势：该辅导员虽然已经工作13年，但没有形成可视化成果；缺少对学生工作的凝练和总结；大量时间用于重复性日常琐碎工作。

（三）外部机会：学校重视辅导员队伍建设，要在全校进行辅导员工作室建设立项；给予场地、专项经费支持；二级院鼓励开展体育文化教育，深入开展专业课程思政改革，倡导专业教师走进学生。

（四）相对困难：目前很多辅导员都已转岗，1~2年新入职辅导员较多，如果组建团队则缺少一定的经验。

四、具体建议

（一）工作室核心定位：体育强则国家强，国家强则体育强。工作室围绕体育运动设计载体项目，通过运动的方式将学生从游戏中、从寝室里吸引出来，走进操场，走进阳光。辅导员、专业课教师与学生共同开展体育微运动，将体育观测点与育人成长点有机融合，培养学生“为国争光、无私奉献、科学求实、遵纪守法、团结协作、顽强拼搏的”体育精神，实现体育文化育人。

（二）工作室研究方向：体育文化育人。

（三）工作室项目载体：依托信息化以运动处方为项目载体进行活动设计，将运动观测点和思政育人点有机融合，每个运动处方项目体现出运动观测点和育人观测点。例如：

运动处方一：我和同学相约跑（一对一）观测点+育人点。

运动处方二：我和导员散个步（一对一）观测点+育人点。

运动处方三：男生女生向前冲（多对多）观测点+育人点。

运动处方四：我和教练有个约（多对一）观测点+育人点。

（四）课程化开发方向：辅导员如何使用体育微活动开展思政育人。

（五）课程化开发对象：一线辅导员、团总支书记。

（六）落地成果设计：精品活动集、品牌创新项目。

典型案例2

党支部书记名师工作室研究方向确定

一、背景介绍

某职业院校辅导员，二级院党总支副书记兼任学生党支部书记；先后获得省教育系统优秀党务工作者、“全国党建工作样板支部”主持人、“省党建双创样板支部”主持人、“省学生事务精品项目”主持人；曾获得“全省高校大学生心理健康教育课教学基本功大赛”一等奖、“全省高校辅导员年度人物”提名奖、“全省高校学生优秀工作案例”一等奖；主持省社哲共建课题、省青少年研究共建课题、省高校思想政治教育课题等科研项目；参编教材1部。

二、当前状态

工作多年虽然取得一些成果，但没有具体目标，个人成长突破点一直卡顿。工作室研究方向拟确定为党史教育。计划开发党史、就业方面原创课程。

三、具体分析

（一）个人优势：该辅导员先后获得省教育系统优秀党务工作者、“全国党建工作样板支部”主持人、“省党建双创样板支部”主持人，“省学生事务精品项目”主持人等荣誉称号，具有丰富的党建工作经验。

（二）成长劣势：党史教育研究博大精深，该辅导员对党史教育的研究缺少深度和厚度。同时目前该辅导员从事党建工作，如果研究就业教育则无法发挥自身优势。

（三）外部机会：党支部建设是党的基础组织，必须抓好党支部建设，让党支部强起来。把基层党组织建设成为有效实现党的领导的坚强战斗堡垒。从国家到省市、学校都高度重视党支部建设，积极发挥党建文化育人作用。

（四）相对困难：该辅导员不具有博士学位，不是党史教育专业毕业，作为职业院校辅导员工作室研究党史教育缺少权威性和推广性。

四、具体建议

（一）工作室核心定位：工作室以党支部建设为有效载体，充分发挥党建文化育人作用，将党建文化育人贯穿在学生的成长成才过程中，打造党建文化育人品牌项目，发挥党建文化育人效应。

（二）工作室研究方向：党建文化育人。

（三）工作室项目载体：工作室设计丰富多彩的党建精品项目，以任务为驱动，以能力为本位，以育人为核心。

（四）课程化开发方向：辅导员党建精品活动设计。

（五）课程化开发对象：辅导员、团总支书记、支部书记。

（六）落地成果设计：党建精品活动集、主题党日特色活动。

典型案例3

团总支书记名师工作室研究方向确定

一、背景介绍

某本科警察院校辅导员，现已工作三年，担任团总支书记，所带班级学生200余人。警察院校要求学生政治信仰坚定，经常对学生开展爱国爱党教育活动，但活动形式载体较为局限单一，缺少入脑入心的思想政治教育。工作室研究方向拟定为主题团课。计划结合团总支书记工作开发主题团课方面的原创课程。

二、当前状态

目前属于辅导员成长上升阶段，积极努力，有工作热情。但苦于没有找到学生喜闻乐见的活动形式载体，开展理想信念教育过程中缺少具体抓手。

三、具体分析

（一）个人优势：该辅导员研究生学历，工作有激情，有想法，担任团总支书记，负责二级院团学工作，同时自己又是辅导员，有利于开展学生活动。

（二）成长劣势：辅导员较年轻，工作中缺少经验；缺少学生活动顶层设计理念。

（三）外部机会：警察院校对学生开展红色理想信念教育有丰富的环境土壤，学生政治信仰坚定，有利于组织开展各项活动。

（四）相对困难：学生活动载体形式较为单一，传统的红色理想信念教育活动较多，开展学生喜闻乐见的红色理想信念教育较少。工作室研究方向拟定位主题团课方向较窄。

四、具体建议

（一）工作室核心定位：坚定理想信念，旗帜鲜明讲政治，树立正确的世界观、人生观和价值观，加强学生爱国主义教育。通过喜闻乐见的活动载体让学生入脑入心，润物无声。培养学生成为社会主义的建设者和接班人。

（二）工作室研究方向：可视化红色理想信念教育。

（三）工作室项目载体：通过红色桌游、剧本杀、地图、长图、剧本、研讨画布、模型卡等可视化工具，向学生布置任务，在完成任务中体验红色理想信念教育。教师引导、学生参与，打造沉浸式、体验式红色理想教育活动。

（四）课程化开发方向：辅导员可视化红色理想信念教育系列课程，例如，开发设计《重走长征路》《重走湘江路》《建党大业》等可视化红色理想信念教育课程。

（五）课程化开发对象：大学生、学生干部、入党积极分子、学生党员。

（六）落地成果设计：可视化系列微课、红色理想信念教育主题活动。

典型案例 4

退役士兵名师工作室研究方向确定

一、背景介绍

某本科高校资助干事，退役士兵转业，在部队从事多年宣传工作，有一定的文字功底；在高校资助管理科负责全校资助工作，具有丰富的资助工作经验；发表过数篇网络文章，阅读量过万。

二、当前状态

工作热情高，执行力强。认为学生工作能开发出很多创新点，想踏踏实实为学生做点事。想建设一个辅导员工作室，但不知道具体聚焦哪个方向，工作室研究方向拟确定网络思政或讲故事或写网文，陷入了选择性障碍。

三、具体分析

（一）个人优势：该辅导员经过部队历练后个人综合素质高，工作热情高，有想法；负责全校的资助育人工作，能够更好地整合资源；文字功底强，擅长写文章；退役军人属于独有标签。

（二）成长劣势：工作时间短，缺少学生工作经验；在工作中缺少沟通的灵活性。

（三）外部机会：国家对资助高度重视，不断完善制度，加大资金投入，建立健全了高校学生资助政策体系，通过“奖、助、贷、勤、免、补”等方式，让所有家庭经济困难学生都能得到资助。该辅导员在全国资助圈内有一定的影响力。辅导员中研究资助育人方法的较少。

（四）相对困难：目前学校没有统一建立辅导员工作室；在政策上缺少支持；同时资助育人工作还处于传统的政策咨询、资金发放等形式中，缺少创新项目与载体；目前开展资助工作研究的一般都是学工部长、省厅专家。资助育人工作不能泛泛而谈，不能就政策讲政策。

四、具体建议

（一）工作室核心定位：工作室紧紧围绕“助学、筑梦、铸人”三大核心关键词，从辅导员角度将资助与育人有机融合，丰富资助育人内涵载体，创新资助育人方式方法，提升辅导员资助育人能力水平，解决现实中资助育人存在的痛点、难点和重点。

（二）工作室研究方向：资助育人。

（三）工作室项目载体：工作室围绕大学生入伍宣传、资助政策解读、退役大学生士兵考公指导、退役大学生士兵创业咨询、国防教育讲座、跟踪大学生士兵成长轨迹等内容设计创新项目载体，加强学生国防教育，培养学生爱国主义情怀。

（四）课程化开发方向：辅导员如何用网络载体创新开展资助育人工作。

（五）课程化开发对象：辅导员、团总支书记、班主任。

（六）落地成果设计：资助育人精品项目、退役士兵成长故事集、退役士兵思想政治教育管理案例库。

典型案例5

就业创业教师名师工作室研究方向确定

一、背景介绍

某本科高校就业创业指导教师，现已工作20年，一直从事职业生涯规划与就业指导工作。自1997年开始做礼仪培训；为学生做过数十场求职礼仪讲座；指导学生参加各种创新创业大赛。

二、当前状态

该教师一直从事生涯规划与就业指导工作，按时完成学校以及领导交给的各项工作任务，主讲生涯规划与就业指导课程，缺少自己的核心原创精品课程。目前工作室拟确定研究方向为创新创业大赛指导或学生职业生涯规划。

三、具体分析

（一）个人优势：该教师具有多年的教学授课经历，具有丰富的教学经验和大赛指导经历；获得过学会“微慕课”二等奖；主讲《大学生就业创业导论》被评为省级一流课程；擅长礼仪培训，开展礼仪讲座多场；在教师圈内礼仪讲座属于自己独有的优势；具有系列荣誉背书。

（二）成长劣势：该教师所教授课程较杂，属于学校必修课程；没有凝练开发出通识课程；生涯与创业赛道很多博士在研究；该教师不具有博士学位。

（三）外部机会：学校对工作室进行立项建设，国家对创新创业高度重视。可以指导学生参加专业技能大赛、职业生涯规划大赛、创新创业比赛等各种大赛活动。

（四）相对困难：目前从事生涯规划与创业大赛指导赛道的专家很多，竞争激烈。该教师没有教育部就业创业指导专家荣誉背书，缺少权威性；同时社会上礼仪师资赛道都属于实战派，该教师礼仪讲座缺少专业性。

四、具体建议

（一）工作室核心定位：依托自身礼仪独特优势，以系列大赛指导为平台，为学生开展赛前礼仪指导与服务，让学生学会赛前礼仪，在正式比赛中给评委留下深刻印象。

（二）工作室研究方向：学生大赛礼仪。

（三）工作室项目载体：聚焦大学生参加的各类比赛，从比赛中萃取经验，进行课程化开发设计。通过实战式、体验式、沉浸式礼仪训练，提升学生礼仪素养。

（四）课程化开发方向：赢在赛场：大学生竞赛个人形象塑造攻略。

（五）课程化开发对象：各类大赛学生、学生干部、大学生。

（六）落地成果设计：精品微课资源库、原创版权课程。

典型案例6

博士辅导员名师工作室研究方向确定

一、背景介绍

某本科高校辅导员，工作5年，心理学博士毕业，所带学生207人；工作中兢兢业业。在讲授心理健康公共基础课；一直自费学习曼陀罗绘画技术。工作室的研究方向拟确定为曼陀罗绘画技术。

二、具体分析

（一）个人优势：该辅导员心理学博士毕业，拥有强大的专业背景和学历资源；聚焦曼陀罗绘画技术，这个赛道研究的专业人员较少，在辅导员圈中具有高优势、强势能。

（二）成长劣势：工作时间较短，工作经验尚浅；没有形成自身的特色品牌IP，缺少对自身的宣传。

（三）外部机会：国家越来越重视大学生的心理健康教育。辅导员如何开展心理健康教育一直是个难题，辅导员缺少有效载体和技术提升心理健康教育效果。曼陀罗绘画技术更有助于辅导员解决心理健康教育问题。

（四）相对困难：心理咨询赛道都是高学历教授、专家、学者在研究。该辅导员缺少时间的沉淀和经验的积累；同时，曼陀罗绘画技术需要不断地投入时间、精力、资金进行提升学习。

四、具体建议

（一）工作室核心定位：依托辅导员博士学位与心理学专业优势，聚焦曼陀罗绘画技术；将曼陀罗绘画技术与辅导员日常管理有机融合，提升辅导员心理健康教育的方式方法，提升辅导员日常管理工作效能。

（二）工作室研究方向：曼陀罗绘画技术与心理辅导。

（三）工作室项目载体：通过曼陀罗的“静、思、画、写、悟”等流程清理创伤、释放情绪、找回力量。“曼陀罗”绘画技术具有缓解压力的作用，通过体验式、沉浸式体验将曼陀罗绘画技术运用到课程开发中，让学生缓解焦虑，疏导情绪，释放压力，恢复内心平衡。

（四）课程化开发方向：曼陀罗绘画技术助力辅导员管理更高效。

（五）课程化开发对象：辅导员、团总支书记、学生干部。

（六）落地成果设计：原创版权课程、精品微课资源库、曼陀罗绘画个案集。

拓展阅读

名师工作室建设的迷茫之痛

名师工作室作为推动教育均衡发展和教师专业成长的重要平台，近年来在全国范围内得到了广泛的推广和实践。然而，在其建设和发展过程中，也暴露出了一些迷茫和困惑。以下是对名师工作室建设迷茫之痛的详细分析。

（一）定位方向的迷茫

定位不明。名师工作室的定位应是一个研究的平台；是优秀教师共同学习、互相成就、互勉共助、集体成长的平台；是教师专业发展的共同体。但在实际操作中，一些工作室对自身的定位并不明确，导致发展方向模糊，难以形成有效的凝聚力和影响力。

方向不清。名师工作室的发展方向应以人为本、以人的发展为核心目标，但在实际运作中，部分工作室过于注重短期的成果展示和成果推广，忽视了长期的专业发展和内涵建设，导致工作室的持续发展能力受限。

（二）运作过程的困惑

成员参与度不高。名师工作室的成员教师往往是团队成员骨干，平时自己本职工作量比较大，导致参与工作室研究和学习的时间无法得到保障。同时，部分成员对工作室的认同感和归属感不强，缺乏参与热情和积极性。

辐射效果不佳。大部分工作室重视内部的建设，但活动范围小，未能有效带动区域内教师的成长。这主要是由于工作室在区域辐射方面的策略和方法不够成熟，需要行政部门对工作室活动的范围和人员给出一定的时间指数，确保区域内教师的参与度。

成果转化力度不大。名师工作室在研究成果的转化和推广方面存在较大的困难。一方面，部分研究成果的实用性不强，难以在实际教育教学中得到应用；另一方面，工作室在推广方面的渠道和方式有限，导致研究成果的知名度和影响力不足。

（三）管理机制的缺失

管理制度不规范。一些名师工作室在内部管理上存在不规范的现象，如成员职责不明确、任务分配不合理、考核评价标准不统一等。这导致工作室的运作效率低下，难以形成有效的团队协作和合力。

激励机制不完善。名师工作室的激励机制是激发成员积极性和创造性的重要手段。然而，一些工作室在激励机制上存在不足，如奖励措施单一、晋升渠道不畅等。这导致成员缺乏持续进步的动力和热情。

名师工作室在建设中面临着定位与发展方向的迷茫、运作过程中的困惑以及内部管理与激励机制的缺失等问题。为了解决这些问题，需要明确工作室的定位和发展方向，加大成员参与度，提高区域辐射效果，加大研究成果的转化和推广力度以及完善内部管理与激励机制。只有这样，才能确保名师工作室的健康发展并充分发挥其在教育领域的积极作用。

第二节　名师工作室申报书典型案例

典型案例 1

辽宁省“辅导员联播”工作室申报书

（工作室主持人：辽宁生态工程职业学院　刘明耀）

一、定位思路

《普通高等学校辅导员队伍建设规定》（教育部43号令）第五条第七款明确指出：高校辅导员主要职责之一是校园危机事件应对。通过工作室搭建平台，创新载体，设计项目，提升辅导员的校园危机事件应对能力；定期组织开展学生安全教育，对校园危机事件进行初步处理，及时掌握危机事件信息并按程序上报，对危机事件进行有效预警并积极参与危机事件后期应对及总结研究分析。

工作室实施“十百千万”工程，发挥学生管理点线面一体化引领作用、思政教育魂道术专家化示范作用、危机管理情理法专业化辐射作用，打造辅导员抱团取暖式的成长“共同体”，实现培育辅导员团队“出名师”、服务学生“有实效”、工作成果“塑品牌”、危机管理“可复制”的目标。

研究方向：校园危机事件应对与处理。

二、主要措施

（一）构建“十个一”思政育人平台

1.一个专家指导平台

聘请辽宁石油化工大学辅导员名师工作室主持人孔祥慧、江西理工大学辅导员名师工作室主持人饶先发、辽宁农业职业技术学院辅导员名师工作室主持人尤长军为工作室的指导专家，定期给予指导交流。

2.一个法官对接平台

聘请沈阳市中级人民法院法官为工作室对接法官，定期为工作室分享校园危机判决典型案例；定期组织成员观摩法庭判决案例。

3.一个律师咨询平台

聘请辽宁大成律师事务所徐婷婷、李庆华两位律师为工作室咨询专家，定期为工作室开展法律培训、法条解读、案例指导工作。

4.一个空中云端平台

与北京华清笃学教育咨询公司、北京麦课安全教育咨询有限公司合作，构建线上安全教育直播录播空中云端平台，定期为辅导员以及学生开展云端校园安全教育。

5.一个舆情监控平台

通过清博、蚁坊等舆情监控软件，对高校发生的校园危机事件进行网络舆情监控，第一时间通过大数据进行舆情数据分析，对每个校园危机事件形成舆情分析研判报告。

6.一个网络宣传平台

依托“辅导员联播”公众号、视频号等新媒体，定期发布安全教育内容等文章，为辅导员以及学生开展安全教育，提升他们的危机预警能力。

7.一个案例共享平台

通过工作室组织成员编写校园发生的相关危机案例，对案例进行整理提炼，形成校园危机管理案例库，与全省辅导员共享案例。

8.一个安全教育平台

通过工作室开展校园危机管理研究，提升辅导员的校园危机处理能力，定期对学生开展校园安全法治教育，提升学生安全意识。

9.一个课程开发平台

通过工作室开展校园危机管理相关内容课程化开发，形成校园危机管理方面的原创版权课程，并向国家知识版权局申请原创版权证书。

10.一个品牌孵化平台

通过工作室让辅导员聚焦安全内容，深潜安全教育某一领域，通过开学第一课、主题班会等载体展现，形成辅导员个人特色品牌。

（二）开展“一百场校园巡讲”行动

1.开展一百场校园危机管理巡讲行动

通过线上与线下有机结合，提升辅导员校园危机处理能力。

2.开展一百场校园安全法治教育巡讲行动

通过线上与线下有机结合，提升大学生校园安全危机意识和安全防范意识。

（三）链接“一千名辅导员”成长

1.每年开展一次校园危机管理辅导员论坛

通过辅导员论坛，开展专题报告、成果发布、典型案例分享等，促进辅导员个人能力成长。

2.每季度开展一次辅导员危机管理实操训练营

通过辅导员训练营，开展预案撰写、违纪处分、退学程序、谈心谈话等实战训练，提升辅导员危机处理能力。

3.每月开展一次辅导员校园危机管理交流会

通过辅导员交流会，分享学生管理过程中遇到的危机案例，分析、总结、研判、凝练，形成典型案例。

（四）引领“一万名学生”价值观

1.安全教育主题班会

通过线上与线下主题班会等载体，加强学生的安全教育，提高学生的安全意识。

2.青春红绿灯安全警示录

开通“青春红绿灯”微信公众号，定期发布安全教育网文，帮助大学生正三观、辨是非、保安全。

3.辅导员聊天室

工作室成员开通辅导员聊天室，辅导员聊天室面向全体学生开展服务，帮助大学生排忧解难、化解矛盾。

三、特色亮点

本工作室构建了学生管理“五位一体”总体布局，紧紧围绕以学生为主体，充分发挥平台、实践、课程、品牌、名师有效联动，实现成长有平台、实践有路径、课程有特色、品牌有IP、名师有成果，积极发挥育人功能。

通过实施辅导员成长“五步走”战略，打造经历、经验、课程、商品、变现的辅导员未来成长生命线，通过线上网络课、线下实战课，积极构建双线并行的“五步走”战略，形成辅导未来成长的内驱力。

培养形成“双师型”辅导员成长模式。使辅导员既成为学生的人生导师，以育人为核心，又成为学生的培训讲师，以点燃为核心。

创新形成校园危机管理“钻石”模型，即“四变三态四度”。将校园危机管理分为危机渐变、危机量变、危机质变、危机裂变四个阶段；将校园危机处理分为一般过去时、现在进行时、一般将来时；将校园危机应对融入亮度、硬度、角度、温度，使辅导员在校园危机事件应对中懂原则、有方法、可操作、实战化。

四、条件保障

（一）政策保障

学院出台文件明确规定落实辅导员职务职级“双线”晋升；设置辅导员培训专项经费；支持鼓励辅导员开展科研。学院党委将对工作室给予场地、人力、财力的支持。

（二）人员保障

工作室成员由在职在编的辅导员、思政教师、二级院副书记组成。他们具有研究生学历，具有思想政治教育、教育管理、法学、心理学等专业背景，具有丰富的一线辅导员工作经验和理论研究水平。

（三）制度保障

工作室建设纳入学院思想政治教育整体计划中，学院将出台专门的工作室建设具体方案，工作室定期向党委进行汇报。工作实施完善的学习交流、培训、科研、实践、评价等制度，确保工作室建设有序开展。

（四）技术保障

工作室建设将纳入学院信息化建设整体规划中，通过网络大数据建设，提升工作室网络大数据搜索与应用能力。

五、预期成果

（1）出版《校园危机事件管理应对与处理》教材1部；

（2）发表《校园危机事件管理应对》论文6篇；

（3）孵化《校园危机事件管理应对》相关内容原创版权课程2个；

（4）形成《校园危机事件管理应对》典型共享案例50个；

（5）申报《校园危机事件管理应对》辅导员精品项目1个；

（6）推广《校园危机事件管理应对》课程讲座100场。

六、前期建设

（一）平台成型

主持人前期运行“辅导员联播”工作室已近3年时间，以校园危机事件应对为方向，开通了“辅导员联播”公众号，现粉丝关注人数为12000多人，撰写校园危机事件案例30余个，发表原创网络文章430余篇，累计阅读量100余万次。

（二）课程积累

开发出了《高校校园学生危机事件处理能力提升》原创版权课程，前期已经完成了全国100场校园巡讲，累计培训辅导员1万余人；2019年该课程入选国家教育行政学院辅导员培训指定课程并纳入其师资库。

（三）模式参照

目前与高校辅导员工作室建立合作支持共享关系，已为高校辅导员工作室全体成员分享交流2次。同时，积极与全国辅导员工作室同行进行交流，学习同行经验，打造特色品牌。

（四）人员组合

目前工作室已有成员22人，全部是校内外一线辅导员，在工作室中各负其责，工作运行有序。定期开展辅导员沙龙、工作坊，目前已完成校园危机事件应对主题沙龙12期、辅导员成长工作坊8次。

（五）经验获得

目前主持人开发的《校园危机管理》课程入选中国教育干部网络学院课程资源库，主持人先后为教育部辅导员培训研修基地（辽宁大学）、中国职业技术教育学会、高职发展智库、聚焦职教等开展校园危机管理讲座，并为全国多所高校进行校园危机事件处理指导，积累了大量的校园危机应对经验与典型案例。

典型案例2

江苏省高校网络育人名师工作室申报书

（工作室主持人：无锡城市职业技术学院　彭容容）

一、前期工作基础

（一）理论宣传教育

紧扣党的理论青年化阐释，“宣”出特色。申请人一直坚持在宣讲中用故事讲道理，用道理说现象，综合运用人文关怀和心理疏导等方法，将思政教育内容加以生动化的诠释，把马克思主义理论融入引人入胜的故事，引发听众强烈的学习期待，真正做到入耳入脑入心，在愉快的体验中渗透思想价值教育。

一是围绕党的创新理论，作为青年讲师团成员等，先后为国家管网集团开展“青马工程”团干部培训班相关讲座，为无锡市经开区团干部开展团十九大精神宣讲，为无锡市立信学校、沈阳市中医药学校等开展理论宣讲并受聘为校外辅导员。

二是围绕重点主题，近年来围绕“中国抗疫为什么行”“我眼中的中国精神”“青春践行党的二十大”等主题拍摄制作微视频，系列视频在“学习强国”等平台进行展播，多部作品获全国高校网络教育优秀作品推选展示活动优秀奖。

三是围绕青年成长成才，深耕大学生职业生涯规划与就业指导，成立“容融生涯规划”工作室，紧扣大学生职业价值观引导，《吾心所向　素履可往——职业价值观探索》《巧用平衡轮厘清职业价值观》《唐僧师徒在当今职场能找到工作吗》等系列微课连续多年在江苏省微课大赛获奖，工作室成员先后在国家级、省级市各类大赛中获奖十余项。

四是围绕师德师风建设，作为马克思主义学院党支部副书记，深入开展师德师风相关理论研究，先后为全国60余所高职院校开展师德师风相关专题的网络分享。

宣讲成果形成系列理论文章，“讲”出深度。在过去的十年中，聚焦大学生网络思想政治教育，主持完成与网络思想政治教育相关的省市级课题6项，主持在研江苏省高校哲社重大项目1项，发表学术论文17篇，其中CSSCI论文1篇，北大核心论文2篇，在《高校辅导员》《高校辅导员学刊》等刊物上发表论文多篇，论文先后获得2020年全国优秀思政论文一等奖、2020全国职业院校高峰论坛（教育部职业院校文化素质教育指导委员会主办）优秀论文一等奖，2020年、2019年江苏省高校辅导员研究会优秀思政论文一等奖、2018年江苏省思想政治教育优秀学术成果一等奖等。

一是关注网络思想政治教育前沿，在《高校辅导员》发表《新世纪以来网络思想政治教育研究热点论域与前沿展望》，认为回归本体之维、紧扣教育之维、深化时代之维、拓展方法之维，在网络化虚拟社会中把握人的存在、从网络强国战略高度培育时代新人、以回应重要时代命题为价值旨归、实现从“跨时空”到“跨思维”的有效转换，是未来网络思想政治教育研究向纵深发展的题中之义。

二是关注网络思想政治教育话语权提升并积极实践，在《高校辅导员学刊》等刊物发表《微传播时代高校网络思想政治教育话语权的提升》等系列文章，深入研究网络时代如何提升思想政治教育工作话语权。

三是从工作方法层面探索提升网络思想政治教育实效性，发表《高校网络思想政治教育应对新冠肺炎重大疫情的策略论析》等理论文章，提出通过主体实践、方法实践、途径实践、保障实践和教育实践来构建“五位一体”的网络思想政治教育实践体系。

四是围绕青年成长和新时代共青团工作，在CSSCI等期刊发表《百年来党团关系的历史回溯、内在规定与未来展望》等文章，提出继续巩固和扩大党执政的青年群众基础，在双向建构中增强团的组织自主性，提升“党建带团建”工作站位，不断增强青年工作的时代性是推进新时代党团关系纵深发展的重要方向。

五是结合理论学习型社团建设，形成系列研究成果，作为校“弘毅”青年学习社指导老师，带领学生开展理论宣讲实践，部分研究成果报送共青团中央学校部等部门。

紧扣大学生成长成才，宣讲实践形成方法。紧扣大学生职业价值观引领，把多年实践经验凝练为可借鉴、可复制、可推广的方法持续发力。在教育方法上，经过10余年的努力，形成了具有示范推广效应的工作模式，该模式通过“研建讲传带”五位一体的模式，聚焦青年学生所思所惑，直面问题，践行“精准滴灌”的教育理念，形成“寓理于情”的表达特色。目前，依托“容融生涯规划”网络矩阵，开设“我的生涯故事”“青说”“解忧杂货铺”等专栏，累计发表原创文章103篇，共20万余字。开展面向师生的线上线下讲座百余场，累计覆盖师生10余万人，其中，单场讲座最高人次达2万余人。

（二）网络热点阐释

网络化导致现代人生活方式的诸多境遇，话语霸权的存在、道德教育的复杂、民主诉求的多样、意识形态的渗透等，以上无一不消解着传统的大学生思想教育方式，也为新时代思想政治教育工作提出新的挑战。申请人的研究紧紧围绕认识网络的本质、注释网络的思政价值、分析人网共存的矛盾展开，力图为高校网络思想政治教育提供有效路径。

申请人自觉担负起一名思想政治教育工作者和党务干部的职责，运用思想政治教育和党史党建的专业所长，坚持通过课堂、文章、宣讲及自媒体发声发力，推进马克思主义及党的创新理论，特别是习近平新时代中国特色社会主义思想通俗化、大众化。

案例一：做好党的科学理论的青年化阐释

所谓党的科学理论青年化阐释，一方面是要用青年容易接受的方式方法阐释党的科学理论，另一方面是要让青年能够从党的科学理论汲取智慧，从理论上的清醒获得政治上的成熟和坚定，增强政治意识，提升政治素养，加强政治历练，具备政治责任。青年化阐释的目的就是要让广大青年走出书斋，提高运用马克思主义立场、观点、方法观察和解决问题的能力，敢于在实践中和各种错误思潮作斗争，廓清思想迷雾，保持政治定力，补足精神之“钙”。

一是撰著系列理论文章，推动党的科学理论的青年化阐释走“深”。从2013年开始，在《中国青年研究》《劳动教育评论》《高校辅导员》《高校辅导员学刊》等业内聚焦青年成长的学术刊物发表论文17篇，其中，《百年来党团关系的历史回溯、内在规定与未来展望》《中国共青团话语的百年嬗变：主题、特征与启示——以历次全国团代会报告文本为考察中心》《新民主主义青年团引领青年的历史考察与经验借鉴》《微传播时代网上共青团吸引力和凝聚力提升策略研究》《微传播时代高校网络思想政治教育话语权的提升》《新媒体时代下的高校辅导员媒介素养提升路径研究》《微传播媒介下的大学生群体：思想行为特征及价值引领》《高校网络思想政治教育应对新冠肺炎重大疫情的策略论析》《新媒体语境下高职辅导员自我效能感探究》等系列文章中提出的理论观点受到学界一定关注。

二是积极撰写网络文章，推动党的科学理论的青年化阐释走“新”。一方面，积极投身党的科学理论青年化阐释工作，参与的“古韵新声”系列理论阐释文章在“学习强国”江苏教育平台连载；另一方面，积极撰写网文，累计在高校辅导员在线、高校辅导员联盟等10余个平台发表网文百余篇，其中，单篇最高阅读数达7425次，多篇文章阅读数超过5000+次。

三是进行系列理论宣讲，推动党的科学理论的青年化阐释不断走“实”。一方面，作为无锡市青年讲师团成员等，积极投身理论宣讲相关工作。先后为国家管网集团开展“青马工程”团干部培训班相关讲座，为无锡市经开区团干部开展团十九大精神宣讲，为无锡市立信学校等学校开展理论宣讲并受聘为校外辅导员。另一方面，作为“弘毅”青年学习社指导老师，全面加强青年思想政治引领工作，深入推进青年学习社标准化、特色化、分众化、平台化、规模化的建设。立足职业教育类型特色，搭建学习平台，聚焦成员政治觉悟、思想品德、综合素养“三提升”，打造一个学习阵地，建好三类品牌项目，深耕两个关键领域，以“1+3+2”模式助力青年思想政治引领工作走深走心走实，全方位引领我校青年学生成长成才。

案例二：构建网络思政教育标杆品牌，引领学生树立正确的职业价值观

在当下这样一个无人不网、无时不网、无处不网的时代，大学生网络思想政治教育尤其重要，如何能够占领网络阵地开展好大学生思想引领工作是我们每一个一线学生管理者需要思考的问题。申请人在过去十年的工作中，将研究方向锁定为大学生网络思想政治教育。结合工作实际积极开展网络思政实践，开通了“容融生涯规划”微信公众号，目前已发布原创文章102篇，带领学生开展正能量微视频的创作，作品在“学习强国”等平台展播，1部作品在第五届全国高校网络教育优秀作品推选展示活动中获奖，这些举措意在打破思政工作线上与线下的壁垒，构筑起特色鲜明、高效协同、多维立体的育人网络体系。

一是讲述身边故事，传递榜样力量。开设“我的生涯故事”专栏，累计推送学生生涯故事共计5万余字，激励学生以身边人为榜样，不断提升个人素养。

《捧着一颗折腾的心，把人生煎熬到最本质的精髓》《新晋“男神”养成记》《从大专生到京东高级主管，到站上本科学校的讲台》《成功转本二本学院，登上焦点访谈的大男孩》《那些把热爱变成工作的人，现在过得怎么样了？》《学长肺腑发问：毕业了，路在哪里？》《大专逆袭双一流——看小哥哥如何乘风破浪》等文章受到青年学生的广泛好评。

二是紧扣当代大学生所思所惑，开设“解忧杂货铺”进行专题答疑。每个主题既紧贴节日背景，也与大学生关注焦点与生活实际相联系。如：《毕业季｜毕业求职，你必须知道的那些事儿～》《解忧杂货铺｜专治简历困难症》《同学，找工作谈恋爱吗》《答学生问：我感觉我浪费了时间，我很焦虑》《选择比天赋更重要，你真的会选吗？》等，言近旨远，主题明确，立意新颖，内涵丰富，实际效果良好，受到广大师生的喜爱。

三是紧扣大学生职业价值观引领，用微视频等形式引导其树立正确的职业价值观。系列微视频如《吾心所向　素履可往——职业价值观探索》《巧用平衡轮厘清职业价值观》力求让学生认识什么是职业价值观，如何探索职业价值观，进而在职业选择中实现个人价值有机融入社会价值。内容紧紧围绕“内容时新”“制作用心”“润物无声”三个原则，不空谈理想信仰，而是把观点巧妙合理地安排在作品中，同时充分调动学生参与的积极性，丰富作品的可读性、艺术性、推广性。

（三）网络作品创作

截至目前，申报人撰写各类网络文章100余篇，形成十余个栏目品牌，针对30多个典型问题和青年成长成才的现实困顿进行引导，累计撰写各类文章20余万字。

一是网络工作室的运营和维护。以公众号“容融生涯规划”为载体，主持网络思政工作室，秉承工作室队伍专业化、专家化发展理念，服务工作室教师成长及专业化发展，致力于大学生生涯发展意识的唤醒及生涯发展能力的提升，引导师生学生涯、用生涯、活出好生涯。一方面通过举办高质量职业生涯规划活动，以帮助个体找到生涯发展目标，激发成长的自发性，确定生涯目标，制订生涯规划能力提升计划，增强学习内驱力，追求个体的生涯发展、平衡与幸福。另一方面通过定期举办生涯普及讲座、看电影学生涯、生涯游戏体验等生涯普及活动、职业探索类活动、职业生涯沙龙、生涯咖啡人物访谈，专注于学生职业生涯规划能力提升。

二是网络视频的录制和推广。由本人主讲的微视频先后获评2020年、2021年、2022年江苏省微课大赛二等奖，本人均为作品的第一完成人；微课作品《中国抗疫为什么“行”》获教育部思想政治工作司颁发的第五届全国高校网络教育优秀作品推选展示活动优秀奖。微课作品《我眼中的中国精神》登上“学习强国”等平台进行展播，各平台累计播放量达千余次。指导学生进行网文撰写，作品《人活着为什么要努力？》获江苏省网络教育优秀作品二等奖等。这些体现时代精神、积极向上、充满正能量的微课作品为营造良好的网络思想政治教育育人环境起到了推动作用。

三是学理研究和经验总结。从2013年开始，在CSSCI、北大核心如《中国青年研究》《教育与职业》等期刊，在《劳动教育评论》《高校辅导员》《高校辅导员学刊》等业内聚焦青年成长的学术刊物上共发表论文17篇，多篇论文下载量达1000+次，在该领域的理论研究方面形成一定影响。

（四）网络人才培养

申请人先后多次参加省市级新媒体培训班等，其中都涉及或者专题讲授网络工作、舆论引导、意识形态工作等，通过培训学习较系统地掌握了新媒体方法与技能，始终坚守在教学和实践一线，与学生交流多，懂得“00后”的网络使用习惯、网络社交习惯等，也在网络人才的培养上形成了一些经验做法和示范影响。

一是在理论研究上，主持在研江苏省高校哲学社会科学思政重大项目，参与在研教育部重大攻关项目；主持完成江苏省高校哲学社会科学思政专项、江苏省社科联合会课题、江苏省辅导员研究会课题、江苏省共青团省委课题、江苏省招生就业中心课题，参与完成国家社会科学基金课题等省市级课题多项。

二是在课程讲授上，承担思想政治教育相关课程，其中包括面向专科生的《思想道德与法治》《形势与政策》的课程教学，另有微课作品在“学习强国”等平台展播，辐射全国多所高校。

三是在讲座分享上，围绕学生喜闻乐见的话题开设讲座多场，如为青年学生开展《青春百年向党　强国复兴有我——学习贯彻党的二十大精神》等主题宣讲；围绕团十九大精神、共青团史，开展题为《全面从严治团背景下的共青团工作实务》《重温百年团史荣光，汲取青春奋进力量》等讲座多场。先后应邀前往国企、高校和社区等开展宣传思想文化工作的交流和主题讲座，辐射和影响了数十万名青年。

四是在人才培养和团队建设上，申报人长期致力于开展思想政治工作团队建设，目前的“容融生涯规划”思政教育团队以“80后”和“90后”青年思政工作者、“00后”青年学生为主，成员来自全国10余所院校，包括思政课教师、辅导员、党政干部等，团队以大学生生涯规划为抓手，通过平台聚合作用，构建了系统、科学、特色、自信的思政教育生态。近五年来，团队先后获批江苏省高校哲学社会科学重大项目，荣获高校思政优秀成果一等奖等荣誉多项。

（五）网络阵地建设

构建联动矩阵，打造德育共同体。以提升亲和力和增强实效性为目标，坚持问题导向，形成团队合力，坚持以课堂教学为载体，以服务学生成长成才为旨归，以省部级基金项目为引领，全方位推进理论研究，在理论和实践的结合上下功夫，强化理论的指导和支撑功能。聚焦党中央治国理政新理念新思想新战略，围绕理论难点、社会热点及国外学术思潮等进行集中研讨，形成宣讲方案，增强理论自信，用真理的力量感召人。

一是扩充理论宣讲教师队伍，构建开放式、全覆盖的思政工作团队。按照体系开放、组成多元、统分结合、资源共享的基本原则，既有教师，也有学生，既有思政教师，也有专业教师，激活资源，盘活存量，实现研究、教材、师资、教学、视频多维联动，形成思想政治工作合力，切实促进高校思政领域的供给侧改革。

二是扩展理论宣讲教学平台，构建线上线下平台之间的互动联动机制。线上构建互动性的网络交流平台，畅通沟通渠道，建立信任路径，用多重互动和及时反馈的形式增强思政教育受众的黏性，真正做到了思政工作进手机、进网络、进生活；线下构建党员教育活动平台、思辨引领平台和服务实践平台，通过教学的互动，形成思政体系、育人体系和平台体系的三位一体。

三是扩大理论宣讲生态课堂，实现宏观学理与微观操作的有机融合。从第一课堂的延伸至第二课堂的多维实践，构建系统、科学、特色、自信的思政教育生态。

二、未来三年工作规划

（一）推动党的创新理论“飞入寻常百姓家”

面向高职院校师生群体，以报告会、座谈会等多种形式，深入推进习近平新时代中国特色社会主义思想学习教育和社会主义核心价值观宣传教育。积极围绕思想政治教育学科发展规划，提升学科水平，开展学科前沿探索与研究工作。

（二）强化热点、疑点、难点问题融入网络文章

一是网络热点阐释。围绕师生关心关注的热点、难点、焦点问题，及时以内容上高质量，形式上易接受为标准撰写网络文章，深度阐释政策及理论，强化网上正面宣传声音，凝聚社会共识，构建网上网下同心圆。

二是网络作品创作。充分运用网言网语和图表、音视频等多媒体手段，积极创作一批优秀网文、微电影、微课堂、微动漫等网络文化产品，推动习近平新时代中国特色社会主义思想的大众化、通俗化宣传和阐释，推动社会主义核心价值观的网络传播与弘扬。

（三）实现阵地、机制、人才培养内化网络平台

一是网络阵地建设。指导或参与学校综合性门户网站、主题教育网站、“两微一端”新媒体平台建设工作；以“容融生涯规划”网络工作室团队为牵引，打造工作室品牌，建好微信公众号或网站专栏等网络矩阵，强化品牌意识，注重品牌建设，建设具有示范引领作用的网络育人平台。

二是网络机制研究。围绕网络文化建设长效机制、网络文化作品创作激励

机制、网络人才培养机制、网络舆情引导和研判工作等热点难点问题开展深入研究，发挥高校网络育人工作智库的作用，定期总结研究成果，形成先进经验。

三是网络人才培养。集结一支有梯队、有传承、有信念、有水平的高质量品牌团队，形成在全国范围内的辐射效应和品牌效应，共同开展宣讲工作。

（四）运用专业、生动、前沿研究服务社会发展

一是持续深化思考与研究，组织团队申报国家级项目，力争实现新的突破，培育具有全国影响力的大成果。关注地方社会发展热点问题，为党政部门决策或企业发展建言献计，成为省市更有影响力的咨询专家。继续做好微信公众号平台建设，坚持教学、科研和网络文章选题均来自学生的咨询和问题，聚焦供给侧，找准“真”问题，解决思政教育针对性不强的问题，把学生的成长问题和思想困惑等变成科研选题，深化理论研究，用理论成果反哺教育教学。

二是在马克思主义理论学科或相关学科领域顶级期刊上发表论文，在权威出版社出版学术专著和重要教材，注重围绕思想难点、社会热点、学术观点开展调查研究，撰写主题鲜明、可读性强的通俗读物，撰写一系列学生喜闻乐见在全国有影响力的网络思政文章。

三是积极承担理论宣讲工作，致力于担负马克思主义大众化之使命责任，一方面尽力产出更多的理论宣讲精品，另一方面带动更多青年学生投身到理论宣讲的工作中来，为推动新时代新思想“飞入寻常百姓家”做出更大贡献。

拓展阅读

名师工作室启航：工作室立项后前三个月开展的六项工作

（一）举办启动仪式：梦想启航

工作室成立之初要举办一场盛大的启动仪式，标志着主持人以及团队成员的梦想正式启航。仪式上，主持人可以回顾工作室的成立初衷和愿景，展望未来的发展方向和美好蓝图。这一刻，我们满怀信心，坚定地迈出了实现梦想的第一步。

（二）召开成员会议：凝心聚力

为了加强团队凝聚力和协作精神，工作室主持人要召开第一次全体成员会议。在会上，要鼓励大家畅所欲言，分享彼此的想法和建议，共同为工作室的发展出谋划策。我们坚信，只有团结一心，才能战胜一切困难，实现我们的共同目标。

（三）完善档案建设：规范管理

为了确保工作室的各项工作有序进行，工作室要注重档案建设，建立完善的档案管理制度。从成员信息到项目资料，从会议记录到财务报表，工作室都要进行详尽的整理和归档，专人负责。这不仅可提高工作效率，还能为我们的未来发展提供有力的支撑。

（四）开展同行交流：拓宽视野

在竞争激烈的教育环境中，工作室只有不断学习、不断进步，才能立于不败之地。工作室要积极与同行进行交流和合作，共同分享经验和资源。通过参加行业会议、举办交流活动等方式，不断拓宽视野，提升自身实力。

（五）及时新闻发布：传递声音

为了让更多人了解工作室以及成果，工作室要及时发布新闻和动态。通过媒体平台、社交媒体等渠道，向外界传递工作室的声音和力量。这不仅可提高工作室的知名度和影响力，还能为工作室的未来发展吸引更多的关注和支持。

（六）选聘指导专家：汇聚智慧

为了提升工作室的专业水平和创新能力，积极选聘外聘专家加入工作室的团队。这些专家在各自领域具有丰富的经验和深厚的造诣，他们的加入为工作室注入了新的活力和智慧。在他们的引领下，工作室将不断取得新的突破和成果。

第三节　名师工作室建设书典型案例

典型案例 1

河南省“学理论”辅导员名师工作室建设书

（工作室主持人：河南农业大学辅导员　韩笑）

一、基本情况

河南省“学理论”辅导员名师工作室系2020年获批成立的、河南省首批省级高校辅导员工作室之一（共10个），由河南农业大学专职辅导员韩笑主持。

工作室实行横向组建，横跨四校，成员包括郑州大学范媛媛、河南农业大学韩笑、张玥、陈翔、黄姗姗、冯超、朱志鹏、赵姝灿、杨超然、郑州轻工业大学万慧杰、周口师范学院吴晓利等11人，工作室规章制度齐备、运行机制规范，初步成为省内外辅导员同人及青年大学生学习、交流、传播党的创新理论的鲜活平台、有效载体和鲜亮品牌。

二、建设目标

总体思路：用一群有影响力的辅导员影响一群有潜力的辅导员，带动一群青年大学生学理论、讲理论、践理论，在此过程中实现辅导员理论学习、宣传、阐释能力水平的整体提升。

（一）构建一个体系，深化价值引领

构建“一体两翼三点四融”工作体系，也即聚焦辅导员发展这个主体问题，开展理论与实践两方面研究，把握工作室发展三个关键点（制度建设这一基本点，方案实施调整这一支撑点，学生成才、辅导员成长这一落脚点），把党的创新理论学习宣传阐释融入课堂教学、校园文化、社会实践等方面，使辅导员能力提升与学生理论学习相融合、与学术研究相融合、与交流学习相融合、与品牌建设相融合。

（二）产出一批成果，反哺育人实践

围绕立德树人根本任务，聚焦价值引领，围绕引领、关照、服务学生各方面产出教材、课题、案例集、论文等理论成果，反哺辅导员育人实践，深化职业化专业化道路；在高校辅导员大赛、年度人物、精品项目等方面产生典型人物和事迹。

（三）孵化一支队伍，强化示范带动。

建设学习型辅导员团队，定期举办学术论坛，孵化一支在省内外有影响力的辅导员名师团队；打造一支师生主体、热爱宣讲功底扎实的宣讲队伍，让宣讲活起来、热起来、亮起来，成为师生喜爱的品牌活动。

三、主要工作

围绕“学理论　践理论”目标，秉持“234”工作理念，即2——两个层面：理论层面形成一批研究成果，辐射推广和实践层面开展系列育人探索，致知于行；3——三个维度：制度保障、理论研究、实践带动；4——四个方面：强化自身素质、搭建研究平台、构建运营模式、打造工作品牌。最终实现在理论学习中“浸润”，在理论阐释中“深悟”，在理论宣讲中“践行”，实现理论学习入脑入心见行，在育人一线开花结果。

（一）完善方案，细化工作室建设重难点

结合成员能力、特色等实际情况做出任务分工，列出项目进度时间表，动态完善工作方案，对标对表制定各阶段需完成的目标，明确重难点任务目标，细化落实路径。

（二）交流研讨，深化理论宣传阐释

加强工作室校际、省内外工作室间交流，针对高校思政工作或思政课教学科研的热点难点问题进行专题研讨；共同承担有关部门委托课题，推出高质量的教学科研成果；定期邀请学科专家授课，围绕习近平新时代中国特色社会主义思想和党的二十大精神，聚焦主题、集中备稿，开展宣讲。

（三）以赛促学，提升队伍职业素养

对标辅导员素质能力大赛、能力提升骨干训练营等项目平台，在基础知识测试环节、理论宣讲环节，实行以赛促训、以赛促练、以赛促学，加强辅导员对理论知识的理解转化、融会贯通，实现赛事出彩，个体成长。

（四）分层分类，培育个体品牌项目

分析整理团队成员的基本情况，从工作年限、职级职称、擅长领域等方面进行分层分类；以工作室主持人的专长为基础，集中工作室成员集体智慧制定培训方案、确定努力方向，推进辅导员培育具有个人特色的品牌项目；充分发挥成员间青蓝传帮带作用，分阶段着力提升辅导员专业化能力。

（五）聚焦转化，开展实践研究

（1）站第一阵地，发挥课程育人在思想价值引领过程中的重要作用。

坚持“大思政课”理念，发挥一线辅导员作为兼职思政课教师的工作实际优势，在《大学生职业生涯规划与就业指导》《军事理论》等课堂教学中深度融入校本化元素，实现课程育人，帮助学生树立正确的世界观、人生观、价值观、就业观，把个人梦想融入国家发展需要，在国家需要的地方建功立业、彰显价值，让师生主客体成长有深度。

（2）拓第二课堂，强化实践育人在理论学习阐释过程中的精准力度。

丰富第二课堂，整合资源，打造“十个一”工程（做一次理论研究、访一位思政名师、约一次学生理论学习感悟分享、写一份个人理论学习规划、听一次理论专家讲座、比一场理论宣讲大赛、连一次云端理论学习、问一次理论思考偏差诊断、跑一场基层理论宣讲、来一次社会实践实习），全力协同助力学生发展，让学生成才有力度。

（3）第三视角，深化网络育人在理论阐释过程中的正向效果。

依托工作室线上公众号——“思行”辅导员工作室（含视频号），开辟“今日学习”“他山之石”“学有所思”“理论宣讲”专栏，围绕辅导员日常理论学习需求，学生应知应会、感兴趣的理论热点焦点定期推送党的创新理论、热点网文、宣讲微视频等，辐射宣传到校内外广大青年学生，占领网络思政教育主阵地，让学生成就有高度。

四、特色亮点

工作室以小见大，从辅导员与学生同向成长的“小”（切口小）问题入手，聚焦时代“大”势，构建“四个一”工作机制，提升辅导员理论水平和学生成长本领。

（一）打造一支墨味深沁的骨干宣讲团

以成员所在学院学生为招募对象，组织筛选一批热爱宣讲或有理论基础、宣讲能力的学生，定期培训研讨，打磨试讲，打造一支政治素质过硬、理论功底扎实、工作业绩突出、作风务实清廉的“理论青骑兵”，充分发挥朋辈效应，引导带动更多青年学生成为担当民族复兴大任的时代新人。

（二）推出一批鲜味十足的精品宣讲稿

围绕习近平新时代中国特色社会主义思想与党的二十大精神，聚焦时政热点和大学生的关注点、兴趣点、疑惑点，筛选中原红色基因、农大气韵、青春奉献、乡村振兴等一期一主题，形成并推出系列精品宣讲稿20篇以上，生动讲述时代发展“好故事”。

（三）建立一个引育并举的高质量师资库

通过“教团结合”的模式，建立导师资源库。一是聘请职能部门负责人、劳模工匠、企业优秀人才等，二是从专业、思政教师中聘请经验丰富导师，定期对宣讲团进行理论培训、宣讲技巧培训、文字撰写技能培训等专业指导，提升整个队伍的综合素养与宣讲能力。

（四）形成一个活力缤纷的理论宣讲矩阵

链接网络上下，高校内外，构建以“头雁”范讲、“榜样”宣讲、“基层”践讲模式为一体的“立体化”理论宣讲矩阵，深入团支部、一站式社区、课堂、街道、学校、社区、乡村、企业等地开展宣讲，让党的创新理论“飞入寻常百姓家”，打造“青声习语”理论宣讲工作品牌。

五、保障条件

在机制保障方面：校党委学工部高度重视辅导员队伍建设，先后制定完善了《辅导员管理办法》《辅导员年度考核办法》等规章制度。相关职能部门不断提升支持力度。

在场地保障方面：工作室主持单位河南农业大学依托玉兰园一站式学生社区开辟场地，配备设备，定期维护。

在经费保障方面：项目实行统筹规划，分年使用，权责明确，专款专报。

在人员保障方面：团队成员均长期从事一线思政工作，有全国辅导员素质能力大赛三等奖获得者4人、河南省辅导员年度人物4人、河南省高校网络教育名师工作室成员1人、马克思主义学院在读博士3人、河南省教学标兵1人、兼职思政课教师10人，年龄、专业结构层次和队伍整体朝气蓬勃。

除团队成员11人，现有校内外导师5人，包括江西师范大学饶先发、哈尔滨师范大学刘国权、河南农业大学党委学工部部长徐峰、河南省高校网络教育名师工作室主持人周红飞、河南农业大学马克思主义学院教授秦建军等，可提供全程跟踪指导。

六、目标达成

截至目前，工作室聚焦思政热点，在校内外开展“两会中的青年味”等主题理论宣讲15次，辐射带动青年辅导员及大学生万余人；微信公众号累计发图文（视频）百余篇，阅读、点赞量五万余次；成员网文、理论宣讲微视频获“学习强国”“豫教思语”（河南省教育厅思政处官方微信公众号）等平台转载。

工作室成员获国家级荣誉5人次，成员专著、参编出版专著4本，发表论文15项，成员主持、参与课题获校级以上思政项目立项21项等。

工作室与江西理工大学“高校辅导员工作室”、哈尔滨师范大学“新时代　新青年　新担当”辅导员网络育人工作室、河北师范大学“红心”学生党建辅导员工作室等23个省内外工作室共建共联。

七、预期成果

（一）中期成果

组织区域理论学习有关专题研讨会2次；到省内外高校开展工作交流分享5次；开展校内外理论宣讲20次；发表论文5篇以上，含SSCI、CSSCI论文1篇以上；培育、挖掘一批“理论”青骑兵，建立一个专兼师资库。

（二）最终成果

获评全国辅导员名师工作室1次；获全国、省辅导员年度人物（含提名）1人次以上；获高校辅导员素质能力大赛、能力提升骨干训练营一等奖以上1人次以上；发表论文15篇以上，含SSCI、CSSCI论文2篇以上；形成青年理论（网络）宣讲/思政工作百佳案例集1本以上；培育孵化校级（及以上）特色工作室2个以上；打造一支“青声习语”青年理论宣讲队伍，建立一个高质量专兼师资库。

工作室以五年建设期为准，分阶段制定具体目标，一学期一回顾、一学年一评估、一年一调整，及时进行分析总结。

典型案例2

辽宁省徐欣名班主任工作室建设书

（工作室主持人：辽阳第一职业中等专业学校　徐欣）

为提高班主任建班育人专业化水平，打造集理论研究、实践探索和培养培训于一体的班主任发展共同体，切实发挥名班主任的示范、引领和辐射作用，促进学生全面健康成长，科学引领学校德育工作发展，现结合学校实际情况，制订辽阳市徐欣名班主任工作室三年建设方案。

一、指导思想

以习近平新时代中国特色社会主义思想为指导，全面贯彻党的教育方针，落实立德树人根本任务，依据教育部等九部门印发的《职业教育提质培优行动计划（2020—2023年）》要求，在上级教育部门和学校的正确领导下，树立“育人为本、德育为先”的理念，以解决班主任工作中存在的实际问题为切入点，以促进班主任专业化成长和学生德智体美劳全面发展为目标，通过团队研修方式，创新德育工作思路，创建德育培养平台，不断探索卓然有效的德育管理经验，提升学生德育管理水平，带动班主任队伍成长，推动学校整体德育管理水平提高，努力为党育人、为国育才，为实现职业教育事业全面、均衡和可持续发展作出贡献。

二、建设基础

（一）工作室硬件设施

学校为工作室提供了宽敞明亮、设备齐全的独立办公场所；配置了办公、会议所需的各种多媒体设备，并实现了网络全覆盖；配置了办公桌、办公椅、书柜、档案柜、打印机等基础办公设施；订购、配置了班主任相关专业书籍及期刊。全体成员凝心聚力，努力将这里打造成探讨、交流、成长的基地和心灵停靠的港湾。

（二）工作室内涵文化

（1）工作室宗旨：立德树人育英才，凝心聚力共成长。

（2）工作室目标：全力打造学习型、研究型班主任成长共同体，做到班级管理工作让学生喜爱、同行认可、家长支持，引领学校德育工作朝规范化、特色化和智慧化方向发展。

（3）工作室理念："修己利他，成就最好的我，让他人因我而幸福，让世界因我而美丽。"

（4）工作室室训：研究的平台、成长的阶梯、辐射的中心、师生的益友。

（5）工作室共同愿景：努力成就师生幸福美好的人生。

（6）工作室Logo及释义如下。

Logo释义：Logo采用橙色作为主色调，象征着工作室是一个温暖、光明、向上、有创造力和有朝气的团队。此外利用谐音"橙"人之美和心想事"橙"，寓意着工作室成员"努力成就师生幸福美好的人生"的愿望一定会得以实现。

图案由两大部分组成。外围的橙色圆环如从地平线上刚刚升起的太阳，寓意着工作室的美好前景；同时，圆环还象征着工作室全体成员紧密团结在一起，在和谐的氛围中共同成长和进步。圆环内的正下方是"徐欣名班主任工作室"，点明了Logo的名称。正上方是"修己利他"，诠释了工作室理念。

圆环中间的图案分为上、中、下三个部分。上方和中间的图案分别是一大一小两颗红心，代表着班主任和学生，寓意着师生心连心；同时也意味着“教育植根于爱”，班主任将用自己的爱心和包容心，用心、用情呵护学生健康成长。下方的图案形如一双手，代表着班主任工作室平台；同时该图案又像一本翻开的书，寓意着工作室将用智慧引领班主任成长。

整个标识的设计理念：工作室成员依托工作室这个平台，携手并进，用双手和智慧共同托起师生幸福美好的明天。

（三）工作室基本组成

（1）工作室名称：辽阳市徐欣名班主任工作室。

（2）工作室组织架构：工作室设立主持人1名，成员包括班主任、政教处副主任、德育教研员、心理咨询师、家庭教育指导师共计12人。根据成员性格、专长委任不同职务，明确分工以及共同分担的工作，形成人人有事做、齐抓共管的工作格局。同时，工作室下设校级李婷名班主任工作室，该工作室在市级徐欣名班主任工作室指导下独立开展工作。

辽阳市徐欣名班主任工作室组织架构图及人员设置

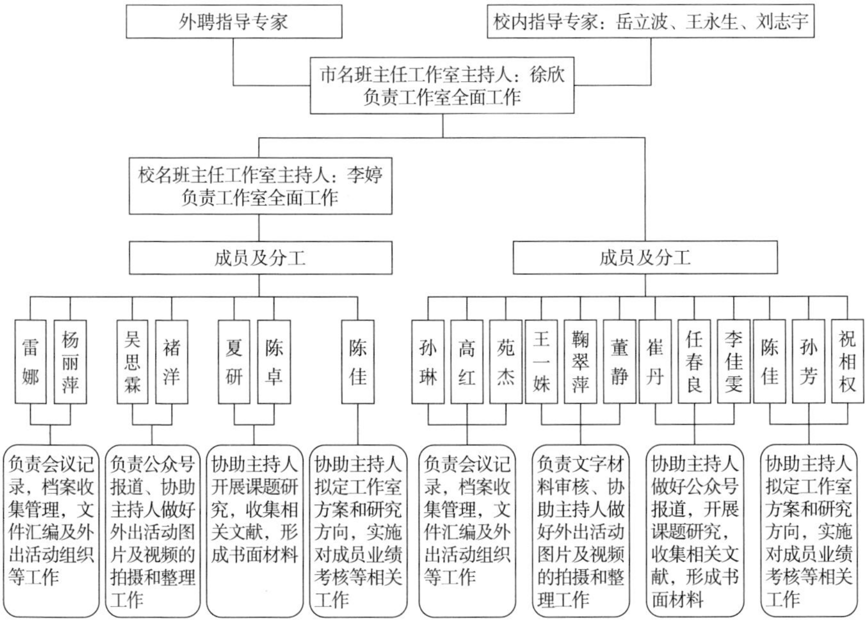

（3）工作室主持人：徐欣。

主要职责：全面主持工作室工作，拟定工作室方案、计划等，确定工作室研究方向，制订工作室培养计划，组织团队学习、建立工作室档案，负责成员考核、成果辐射引领等。

（4）外聘专家：大学导师（1人）。

主要职责：指导工作室成员提升理论水平，帮助工作室提炼品牌。

（5）实践导师：省/市工作室主持人（1人）。

主要职责：指导工作室具体开展创建。

（6）校内指导专家：（略）。

主要职责：为工作室开展工作提供指导及坚实的后勤保障。

（7）指导教师：本校资深优秀班主任（3~4人）。

主要职责：为工作室提供班级管理工作相关经验。

（8）工作室成员：（略）。

主要职责：协助总主持人开展工作室的日常工作和确定本工作室的研究发展方向，协助主持人拟定工作室的工作方案、章程、制度等，根据工作计划组织成员开展活动。

协助进行文字整理、内容上传以及网站建设和维护工作，及时更新相关内容，统计工作室成员各项研究资料成果，记录成员出勤情况，供考核使用。

协助主持人开展课题研究，收集相关文献资料，采集教育教学实践案例，及时总结教育教学经验，并形成书面材料。

（四）工作室成员相关介绍

1.工作室主持人相关介绍

徐欣，高级讲师，国家二级心理咨询师，三级育婴师，家庭教育指导师。中国共产党辽阳市第十三次代表大会党代表，辽阳市白塔区第十九届人大代表。自2001年参加工作以来，一直奋战在教育教学第一线。曾担任校党务干事工作2年、班主任工作18年，现从事公共基础部党支部书记、公共基础部副主任和班主任工作。在工作中曾获得辽宁省最美中职班主任、辽阳市优秀教师、辽阳市医德师德建设活动先进个人、辽阳市徐欣名班主任工作室主持人、辽阳市优秀班主任、辽阳市职业院校教学能手、辽阳市骨干教师、辽阳市优秀共产党员、辽阳市优秀团干部等多项荣誉称号。所带班级曾获得“市三好班级”“市优秀团支部”等荣誉称号。

2020年参加全国中等职业学校班主任能力比赛获业务能力组比赛国赛三等奖，2021年参加辽宁省第十八届职业院校技能大赛教学能力比赛获省赛二等奖，同年《彰显数列文化魅力，厚植学生爱国情怀》一课获辽宁省中职学校课程思政典型案例。自2009年以来，指导学生参与的全国中等职业学校“文明风采”竞赛获国赛二等奖1项、优秀奖2项。省赛一等奖2项、二等奖2项、三等奖3项。

2. 工作室成员相关介绍（略）

三、建设思路和建设目标

（一）建设思路

工作室坚持成果导向，聚焦建设过程，强调全员参与，突出品牌建设，充分发挥领头雁作用，努力将工作室打造成为优秀班主任的“孵化器”和青年班主任成长的“加速器”。运行过程中采用“一体·两建·三阶·六共·五提升”模式引领全体成员积极开展德育研究，提高个人专业素养，提升班级建设能力，进而促进学生全面发展。

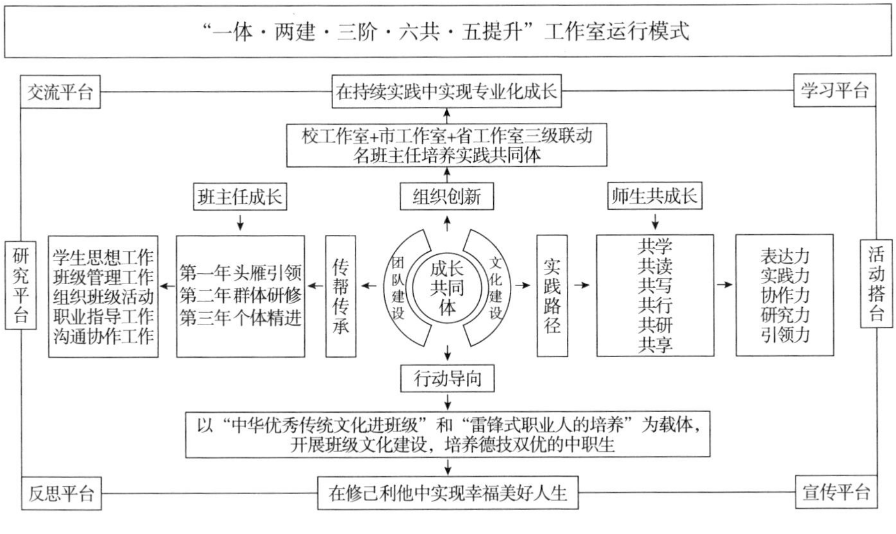

“一体”指的是班主任成长共同体，也是工作室的建设目标。

“两建”指的是“团队建设”和“文化建设”，这是工作室的建设方法。

“三阶”是工作室按照三年规划，遵循名班主任成长规律，将班主任培养按年度划分为三个阶段进行传帮传承。第一年头雁引领。主持人做好榜样示范作用，带领全体成员开展各项工作，各位成员积极参与、细致观摩、用心反思。第二年群体研修。全体成员在第一年成长的基础上，对各项活动从前期方案制订、中期活动开展、后期总结和报道进行共商共研，共同推进开展。第三年个人精进。经过前两年的学习和培训，全体成员具备独当一面的能力，每人都能全面独立主持工作室活动。

“六共”是指工作室搭建学习、交流、研究、活动、反思、宣传平台，全体成员通过共学、共读、共写、共行、共研、共享，集团队所长，补个体之短，实现共同进步、共同成长。“五提升”是指工作室帮助成员认真履行好中职班主任五大工作职责：学生思想工作、班级管理工作、班级活动组织工作、职业指导工作、沟通协调工作，提升班主任的表达力、实践力、协作力、研究力、引领力，为班主任成长赋能。

（二）建设目标

1.总体目标

立足学校，全力打造学习型、研究型班主任成长共同体，争创省级名班主任工作室。以活动为载体，坚持理论与实践相结合，通过互动交流，为班主任搭建自我提升的平台，使班主任找到自我发展的原点和基点，让每名班主任在班级管理中体会到成就感，让班级管理工作得到家长支持，学生喜爱，社会认可。充分发挥工作室的辐射、引领、示范和带动作用，凝练出优秀的班级管理经验并更好更多地服务于全体班主任队伍，使班主任管理工作朝规范化、特色化和智慧化方向发展，促进学校和区域德育工作发展。

2.具体目标

（1）工作室服务于班主任提升。通过名班主任工作室特定的工作氛围和条件，着眼于班主任专业、技能和科研能力的提升，借助专家先导、典型引导、校际指导的形式，帮助工作室成员切实制订好个人发展规划，促进每一名班主任健康、快速、可持续发展，努力打造出一支勤于学习、善于实践的班主任团队。力争3年内培养1~2名本地区有一定影响力的“名班主任”或“优秀班主任”。

（2）工作室服务于学生成长。工作室以“中华优秀传统文化进班级”和“雷锋式职业人的培养”为育人主渠道，从德技并修两方面构建学生成长空间，按照教育规律和学生的心理规律，加强对学生职业道德、职业心态、职业技能、职业规范、职业形象的训练和引导，培养德技双优的社会主义建设者和接班人。全体成员在此过程中逐步提高育人素质和管理水平，形成富有个人特色的班级管理模式。

（3）工作室服务于学校发展。通过工作室培养优秀班风、学风，促进校风提升，推动学校内涵建设发展；组织班主任积极探索班级管理新模式和新方法，研究解决班级管理中的共性问题，以“成功案例分享”和“特色案例诊断”为主要形式，开展专题研讨和科研课题研究，推广优秀经验，将工作室打造成为培养、成就名班主任的摇篮，形成校内、地域班主任工作示范引领。

四、建设内容

（一）常规建设夯基础

工作室通过对标辽宁省中等职业学校名班主任工作室培育孵化项目建设标准和任务驱动，在完成工作室硬件设施建设的基础上，着重从内涵建设上制订好工作室三年发展规划、工作室章程、经费使用制度、档案管理制度等。厘清工作室的组织架构，明确成员分工，建立培训和成长档案，设计工作室Logo，完成微信公众号的建设，确立工作室宗旨、目标、理念、实训，以及工作室的共同愿景，设计并印刷具有工作室Logo的会议记录本、读书笔记、条幅等。

（二）生涯规划明方向

知人者智，自知者明。作为一名教师，需要对自己的职业有一个长远的规划，使自己有一个明确的前进和发展方向，并将计划付诸实践，才能让自己走得更远！因此，工作室在每年制订成员必修计划、共研计划的基础上，引领全体成员把自己的职业生涯置于理性思考之上，通过立足个人实际的SWOT分析，帮助每名成员明确自己的发展目标和具体行动计划，完成各自的三年职业发展规划。这样既能满足让班主任共同发展，又能照顾每一名成员的差异需求。

（三）学习理论赋新能

加强班主任理论学习是提高班主任管理能力和专业水平的前提，是班主任对教育规律的深入探究，是班主任对教育教学现象从感性认识上升到理性认识的必由之路。工作室每学期通过网络筛选有代表性的教育理论知识讲座，组织全体成员完成一定学时的理论学习任务，提高成员对教育的认识，提升班级管理技能，切实为班主任成长赋能。同时，工作室也将有计划地组织工作室成员外出培训、观摩学习、考察名校，进行班主任交流等，拓宽工作室成员工作思路，推动工作室发展。各成员每人每年至少撰写一篇班级管理创新或教育教学论文，并在校内交流或公开发表。

（四）交流研讨拓思路

一个人的智慧是有限的，一群人的智慧是无限的。工作室坚持每月开展主题研修活动，每次开展活动前召集成员召开工作推进会，大家结合活动内容在会上充分交流与研讨，积极建言献策，互相取长补短，会后工作室成员结合自己班级学生实际和专业特点，整理出成熟的方案进行活动实践、总结和反思。通过不断地交流研讨、思想碰撞、分享智慧，帮助全体成员拓宽班级管理的新思路和新途径，达到了抱团成长的目的。

（五）阅读精进提素养

著名教育家朱永新曾说："没有阅读，就没有教育。没有专业阅读，就无法造就真正的教师。"工作室在建设过程中将会把读书活动作为工作室成员内涵提升的重要途径。每学年寒暑假，工作室将积极开展"悦读阅美，书香致远"系列读书活动，组织全体成员共读经典、教育教学类和人文类书籍。开学初，工作室将针对假期共读内容和自选内容开展读书分享活动，成员间彼此分享学习反思和心得体会，通过互鉴交流，共同提升教育教学理论和班主任专业素质，增强班级管理水平和管理艺术。

（六）案例撰写助成长

育人故事、典型育人案例、管理育人案例的撰写是中职班主任能力大赛中的比赛项目。为了提升工作室成员的专业素养，引领大家聚焦真实情境解决问题，用动态的眼光看待学生行为背后的问题，通过不断反思、不断研究，提炼出适合自己班级的教育策略，助力工作室成员在中职班主任能力大赛中取得优异成绩，工作室开展“花开有声，师爱无痕”班主任育人故事、典型育人案例、管理育人案例撰写系列活动，每位成员认真总结自己班级管理中遇到的印象最深刻的人和事，通过个性事件总结共性，探讨班级管理的最优解，促进班级管理工作行稳致远。

（七）多彩活动强能力

活动是育人的重要载体，丰富多彩的班级活动可以增强班级凝聚力，培养学生综合能力，促进师生之间的交流与互动。工作室将秉承“以人为本，以德为根，以爱为魂”的教育理念，以培养具有“七有八无一做”的学生为目标，积极开展班级建设和管理。在日常工作中围绕“中华优秀传统文化进校园”和“雷锋式职业人的培养”两个载体，逐步引领工作室成员从策划、准备、实施和总结四个方面提升班级活动策划和组织的能力。工作室还将结合工作室成员特长和各年级学生特点，充分挖掘和整合学校德育资源，规范班会课流程，打造精品班会，提升班主任专业素养。

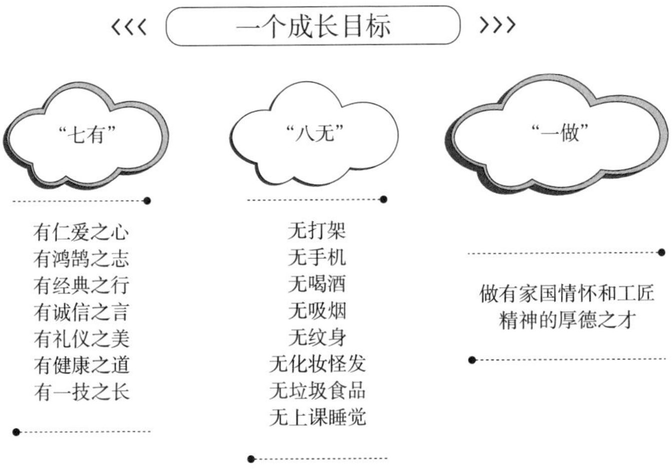

（八）科研实践促发展

“教而不研则浅，研而不教则空。”课题研究是促进班主任专业成长、提高人才培育质量的重要支撑之一。为了提升工作室成员的科研能力，促进工作室高质量发展，工作室确定以德育课题研究为主线，着重解决班级日常管理和班级建设工作中遇到的疑难或困惑，最终形成系统的班级日常管理思想和智慧。

（九）辐射引领共进步

工作室将针对班主任技能大赛，学生管理、班会活动、育人经验等方面，采用培训授课、示范性班会课、班主任论坛、经验交流、“一对一结对子”、“传帮带”等方式，资源共享，携手共进，不断发挥名班主任团队的引领、示范、带动和辐射作用。此外，工作室还将创建公众号平台，将工作室所开展的系列活动，如共同阅读、参与讲座、技能培训等进行报道，为其他同行提供学习交流的机会，努力让公众号平台展现工作室团队的带班风采和教育智慧，成为工作室引领辐射的窗口。

五、培养措施

（一）拓展学习渠道

在工作室中，实行自主学习与集中学习相结合，每位成员每学期根据工作室安排共读两本有关教育理论或班级管理的相关书籍，同时根据个人发展规划中设定的目标按需有选择性地进行学习。坚持写学习笔记和学习反思，每年至少撰写一篇论文，进行一次班级管理经验的交流。工作室定期开展读书沙龙、名著解读等合作学习，成员间彼此分享学习反思和心得体会，通过互鉴交流，共同提升教育教学理论和班主任专业素质，增强班级管理水平和管理艺术。

（二）打造交流平台

建立工作室网络交流平台，通过该平台及时展示每个成员研究动态、班级管理智慧，传播先进教育理念和班级管理方法，发挥示范引领作用。同时成员间加强线下互动交流，制定例会制度，定期开展研讨。工作室建立专题式主题研讨制度，根据研究方向确定主题，每年定期开展专题性研讨会，帮助成员提升班级管理理念，找准形成班级管理特色的切入点和发展方向。

（三）创建提升机制

工作室坚持“请进来”与“走出去”相结合的做法，邀请国内、省内有威望的专家学者来工作室深入成员班级，听取成员班级管理情况介绍，现场把脉问诊，帮助成员提升班级管理理念，找准形成班级管理特色的切入点和发展方向；联系国内、省内名校进行参观、考察、学习，建立友好合作关系，组织成员走访各类特色学校4~6所，进行德育工作和班级管理工作交流，实施跨校际班主任协同研究，促进成员多方位的提升。

（四）聚焦课题研究

工作室将以德育课题研究为主线，运用“找准问题、开展研究、发表见解、提升素质、改进管理、形成思想”的发展思路，对班级日常管理和班级建设工作中遇到的疑难或困惑进行梳理、归纳、提炼；通过对问题的不断研究、破解、反思、提升，进而形成系统的班级日常管理思想和智慧。工作室要求成员在参与工作室三年建设期间，必须每人至少支持或参与完成一项科研课题。

（五）凝练特色经验

工作室引领成员针对班级日常管理和班级建设，从中华优秀传统文化进班级、雷锋式职业人培养、班主任工作锦囊、班级建设方案制订、班主任自身成长、劳动教育与实践六个方面，按照“计划—行动—考察—反思”模式，将教育教学实践与研究工作紧密相连，在行动研究中不断探索、解决教育实际问题、并凝练出特色经验。工作室成员每学期撰写一篇以上有一定质量，并且能够反映自己教育理念和先进管理经验的案例或教育教学论文。

（六）引领辐射带动

工作室借助网络交流平台和工作室微信公众号，及时发布工作动态、论文、育人故事、教学设计、班会活动等，在网上进行推广交流，传播先进教育理念和班级管理方法，启发教育思考，促进更大范围班主任队伍的专业成长。

六、预期成效及预期成果

（一）预期成效

1. 塑造一个品牌

在工作室引领下，全体成员从单打独斗到抱团发展，从合格到优秀，从优秀到卓越品质；树立全新班级管理和教育理念，提升班级管理水平，初步形成自己的班级管理特色，并走出校园在区域范围内传播德育的理念，树立德育品牌。工作室成为市级以上示范团队，为学校德育工作发挥示范引领作用，形成一定区域影响辐射力。

2. 带动一群伙伴

积极开展德育实践，在过程中深入反思、完善思想与理念。德育工作更加规范、科学、精细，德育课程活动更加因地制宜、接地气，多数班主任的科研得到提升，班主任素养能力整体水平不断攀升，学生成绩更突出、班级特色更鲜明、家校满意度更高。在微信公众号推广工作室教育理念，分享工作动态和经验，带动更多班主任走近名师，走上更广阔的舞台。

3. 完善一套机制

建立并完善一整套名班主任工作室管理培育机制，学习、探索并完善工作室运行模式，建立班主任培养培训和多元评价与激励机制。搭建网络交流信息平台，将工作室工作开发成一个可持续、可延伸的班主任工作系统，更好、更多地服务于校内和兄弟院校班主任队伍。

4. 凝练一批成果

工作室完成一项市级以上科研课题，每个成员每学期有工作总结，至少撰写一篇有分量、有力度的教育教研论文或案例分析。完成《劳动教育与实践》校本教材编写并力争出版。通过理论学习、实践探究、实地操作等多种途径，丰富工作室的班级管理能力，撰写与学生的教育故事、经验总结、典型案例等，力争完成一本德育案例集。

（二）预期成果

序号	形式	数量	内容
1	校级名班主任工作室	1~2 个	经过工作室三年周期培养，在优秀成员中孵化出 1~2 个校级名班主任工作室主持人，扩大工作室辐射引领作用
2	个人荣誉	5 个	力争在三年建设周期内有 2 名工作室成员成为市级优秀班主任，3 名以上班主任成为校级优秀班主任
3	集体荣誉	5 个以上	力争在三年建设周期内有工作室成员所带班级被评为市级和校级三好班级、优秀团支部、书香班级、雷锋班级等
4	论文	8 篇	在国家正规刊物上发表班级管理和班主任队伍建设相关德育论文
5	视频	5 个以上	形成 5 个主题的精品班会视频
6	德育案例集	1 本	工作室成员反思、总结个人优秀班级管理经验，并撰写典型案例，形成典型德育案例集
7	科研课题	1 项	工作室申报并争取完成市级科研课题 1 项
8	劳动教材	1 本	开发符合中职生年龄和心理特点的劳动教育校本教材
9	教学设计	1 册	针对劳动教育开展工作室成员教学设计活动
10	培训讲座	10 场以上	在校内外开展班主任技能大赛培训，班级管理经验汇报，新生入学道德教育讲座相关培训
11	班级文化建设展示墙	10 面	开展结合传统文化进校园和雷锋式职业人的培养相关主题的班级文化建设，每班培养 2~3 名班级文化建设讲解员

典型案例 3

兰州市牛筱琼名师工作室建设书

（工作室主持人：北京第二实验小学兰州分校　牛筱琼）

一、指导思想

为贯彻落实《兰州市中长期教育改革与发展规划纲要（2011—2020）》，根据兰州市教育局关于名师工作室建设的工作指示和要求，进一步发挥名师的示范、引领和辐射作用，积极探索有效的课堂教学模式，努力建设充满教育智慧的名师工作室团队，培养一批具有良好师德修养、先进教育理念、厚实专业素养、扎实教研能力的教师队伍。

二、工作室目标

发挥机构与人文主体的价值追求，还原工作室生态本性，挖掘和塑造工作室功能体系，本着联系、整合、融通、发展、人文的文化情怀与特性，搭建“三三四六”（三维、三体、四部曲、六重价值）的工作活动模式，努力做到价值多元、运行有序、活动有力、效果有效，促进“学习共同体”的成长与进步，锻造教学精品，提升学科领域的前沿位置与发展水平。

三、工作室定位

（一）学科教研引领

在学科教研上进行深度开发，使其能作为一种文化示范与引领，走在全市、全省乃至于全国小学语文学科教研的前列，努力开发相关的教育教学模式，厘清教育教学理念，整理教研发展的路径、措施等。

（二）协同区域教研

一是以百年名校北京第二实验小学为依托，以“洪海鹰陇原名师工作室”为引领，让名校“生本、对话、求真、累加”的课堂文化在兰州落地生根，在继承中有所创新。二是把工作室作为校际、市际、省际交流的窗口，与省内及全国其他省市的名师工作室，寻求合作、交流与协同发展的机会与平台，从而实现能量、信息、知识、教研、智慧的流动，滋养工作室的生命。

（三）课题研究基地

工作室作为北京第二实验小学兰州分校的一个常设机构，既要立足和借助学校的发展，又要服务于学校的内部发展。基于此，工作室还将从事学校课题研究的管理、培训、服务、展开等系列工作，以保证发挥机构的最大功效。

（四）推动学校发展

工作室一方面作为外校学员的培训学习研究基地，同时还将作为本校语文学科教师成长的培训基地，通过定期举行教研培训，为学校教师提供优质的学习资源，实现工作室的多功能化。

（五）名师发展空间

名师工作室的主持人不是一个发展完结的“名师”，而是处于发展中的名师。

本工作室将聘请导师团队、外聘专家莅临指导，加速工作室主持人向卓越教师的道路迈进。

（六）教师成长平台

工作室将本着系统、生态、生发的理念，让学员参与工作室的常规活动与建设，建立学、研、教共同体，实现多主体间的互动与交流。共建与共生是本工作室的立室之本。

四、组织建设

工作室本着内外合力、主体共建的宗旨，将设立由外及内、由上及下的六个机构与主体：

（1）导师（顾问）。主要就工作室的文化导向进行指导，提供文化支持、智慧指引，保障工作室的学术性、理论性与实效性，保障工作室做到学科教研引领和协同区域教研的价值诉求。

（2）智囊团。主要成员为同级别的工作室成员、教育界的专家学者、名师等。

（3）主持人。主持人是工作室的头脑，是工作室发展的总设计师。

（4）助理。主要由北京第二实验小学兰州分校的部分教师担任，主要做好工作室培训期间的后勤、教务、学研支持和保障工作。

（5）学员。学员包括校外和本校学员两部分。

（6）其他人员。主要指到本工作室参观、学习、交流、互动的其他文化主体。

五、运行机制

（一）按“建设、展开、考评、重构”的四部曲开展工作室活动

工作室将本着“主体建室，活动养室，发展保室”的工作思路，做到所有的内外部活动有规划、有思路、有方法、有成效、有评价、有发展、有重构。工作室按“建设、展开、考评、重构”的四部曲开展活动，总体来说，建设即规划、计划。在工作室开展任何工作前，都必须设计详细的活动方案，还要不断反思，提升工作室的建设、发展理论。展开即活动的过程。考评则要做到真评、批评、

评建三结合。评是为了后续的改善、改进与重构。

（二）拓展“三维三体”保障工作室活动

“三维”即着力建设三个维度，三个方面的活动与支持，它包括外部支持、内部激活与主体自主。在这三者中，工作室的根本在于主体自主，因为只有所有的人员能自愿投入、倾心活动，包括教、研、学等，才能保障工作室的生命活力。这种生命活力当然也需要所有人员的参与，也需要学校内部的资源保障、环境支持，等等。

“三体”即拓展三个活动“场域”，包括“实体空间”（即学校实存的各种场所、工作室）、“网络时空”（虚拟的实体空间，开发工作室网站、微博、博客、优酷微课、微信群，等等）、“第三空间”（包括个体心理环境、其他一些时空环境）。工作室着力拓展学研教的时空环境，突破传统的单一资源限制，将学习的过程、学习的资源、学习的创造作为一种生产性资源，放、存、展、分享在网站、档案室、博客、微课中，可以让所有人员学有所在、学有所展、学有所得。

（三）扎实有效地开展常规活动

工作室设立的常规活动主要包括“引领”“研究”“学习”“培训”“交流”“推广”“资源”及“文化”几方面，当然还包括其他内容。具体而言，“引领”主要包括工作室的文化示范、教研引领、区域辐射、帮扶活动等。“学习”是指学员的学习，主持人的学习，也指所有成员的学习。“培训”是工作室最为主要的活动。“交流”主要指工作室的涉外活动。“推广”是指工作室的各项活动、资源、生成的文化推广与介绍。“资源”即做到时刻利用资源、保存资源、再生资源。“文化”是工作室的灵魂，指建构工作室的生存文化、活动文化等。

（四）做“实”评价与反馈

评价与反馈能帮助我们发现工作活动中存在的问题，及时改善，甚至重构。本工作室主要从工作室所有活动的系统性、生态性、生命性、开放性、团队性、实效性、引领性、学术性几个方面进行评价。首先，通过建立相应的指标体系及质性评价维度，在每一期工作室培训活动及正常的学期期末进行一次评价。其次，评价工作室机构建设、活动展开、文化引领的有效性，通过学员反馈、成果反馈、主持人和学校教师的反馈，对学校发展的贡献，对区域引领的作用等，进行有效性评估。找到问题点，进行修正。

六、具体措施

（一）目标上大小结合

力求使工作室的总体发展目标与工作室成员的个体研修目标相互结合、相得益彰。目标结构实现多元性，目标实施体现差异性，目标成功追求教育个性或个体特色。

（二）内容上完成“五个一”

带一支队伍；建一个网站或微信公众平台；研究一项课题；出一批成果；推一批小学语文学科的陇派名师。在优秀的基础上追求卓越。

（三）管理上追求“三精”：精致、精湛、精英

工作室建设要“精致”，即工作室建设要突出整体性、高品位、有内涵，彰显厚重底蕴和现代气息，具有浓郁的语文韵味，散发高雅品位，凸显文化气息；要力求整洁和谐，突出教育意义，真正让工作室的每一面墙壁的张贴、每一处设施设备、每一件小摆设，甚至每一丝流动的空气，都散发着积极向上和浓郁的教育科研氛围。

工作室管理要“精湛”，即工作室管理以“民主、和谐、进取”为核心，具备六种意识：团结意识、大局意识、危机意识、争先意识、主动意识、表率意识。管理理念追求科学化；管理策略追求人文化；管理过程追求精细化。

工作室人才培养要“精英”，即具有小学语文学科的学术领袖气质和大气卓越的精神品质：师德高尚、学养深厚、教艺精湛、科研优良，具有优秀的专业素养和高超的教育教学技能，力争成为各校小学语文学科的领军人才和陇派名师。

（四）步骤上分四个阶段实施

工作室的建设从纵向角度而言，可分四个阶段由浅入深、由表及里逐步进行。这四个阶段分别为：表层的环境建设、浅层的行为规范、中层的规章制度和深层的价值认同。

本工作室的建设是在巩固表层环境建设和浅层行为规范的基础上，着重推进中层规章制度和深层价值认同。逐步从经验管理走向制度管理，并最终过渡到价值认同。价值认同包括心理认同、思想认同、精神认同、价值观的认同。具体步骤可分为：

确定目标：心有所向，走向特色发展；

拓宽视域：先利其器，提升学术素养；

教而为谁：立足学本，学会哲学思考；

大道至简：植根语文，具备教学智慧。

（五）运行机制上“三制并行”

本工作室以三年为一个工作周期，在刚性规范、柔性服务、活性激励的基础上采取以下运行机制：

导师领衔制：本工作室实行导师领衔制，领衔导师力争做好高效课堂的研究者，在责任与创新上下功夫；做好高效理念的解读者，在培训与服务上下功夫；做好高效课堂的推动者，在热情与参与上下功夫；做好高效课堂的引领者，在合作与指导上下功夫。

课题推进制：以工作室群体成员智慧为依托，围绕课题开展研究，力争研究过程清晰，研究成果显著；通过专家引领扩大语文教学视野；通过经典课例的案例分析提升教学技能；通过问题探究提高科研能力；通过主题攻关强化教学质量。

成果辐射制：在三年工作周期内，工作室的相关成果以论文、专著、研讨会、报告会、名师论坛、公开教学、专题视频、现场指导、指导读书、观摩考察等形式在全市范围内介绍、推广。

总言之，当前多个名师工作室如雨后春笋，相互之间的发展与竞争已无可避免，如何脱颖而出已成为最现实的问题。我们必须要找准新的突破点，实现名师工作室的跨越与发展，打造一个有自己特色和特长的名师工作室是我们的不二选择，我们在朝着这个方向努力迈进。

拓展阅读

名师工作室建设书撰写的六句箴言

定位思路要宏观。在名师工作室建设书撰写的过程中，要明确工作室的定位与方向。工作室明确在区域教育发展中的战略地位，构建宏观视野下的教育教学创新平台。

主要举措有模型。制订科学、系统的名师工作室建设方案，确保每项举措都有明确的路径。通过模型一目了然、清晰表达。

特色亮点要丰富。在名师工作室建设书撰写过程中，要挖掘和培育工作室的独特优势，形成丰富多样的教育教学特色和亮点。

条件保障要具体。名师工作室建设书中要包含条件保障措施，详细规划工作室所需的各项条件，确保每一项保障措施都具体可行。

预期成果可视化。设定明确、可量化的预期成果，让工作室的建设成效一目了然。

前期建设有积累。充分利用前期建设经验，为工作室的长远发展奠定坚实基础。

第四节　名师工作室结项书典型案例

典型案例 1

“首批全国党建工作样板支部”结项书

（负责人：沈阳师范大学社会学院学生党支部书记　赵辉）

沈阳师范大学社会学学院学生党支部自2018年12月获批全国样板支部培育创建单位以来，学校领导和学院领导高度重视，按照新时代党的建设的总要求，对照培育创建指南，在支部规范化建设的基础上，重点围绕“七个有力”开展支部培育创建工作。

一、教育党员有力

（一）党员教育扎实，既铭记历史，又紧扣时代

支部始终把政治建设摆在首位，用习近平新时代中国特色社会主义思想武装党员头脑、指导实践、推动工作，教育党员牢固树立“四个意识”、坚定“四个自信”。引导全体学生党员认真贯彻落实党的路线方针政策，宣传执行上级党组织及本支部的决议，在思想上政治上行动上同以习近平同志为核心的党中央保持高度一致。在“不忘初心、牢记使命”主题教育活动开展期间，为强化学生党员的理论学习，学生党支部依托“三会一课”“主题党日”“理论学习日”，以领读、朗读、诵读，以及个人自学与支部集中学习的方式，学习了《习近平“不忘初心、牢记使命”论述摘编》和《习近平新时代中国特色社会主义思想学习纲要》，全体学生党员完成了规定原著原文的通读，做到学深悟透弄懂，入脑入耳入心。

（二）“三会一课”规范，既形式多样，又氛围庄重

支部深入推进“两学一做”学习教育常态化、制度化，“三会一课”突出政治学习和党性锻炼，做到形式多样、氛围庄重。坚持每月召开1次支部大会和支部委员会会议，坚持每季度1次党课。在2020年上半年疫情期间，学生不能返校上课，支部结合新形势和新需要，利用微信群和腾讯会议开展“三会一课”，保证支部思想引领和组织建设不断线。

（三）主题党日经常，既注重学习，又注重实践

支部坚持每月一次的党日活动，注重发挥党日活动在学生党员教育上的载体作用。带领学生党员走进中国工业博物馆、沈阳市劳模纪念馆、沈南第一个党支部纪念馆、抚顺雷锋纪念馆，让学生们深受历史、党史教育，实现忆初心、明使命、强党性的效果。2019年6月，支部联合校驻村干部所在辽阳县八会镇榆树村党支部开展了“带你看世界，带你看沈阳”情暖童心主题党日活动，邀请榆树村的13名留守儿童走出山村，走进沈阳，走进大学校园，用实地体验、参观、交流的方式为山村的孩子们打开通往未来世界的一扇窗。此活动获得辽宁省高校主题党日一等奖，并被光明网、人民网等多家媒体报道。对于学生党员来说，党日

活动不再是普通的参观和简单的精准扶贫工作的参与，更是一次又一次深刻的党的宗旨的再教育。

二、管理党员有力

（一）做实入党启蒙教育

入党启蒙教育是我院新生入学教育的重要内容，只有从思想上早启蒙、政治上早引导、理论上早灌输，才能建立人员充足的入党申请人队伍，从而为发展学生党员提供更大的选择范围。为此，我们采取由党总支书记、组织员、支部书记对新生开展入党启蒙教育，为新生们讲解了中国共产党的发展历程以及党的性质和宗旨，同时邀请学生党员结合自身入党经历向新生们详细介绍了发展党员的具体流程、入党积极分子和发展对象的考察与接收、入党申请书和思想汇报的书写方法等内容，解答了同学们对入党过程的诸多疑问。在新生入学报到当天，党员志愿先锋岗的设立，入学教育阶段“九一八”历史博物馆的参观活动，都让学生在入学之初就许下了入党的心愿，产生对党的向往。

（二）严格党员发展质量

支部严格执行《中国共产党发展党员工作细则》在党员发展工作上，我院学生特制定《学生党员发展民主测评表》《社会学学院研究生发展党员管理办法》在每一次发展党员之前，支部书记都将符合党员发展条件的学生进行统计，并在班级公布，征求群众、党小组、党支部意见，最终确定拟发展对象。两年来，本科生发展对象的综合测评和学习成绩都在班级前列，学习平均绩点为3.21。研究生发展对象科研能力强，均在省级期刊发表论文多篇。

（三）突出党员先锋模范作用

通过学生党员寝室、党员先锋岗的设立引导广大党员在日常生活学习工作中亮出党员身份、立起先进标尺、树立先锋形象。支部以学生所学的专业优势，积极组织学生党员赴沈阳市皇姑区福利院、沈北新区地雅新居的社区学堂、居家养老服务中心开展志愿服务活动。同时，注重发挥党员和学生干部的榜样作用。开展“党员成长分享、优秀毕业生党员座谈、考研经验交流”等活动。既助推了大学生的成长成才，又让大学生党员的示范作用“看得见”。

三、监督党员有力

（一）规范谈心谈话制度

在制定《学生党员发展民主测评表》《研究生发展党员管理办法》的基础上，进一步细化了《发展学生党员的谈话制度》，围绕学生对党的认识是否正确、入党动机是否端正、对党的基本理论和基础知识是否了解、对党的十九大精神是否把握等展开，在确定拟发展对象工作上做细，从党总支书记、副书记到支部书记、辅导员全员参与谈话过程，既把握学生入党前的思想状态、示范引领的发挥情况，同时对于存在不足的学生进行及时的引导和教育，助力学生尽快实现思想入党、行动入党和组织入党，为提高党员质量夯实基础。

（二）规范党员组织生活

支部每年召开1次组织生活会，严肃开展批评和自我批评。在主题教育活动开展期间，以“找差距、抓落实”为抓手，认真查找差距和不足，梳理问题整改清单。通过组织学生党员对照党章党规党纪等，逐项整改落实，进一步增强了学生党员理论学习的主动性，突出发挥了党员先锋模范作用，强化了党员的奉献意识，切实加强了学生党支部规范化建设的全面进步、全面过硬。

（三）规范党员年度考核

支部将党员的民主评议与党员年度考核有机结合，并制定了《社会学学院学生党员年度考核办法》和《社会学学院学生党支部星级党员评定卡》，针对学生党员思想政治素质、工作表现、专业学习等方面进行年度考核，以此进一步加强党员的教育、管理和监督，提高党员的综合素质，保证党员队伍的先进性。在党员考核工作上，注重将日常考核与年度考核相结合。支部书记平日里注重对学生党员的监督、管理，辅导员老师也经常与学生党员谈心，从宿舍卫生到课堂纪律，从学习成绩到文明礼仪，都与年度考核挂钩，以此激励学生党员发挥好先锋模范作用，以此带动班风、学风建设，发挥学生党支部的战斗堡垒作用。

四、组织师生有力

（一）注重红色引领

支部以“传承红色基因，熔铸理想信念”为主题开展了红色引领育人工程。

以红色基因为根，开展了“学、看、观、建、行”五大系列活动，内容丰富，参与率高，实现了支部党员和入党积极分子的全覆盖。通过一点一滴、一事一物、一图一影让学生从红色基因中获得智慧滋养和精神砥砺。该工程获得校思政精品活动二等奖。

（二）突出志愿引领

为了进一步强化学生的社会责任，发挥大学生的志愿服务精神，结合专业特色，支部经常组织学生赴社区、学校开展志愿服务活动，并建立了沈阳五彩阳光养老服务中心、青杨社会工作服务中心、航院社区、沈师附属学校等多家志愿服务基地，开展形式多样的志愿服务活动，提升了学生的实践能力，增强了学生社会责任意识、服务意识和奉献意识。

（三）强化实践引领

支部依托社会学、社会工作的专业优势，积极带领学生参与社会实践活动，注重引导学生将社会实践成果的专业化。在社会实践中注重专业知识的有效利用，将访谈、问卷调查、个案工作、小组工作、社区工作等专业技术方法应用于实践过程中，深度挖掘问题本质，撰写实践调研报告。在暑期社会实践中多次获得省、市、校级优秀调研成果奖。

五、宣传师生有力

（一）搭建红色书屋，拓展学习场域

为了加强支部建设，强化党员的理论基础，为青年学生建立的红色精神学习家园，支部筹建了红色书屋，购买经典理论著作、党建书籍、人物传记300余本。以“朗读者”“信中国”的方式，让学生追溯书本里的榜样人物事迹，同时以党员“微党课”“微分享”的方式推动学习教育常态化。

（二）精耕网络平台，打造学习空间

支部主动占领网络领域平台，充分利用学院的“社彩青春”微信公众号平台开展党建工作，打造党员理论学习的空间站。两年来，转载、转发理论知识、时政要闻和会议精神千余条，2019年开展“行走的党课”，以平台推送的形式向学生介绍全国爱国主义教育基地，让学生在潜移默化中武装了头脑，强化了党性。

（三）挖掘身边典型，讲好身边故事

支部积极挖掘身边的典型，选树身边的榜样。支部聘任我院2008届本科优秀毕业生、党的十九大代表吴书香为支部的校外指导教师，并为全体学生党员上党课，以扎根基层的初心感召学生；讲述我院2019届毕业生叶铭菲参加中华人民共和国成立70周年大阅兵的事迹，以携笔从戎的情怀感召学生；宣传我院2016级学生侯品喆关爱留守流动儿童志愿行动，以新时代雷锋践行者的精神感召学生。通过榜样引领，让每一名学生党员深刻领悟到初心的魅力，更清楚地懂得心该往哪儿放，劲要往哪儿使。

六、凝聚师生有力

（一）坚持“时政讲坛”，强化思想引领

自2013年开始，支部围绕社会热点、焦点问题、社会动态、国家政策或民生问题等内容开展活动60余场，涉及主题近200个。2019年开展时政讲坛活动6次，涉及主题30个，关于“中美贸易战的思考”“致敬四川凉山英雄”等主题让学生对社会热点、焦点问题有了新的认识，对国际局势、国家政策方向有了正确的把握，使党员教育活动具有鲜活性和时代性。

（二）创新“行走的党课”，牢记初心使命

2020年是首届全国党建样板支部培育创建的收官之年。面对疫情防控的新形势，样板支部的创建培育计划受到了挑战，原有的活动安排也受到了影响。为庆祝建党99周年，社会学学院学生党支部结合当前的形势，开展了20期“行走的党课”红色研学活动，组织学生党员、入党积极分子赴各革命老区、历史博物馆等红色教育基地，感受红色文化，追寻红色足迹，分享心得感受，引导青年学生牢记初心使命，践行青春担当。

（三）开展“双联双建”，助力精准扶贫

为增强学生党员使命担当意识，学生党支部以荣获全国党建样板支部培育创建单位为契机，与辽阳县榆树村党支部搭建了“双联双建”基地，开展了情暖童心主题党日活动和爱心支教活动。在2019年“十一”前夕，学生党支部组织全体学生党员赴榆树村党支部开展“手绘乡村，喜迎国庆”活动。学生不仅在第一现场感受到了第一书记精准扶贫的初心，也通过自己的实践活动践行了青年大学生的使命担当。在2020年的7月1日，建党99周年之际，支部利用腾讯会议在云端开展了“走进第一书记，云游美丽乡村”主题党日活动，以航拍的形式让全体党员在荧幕前深切感受脱贫攻坚真真切切的成果、社会主义新农村的建设，以及社会主义制度的优越性，引导学生党员勇担时代使命和责任。这既是对与辽阳县榆树村党支部“双联双建”活动的延续，又是在特殊时期活动成果呈现方式上的创新。

七、服务师生有力

（一）建立帮扶机制，助力学困群体

支部以学院专业导师制为基础，及时与专业导师建立联系，形成“调研—交流—指导—反馈—再指导”的帮扶机制，促进了良好班风、学风的养成，学院连续多年被评为“书香学院”，每年学生的图书馆入馆率均为100%。同时党支部坚持开展了一对一帮扶活动，每一名学生党员帮扶学习困难的学生，带领并帮助指导学习。近年来，学院学业警告学生为零，延长学制学生的数量也在逐渐减少。

（二）搭建交流平台，丰富服务载体

支部积极发挥引领示范作用，以党建带团建，以团建促党建开展工作，形成“党支部—团组织—班级”的链条式育人模式。支部及时了解、听取、回应师生意见和诉求，把党支部建成党员之家、师生之家，增强师生归属感、获得感。

支部深入推进“两学一做”学习教育常态化、制度化，规范“三会一课”，坚持和完善党日制度，积极搭建活动载体，丰富活动内容，充分发挥了学生的先锋模范作用。与辽阳县榆树村开展的“双联双建”系列活动，在精准扶贫工作上彰显了大学生党员的时代责任与使命担当，充分发挥了党支部的战斗堡垒作用。

典型案例2

首批省级辅导员名师工作室结项书

（工作室主持人：辽宁生态工程职业学院　刘明耀）

一、工作室负责人简介

刘明耀，辽宁省高校辅导员名师工作室主持人、辽宁省高校网络育人名师工作室主持人；“全国百场校园巡讲行动”完成者；荣获辽宁省职业院校教学能力大赛一等奖；出版《新时代校园学生危机管理指导与实践》《辅导员打造个人品牌IP实战指南》等书籍；辽宁生态工程职业学院副教授；省人社厅《校园危机管理》专项能力证书开发人；《主题班会课程化开发与设计工作坊》主讲人。

二、工作室简介和定位

工作室级别：省级。

工作室研究方向：校园危机管理。

工作室定位：工作室以校园危机管理与大学生安全教育内容为重点，通过整合力量、凝练特色、搭建平台、提升能力，致力于服务辅导员和大学生，打造高校辅导员素质能力提升共同体，积极探索辅导员个人成长路径，培养学生成为有理想、敢担当、能吃苦、肯奋斗的时代新人。工作室结合学生工作，探索辅导员通过课程化、品牌化形成个人成长内驱力，实现辅导员队伍建设的职业化、专业化、专家化。

三、工作室的建设情况

（一）建设内容

1.人员场地经费到位

工作室团队成员一共22人，其中具备博士学位3人，硕士学位5人，具备副教授职称5人。其中全国辅导员年度人物1人，教育部思政中青年骨干1人。团队成员定期开展线上线下研讨交流。学校为工作室提供单独场地，统一配置了电脑、桌椅、打印机、投影仪等设备。学校每年为工作室提供专项经费5万元，鼓励工作室积极开展各项活动。

2.示范引领作用发挥

工作室成立以来，发起举办了线上、线下近400场讲座；承办了辽宁省新入职辅导员岗前培训任务2期；完成了河南省、辽宁省四期高职院校专业教师省培授课任务；出版了思政教育专著2部；培训宣讲直接影响辅导员7万余人次、学生120万余人次；2篇网络文章阅读量分别超过了20万+人次，730余篇网络文章阅读量累计超过了100万余人次。

3.培育工作精品项目

工作室开发了《高校校园学生危机事件应对与处理能力提升》《辅导员如何打造个人成长IP》两门原创版权课程。该课程已被中国教育干部网络学院纳入网络课程资源库。截至目前，该课程视频累计播放次数达到20万+次。工作室主持人撰写的《学生打架危机事件应对与处理》《新时期五有辅导员》《谈心谈话有效区别》3篇网络文章入选“中国大学生在线辅导员素质能力提升”专题。

工作室先后设计完成了全国“7天辅导员素质能力提升线上训练营”共计6期，以及“7天学生干部素质能力提升线上训练营”等项目，来自全国1万余名辅导员以及学生干部累计打卡输出80余万字，形成了辅导员共创学习的新模式。

4.推广凝练研究成果

主持人出版了《新时代校园学生危机管理指导与实践》《辅导员打造个人品牌IP实战指南》两本专著，10个月内累计发行16000余册，被全国100余所高校采用，成为全国高校辅导员入职培训、个人成长的指定阅读书目。工作室成员累计发表学术论文10余篇，工作室团队成员获省级荣誉一等奖2项、二等奖3项、三等奖8项。申报人主持完成了省社科办课题1项、省教育厅课题3项、省教育厅思政课专项1项、省教育厅青年骨干专项1项；主编教材3部；先后获省级辅导员精品项目一等奖1项、二等奖1项；获评“省青年教育科研骨干”1次；获省级职业院校教学能力大赛一等奖1次。

工作室主持人申报的《辅导员校园危机管理七堂课》入选教育部中国大学生在线2021年度高校辅导员网络培训课程建设项目申报暨百门精品培训课程立项，已完成课程建设并顺利通过验收。

（二）建设成效

工作室成立以来先后完成了线下164场讲座、线上196场直播分享，单场直播观看人数超过了12.2万人次，获得了154.8万人气点赞；出版了思政教育专著2部，一年内累计印刷6次；工作室通过培训宣讲、训练营、工作坊等形式直接影响辅导员7万余人次，学生120万余人次；两门课程入选国家教育行政学院课程资源库，播放量已达20万+人次；2篇文章阅读量分别超过了10万+人次；一门课程获得高校辅导员网络培训百门精品课程建设项目立项并顺利通过建设验收。工作室先后研发出《高校校园学生危机管理能力提升》《主题班会课程化开发与设计》《重构师生关系，做专家型好老师》《辅导员名师工作室的任务驱动与对标对表》等原创版权课程，在全国200余所院校开展讲座，深受学员好评。

（三）建设经验

“辅导员联播”工作室构建了学生管理“五位一体”总体布局，紧紧围绕以学生为主体，充分发挥平台、实践、课程、品牌、名师有效联动，形成成长有平台、实践有路径、课程有特色、品牌有IP、名师有成果的局面，积极发挥育人功能。

通过实施辅导员成长五步走战略，打造经历、经验、课程、商品、价值的辅导员未来成长生命线，通过线上网络课，线下实战课，积极构建双线并行的五步走战略，形成辅导未来成长的内驱力。

培养形成“双师型”辅导员成长模式。使辅导员既成为学生的人生导师，以育人为核心，又成为学生的培训讲师，以点燃为核心。

四、工作室建设的优势和特色

（一）平台成型有关注

工作室运行了“辅导员联播”公众号，现粉丝关注人数为2.5万余人，撰写校园危机事件案例30余个，发表原创网络文章404篇，累计阅读量80万+次；获批了省级网络育人名师工作室、省级辅导员名师工作室。

（二）课程积累有传播

申报人开发了《走进知青岁月　点亮理想心灯》《高校校园学生危机事件处理能力提升》《辅导员打造个人成长IP》《大学生安全教育》等20余个原创版权课程，完成了全国线下164场校园巡讲、线上196场直播分享；《校园危机管理》课程入选中国教育干部网络学院，观看量达20万+人次。

（三）榜样对标有创新

目前与全国12个省级以上的辅导员名师工作室、网络育人名师工作室建立合作支持共享关系。通过理论宣讲、研讨交流、经验分享、共创项目等，实现资源共享，项目联动，取长补短，对标看齐。同时承担了全省50所中职学校名师工作室培育孵化建设任务，对其工作室建设进行点对点、一对一指导服务。

（四）人员组合有成长

目前工作室已有成员22人，全部是全国一线辅导员、思政课教师。在工作室中各负其责，运行有序。定期开展网络思政沙龙、工作坊，目前已完成网络思想政治教育主题沙龙16期、辅导员成长工作坊8次。

（五）科研能力有提升

申报人主持省教育厅、社科办、社科联省级以上课题6项；先后出版《新时代校园学生危机管理指导与实践》《辅导员打造个人品牌IP实战指南》专著，主编《系好人生第一粒扣子》《职业生涯规划与就业指导案例解析》《大学生劳动教育》等教材；曾获省“教科研青年骨干”、省“辅导员精品项目一等奖”、省“结对子”先进个人、省“优秀博客”等荣誉称号。

五、工作室建设的未来规划

（一）工作重点

未来三年，工作室将深入学习宣传贯彻习近平新时代中国特色社会主义思想和党的二十大精神，实施“十百千万”工程，即搭建十个平台，开展一百场讲座，链接一千名辅导员，覆盖一万名大学生成长，至少完成一部著作，创作十个网络作品，依托工作室、公众号、抖音、视频号等平台立体化、多渠道、全天候、接地气地宣传阐释党的创新理论，促进党的二十大精神在师生心中生根发芽。

（二）建设思路

通过整合力量，凝练特色，搭建平台，提升能力，打造成网络名师人才培养的“聚集地”、学生成长成才的“梦工厂”、创新网络育人方法的“孵化器”。专家形成领队，导师形成梯队，精英形成团队，骨干形成方队，实现培育辅导员团队“出名师”，服务学生“有实效”，工作成果“塑品牌”，危机管理“可复制”。

（三）进度安排

1.搭建“十个一”思政育人平台

搭建“十个一”平台，即一个专家指导平台、一个法官对接平台、一个律师咨询平台、一个空中云端平台、一个舆情监控平台、一个网络宣传平台、一个案例共享平台、一个安全教育平台、一个课程开发平台、一个品牌孵化平台。

2.开展“百场校园公益巡讲”行动

继续开展一百场校园公益巡讲行动，通过线上与线下有机结合，为辅导员以及大学生成长赋能，提升辅导员素质能力，引领大学生成长成才。

3.链接“一千名辅导员”成长

每年开展一次辅导员成长论坛，通过辅导员论坛，开展专题报告、成果发布、典型案例分享等，促进辅导员个人能力成长；每季度开展一次辅导员素质能力提升训练营，开展生涯规划、危机处理、心理防御、谈心谈话等实战训练，提升辅导员教育管理能力；每月开展一次辅导员经验分享交流会，分享学生管理过程中遇到的危机案例，分析总结研判凝练，形成典型案例。

4.覆盖“一万名学生”安全教育

面向全国学生通过线上与线下主题班会、抖音直播、视频号等载体，加强学生的安全教育，提高学生的安全意识。定期发布安全教育网文，帮助大学生正三观、辨是非，防安全，面向全体同学开展咨询服务，帮助大学生排忧解难、化解矛盾。形成有德成人、有技成才、有职成业的“三有三成”育人目标。

（四）预期成果

工作室未来计划出版专著3部；发表论文10篇；形成共享案例50个；孵化原创版权课程5个；开发辅导员培训虚拟仿真实训平台1个；开展校园宣讲100场；创作省级网络文化作品10个；开展全国性具有影响力的活动1次。

拓展阅读

工作室年终盛典：汇报、表彰与承办共铸辉煌

随着年终钟声的敲响，名师工作室也迎来了一年一度的年终盛典。这一年来，我们共同经历了无数挑战与机遇，取得了令人瞩目的成绩。今天，我们齐聚一堂，通过汇报会、表彰会和承办会，共同回顾过去，展望未来。

（一）汇报会：回顾成绩，总结经验

在汇报会上，我们全面回顾过去一年的工作成果。从项目的启动到完成，从团队的协作到个人的成长，每一个细节都凝聚着我们的汗水和智慧，逐一展示各项工作的进展和成果，用数据和事实说话，向大家展示工作室的努力和收获。同时，也对工作中出现的问题和不足进行了深入剖析，总结了经验教训，为今后的工作提供了有益的借鉴。

（二）表彰会：表彰先进，激励团队

在表彰会上，工作室对过去一年中表现突出的个人和团队进行表彰和奖励。这些优秀成员凭借自身的才华和努力，为工作室的发展作出了重要贡献。工作室向他们致以崇高的敬意和热烈的祝贺，同时也激励其他成员以他们为榜样，积极进取、追求卓越。表彰会的举行不仅是对优秀成员的肯定和鼓励，更是对整个团队的激励和鞭策。

（三）承办会：展现实力，展望未来

在承办会上，工作室向大家展示工作室在承办各类活动方面的实力和经验。过去一年中，工作室成功承办了很多场大型活动和会议，不仅锻炼了全体成员的组织能力和协调能力，也提升了工作室的知名度和影响力。通过承办会的展示和交流，进一步扩大工作室的影响力，让大家更加清晰地看到工作室未来的发展方向和前景。

成绩只是新的起点，未来的路还很长。在新的一年里，工作室将继续秉持“创新、协作、务实、进取”的精神，不断追求卓越和突破。工作室将以更加饱满的热情和更加务实的作风，投入各项工作中去，为实现工作室的宏伟目标而努力奋斗！

附录

国家级、省级、校级

名师工作室联合发起人项目

这里有国家级名师工作室的**申报心得**

这里有省级名师工作室的**建设经验**

这里有校级工作室的**苦辣酸甜**

扫一扫 有惊喜，有成果，有项目，有创新

向主持人学习经验

和工作室共建联建

让课程化应用实战

学　　校：辽宁石油化工大学

工 作 室：新时代雷锋精神种子培育工作室

级　　别：国家级

主 持 人：孔祥慧

联系微信

个人介绍：教授，全国岗位学雷锋标兵、全国最美高校辅导员、全国辅导员年度人物、教育部“高校思想政治工作中青年骨干”、教育部高校辅导员名师工作室主持人；先后主持省部级课题5项，参与国家社科基金高校思政课研究专项1项；发表论文35篇，其中C刊5篇、C扩4篇、北大核心5篇，独立出版专著1部；所带集体荣获第二批全国党建工作样板支部、全国活力团支部等10余项国家、省级奖项。

工作室方向：新时代雷锋精神育人

工作室简介：工作室秉承“广播雷锋种子，培养时代新人”为宗旨，深刻把握坚守崇高理想、秉持人民情怀、践行奉献精神、投身民族复兴的思想内涵，以教育科研为先导，以课堂教学为主阵地，以网络为育人载体，打造融科学性、实践性、研究性于一体的创新平台。工作室以雷锋精神塑魂育人为主旨，以工作研究、实践探索、学术交流、成果推广为主要建设环节，以培养“雷锋式”优秀的大学生思想政治教育骨干和助力学生成长成才为目标，把学生培育成“雷锋式”的建设者和接班人。

原创课程：《雷锋精神育人五字法》《弘扬雷锋精神，争做新时代雷锋式辅导员》

学　　校：湖南大学

工 作 室：“廿几青春”辅导员名师工作室

级　　别：国家级

主 持 人：于涵宇

联系微信

个人介绍：副教授，曾获全国高校辅导员年度人物提名奖、湖南省首届最美辅导员等荣誉；作为全国辅导员唯一代表在教育部新闻发布会介绍就业工作经验；全国高校辅导员网络培训专家库、湖南省二十大精神师生巡讲团成员。

工作室方向：生涯规划与就业指导

工作室简介：工作室自2014年成立以来，始终筑牢以学生为本的工作理念，明确辅导员角色定位，把思想价值引领贯穿“就业育人”工作的全过程和各环节，培育了一支具有“互联网+大思政”思维的育人团队；以“新”的方式解决实际问题，探索了一条“中国化”的职业规划和就业指导路径，形成了可复制、可推广的工作模式和经验。工作室相关工作受到教育部“一线采风”栏目推介，育人成果被新华网、中央人民广播电台、《中国青年报》等百余家媒体专题报道。

原创课程：《辅导员就业育人的“道”与“术”》《“三全育人”视域下辅导员如何提升就业育人工作实效》《高校辅导员工作室建设的思考与实践》《练好“三板斧”打通辅导员发展之路》

学　　校：辽宁工业大学

工 作 室：“职得遇见”生涯工作室

级　　别：省级

主 持 人：康昕

联系微信

个人介绍：硕士，副教授，第五届全国最美高校辅导员、第十二届辅导员年度人物；主持并参与教育部人文社科、省社科等课题十余项；主编及参编教材、著作5本。

工作室方向：职业生涯规划

工作室简介：工作室于2022年成立，工作室的定位是以每位成员业务素质能力提升、工作方式拓展和学生生涯成长为主要目标，以体验式、团体式、定制式的实践活动为载体，构建职业生涯规划系列活动的新平台。主要形式有“职得相约”讲堂、“答疑解惑”、“线上训练营”、“创青”团队等多个模块，学生也可针对个体的困惑在公众号进行线上登记预约，有专业团队进行线下咨询。通过“线上+线下”“共性+个性”活动，使学生认清职业生涯规划对自身发展的实际意义，最终掌握指导自身发展的实用方法。

原创课程：《用教练思维提升辅导员职业能力》《从“听说学习”四方面提升辅导员职业能力》《辅导员网络思政的实践及思考》

学　　校：广西大学

工 作 室：“礼润小西”辅导员工作室

级　　别：省级

主 持 人：吴达慧

联系微信

个人介绍：在读博士，副教授，全国高校辅导员年度人物、全国优秀创新创业导师、首批广西高校思政教育卓越教师、自治区人民政府发展研究中心决策咨询专家；获全国高校辅导员素质能力大赛二等奖等荣誉奖励40多项；育人事迹获人民日报、光明日报等20多家主流媒体报道。

工作室方向：职业形象与职业礼仪

工作室简介：工作室旨在将职业素养纳入人才培养全过程，引领学生成为知书达理的新时代好青年。工作室打造的课程成为全校最受欢迎校选课之一，辐射超万名学生，是校课程思政示范课程重点建设项目，获广西本科教改工程重点项目立项，形成著作、论文、工作案例、会议分享、课程资料、课程建设与活动方案等系列成果，孵化校级工作室2个，申获思政课题数项，撰写提案获评全国优秀提案。工作室不断扩容、形成梯队，成员获奖、职称、职级等持续提升。

原创课程：《从素质能力大赛看辅导员的成长发展》《辅导员素质能力大赛备赛技巧与体会》《用好谈心谈话，做细做实思想政治工作》《大学生职业形象与礼仪》等。

联系微信

学　　校：南方医科大学

工 作 室：VR燎原党建工作室

级　　别：省级

主 持 人：张丽娜

个人介绍：讲师，中山大学心理学在读博士；具备GCDF全球职业生涯规划师、国家三级心理咨询师、沙盘游戏疗法初级资质；曾获广东省辅导员职业能力大赛一等奖、职业生涯规划教学大赛一等奖、广东省学生事务管理精品项目等多项省部级奖励。

工作室方向：思想政治教育

工作室简介：工作室于2021年成立，秉持“星星之火，可以燎原”的理念，致力于通过数字化赋能一站式学生社区党建工作的开展，激发医学生党员的参与热情，增强医学生党员党性修养。目前工作室已利用虚拟现实VR技术开展党建主题学习教育创新实践，通过VR展馆参观、VR沉浸体验、VR红色观影三种方式开展主题党日活动，形成了历史人物专题学习、革命战争专题学习、建设成就专题学习等学习模式。围绕工作室建设，指导完成大学生创新创业课题多项，所形成的案例和论文多次获奖。

原创课程：《辅导员职业能力大赛备赛要点与突破》《青语：如何做好大学的生涯规划》《大学生心理困境的识别与帮助》

联系微信

学　　校：广西民族师范学院

工 作 室：“引路人”辅导员发展工作室

级　　别：省级

主 持 人：蓝观覃

个人介绍：中共党员，副教授，第十五届高校辅导员年度人物提名、2022年广西高校最美辅导员、2019年度、2021年度广西高校辅导员年度人物、2023年广西高校思想政治教育卓越教师第一批支持对象，入选广西高校学习宣传党的二十大精神师生巡讲团成员，获教育部社会科学司和国家文物局革命文物局2023年以革命文物为主题的“大思政课”优质资源精品项目，主持2022年教育部人文社科课题等个人荣誉80多项；所带班级荣获广西五四红旗团支部等集体奖项50多项。

工作室方向：理论与实践研究

工作室简介：工作室成立于2021年，是第一批广西高水平辅导员工作室项目，旨在做学生成长成才和辅导员素质能力提升的引路人。扎根崇左，服务边疆，工作室带领师生团队走边扶边30多所学校，讲好守边守民和录制优秀教育工作者等629期，主题宣讲听众5689人，撰写调研报告及优秀网文913篇，共计42万字；建设梯队，培养青苗，搭建350多期850多个课题的学生技能训练平台，成功孵化一个省级工作室——“启智润心辅导员工作室”，培养广西高校辅导员年度人物1人；潜心研究，教书育人，获省部各级科研项目35项，帮扶区域辅导员成长35场。

原创课程：《青春学堂：青听青说青力量》《“指尖”画“圆”人“心间”：高校网络赋能，思政育人育心》

学　　校：吉首大学
工 作 室：生涯北斗工作室
级　　别：省级
主 持 人：魏浓

联系微信

个人介绍：国家二级心理咨询师，曾获全国辅导员素质能力大赛二等奖，湖南省高校辅导员年度人物，湖南省职业指导专家团成员，吉首大学就业指导教研室主任；从事职业规划工作十余年，主编生涯规划类教材2本，发表论文10余篇。

工作室方向：职业生涯规划

工作室简介：工作室成立于2023年4月，为首批湖南省高校辅导员综合发展工作室，围绕“一体两翼三点四融五产出”的思路开展建设，从建一流课程、拓第二课堂、挖第三视角三个维度开展理论与实践研究。工作室下设学生社团，分设网络运营、生涯咨询、实践活动、综合管理等部门。打造“十个一”生涯实践工程，创建微信公众号和视频号，围绕生涯规划发布原创文案。

原创课程：《就业指导——职业规划》《就业指导——就业技能》《让梦想起飞——中小学职业规划》《找寻5W钥匙，勇开职场大门》

学　　校：河南农业大学
工 作 室：河南省“学理论”辅导员工作室
级　　别：省级
主 持 人：韩笑

联系微信

个人介绍：在读博士，国家二级心理咨询师，河南省辅导员年度人物，省一流课程《军事理论》主讲人；获第七届全国辅导员素质能力大赛二等奖等省级以上荣誉30余项，主持及参与省级以上人文社科等课题10余项；主编参编书籍8本。

工作室方向：辅导员育人相关理论学习、研究及宣讲

工作室简介：工作室2020年获批成立，是河南省首批省级高校辅导员工作室之一，团队成员11人（含郑州大学、河南农业大学、郑州轻工业大学、周口师范学4校），导师6人。线下依托一站式学生社区，线上依托公众号“思行”辅导员工作室，开展“两会中的青年味”等主题理论宣讲15次，辐射带动青年辅导员及大学生万余；累计发图文（视频）百余篇，阅读、点赞量五万余；成员网文、理论宣讲微视频获“学习强国”“豫教思语”（河南省教育厅思政处官方微信公众号）等平台转载；主办2024年辅导员工作室联建共建辅导员能力提升论坛第一期，1.2万余人次共话育人。与江西理工大学“高校辅导员工作室”、哈尔滨师范大学“新时代新青年新担当”、河北师范大学“红心”学生党建辅导员工作室等23个省内外工作室共建共联。

原创课程：《增强四力涵养四气——学生干部能力提升专题》《“大学六问”新生入学教育专题》《复利思维下新手辅导员能力快速进阶专题》

学　　校：昆明工业职业技术学院

工 作 室：“校企一体校社互融”思政教育工作室

级　　别：省级

主 持 人：梅晓芳

联系微信

个人介绍：思想政治教育副教授，云南省辅导员年度人物提名、云南省首届辅导员名师工作室培育对象；主持省厅级项目5项；从事学生思想政治教育工作十余年，在《江苏高教》等期刊发表论文数篇。

工作室方向：思想政治教育

工作室简介：工作室于2019年成为云南省首届辅导员名师工作室培育对象。工作室以学校与企业融为一体、学校与社区深度融合为背景，着力培育和打造优秀辅导员团队“出名师”、创建和优化学生思想政治教育“塑品牌”、引领和服务学生成长成才“见实效”。工作室成立以来，坚持“业务精湛、一专多长”的目标，打造了一支学校辅导员骨干队伍；秉承“立德树人、铸钢铸才”的理念，引领学生成长见实效。

原创课程：《国说高效率主题班会》《案例解析高质量主题班会》《基于学生日常事务管理的辅导员能力提升》系列课程

学　　校：南京交通职业技术学院

工 作 室：“行稳致远”工作室

级　　别：省级

主 持 人：王雪琴

联系微信

个人介绍：教育学博士，副教授，江苏高校辅导员年度人物、首批江苏省辅导员名师工作室主持人、江苏省交通运输厅优秀教师，获全国职业院校教学能力大赛二等奖；主持江苏省哲学社会科学项目5项，指导学生各级各类竞赛获得省级以上荣誉30余项。

工作室方向：主题班会课程化开发与设计

工作室简介：工作室成立于2021年，工作室聚焦辅导员九大职责之“党团与班级建设”方向，通过“3个核心能力、3阶跃升法、6维互动”立体式培养模式，构建了主题班会“设计、实施、示范、展示、孵化”递进式开发链条，立足学生思想政治教育前沿阵地，打造主题班会课程化新范式。

原创课程：《开好主题班会四部曲》《主题班会单元设计非常6+1》《辅导员工作室申报书撰写“四个观测点”》《辅导员工作室如何解锁主题班会的无限可能》

联系微信

学　　校： 石河子工程职业技术学院

工 作 室：“青苗”名班主任工作室

级　　别： 省级

主 持 人： 张苗

个人介绍： 硕士，高级讲师，班主任工作室主持人、名师工作室成员、系学生管理副主任、国家二级心理咨询师；从事18年学生管理工作，多次荣获“优秀班主任”称号；辅导学生多项比赛，本人参加班主任、辅导员大赛均取得较好成绩。

工作室方向： 兵团精神文化育人

工作室简介： 工作室是2022年11月兵团首批通过的高等职业院校班主任工作室。作为兵团直属院校的首批班主任工作室，旨在扎根兵团，服务兵团，涵养爱国情怀，深植兵团精神，塑造学生传承兵团精神的优良品格。现有“习语兵魂”“育人智库”“智慧苗圃”三个栏目，已开展工作“育穗”计划，师徒传承，行走的思政课、助农实践活动。主线：涵养中国心，传承兵团魂，培育奋斗者，打造兵团特色班主任工作室。

原创课程：《传承兵团精神，做合格兵团学子》《兵团进行曲》

联系微信

学　　校： 辽宁农业职业技术学院

工 作 室：“图说思政”辅导员工作室

级　　别： 省级

主 持 人： 尤长军

个人介绍： 副教授，现任辽宁农业职业技术学院学生处处长，国家教育行政学院高校辅导员网络学院师资库专家、辽宁省高校优秀辅导员、辽宁省高校大学生思想政治教育成果一等奖获得者；出版专著《图说大学生活》。

工作室方向： 学生日常事务管理

工作室简介： 工作室自2021年成立以来，实施“一千万”工程，那一个品牌，一千名辅导员，一万名大学生，发挥学生日常事务管理“点线面一体化”引领作用、学生日常事务管理“课程化”思政教育专家化示范作用、辅导员专业与思政有机融合“成果化”辐射作用，打造辅导员抱团取暖式的成长“共同体”，实现培育辅导员团队“出名师”、服务学生“有实效”、工作成果“塑品牌”、学生日常事务管理课程“可复制”的目标。

原创课程：《辅导员日常事务管理路径分析与个人特色打造》等二十余门课程

学　　校：柳州城市职业学院

工 作 室：“筑梦联盟”辅导员工作室

级　　别：自治区级

主 持 人：古文珍

联系微信

个人介绍：硕士，讲师，高级国际注册创业指导师（IECA）、高级生涯规划师，广西高校辅导员年度人物，柳州市青年岗位能手、优秀辅导员；所在团队入选自治区级职业教育教师教学创新团队，所培养学生获多个国家级荣誉。

工作室方向：就业创业指导及职业生涯规划

工作室简介：“筑梦联盟”辅导员工作室主要围绕立德树人根本任务，以创业就业指导及职业生涯规划为方向，创新创业教育为重点，促进毕业生更加充分、更高质量就业。打造工作室“筑梦·筑心·领航”工作品牌，筑学生成长成才之梦，筑思政教育、立德树人之心，发挥示范引领作用。围绕工作室建设，获多项省级双创、职规赛荣誉，主持完成双创类省级课题1项，微课获奖1项。

原创课程：《品牌化思维进行职业定位，开启π型职业发展之路》

学　　校：辽宁省凌源市职业教育中心

工 作 室：“勤耕”名班主任工作室

级　　别：省级建设孵化项目

主 持 人：史忠岩

联系微信

个人介绍：本科，高级讲师，辽宁省职业院校骨干教师、辽宁省“百千万人才工程”万层次人选，朝阳市中等职业学校德育名师、学科带头人；主持参与国家级、省级职业教育科研课题20余项，从事中职机电类课程、思政课程教学工作十余年，多次在教师教学能力大赛、优秀课大赛中获奖，连续多年指导学生参加省市级技能大赛。

工作室方向：职业道德素养提升

工作室简介：工作室于2022年底成立，工作室注重以“勤勉育人,耕耘未来”为核心理念，专注于中职学生职业道德培养与提升。工作室将职业道德教育贯穿于学生的日常学习和生活中，通过主题班会、案例分析、角色扮演等形式，引导学生树立正确的职业价值观和职业道德观。注重培养学生的职业责任感、团队合作精神和创新意识，让学生在未来的职业生涯中具备良好的职业素养。

原创课程：《提升中职生职业责任感的秘诀》

学　　校：大理大学
工 作 室：大理大学传·承辅导员工作室
级　　别：省级培育
主 持 人：李萍

联系微信

个人介绍：大理大学数学与计算机学院团委书记，大理州国防教育宣讲团成员，曾获云南省最美高校辅导员、云南省优秀党务工作者，云南省辅导员素质能力大赛一等奖，大理州“巾帼建功”标兵等荣誉50余项目。

工作室方向：思想理论教育与价值引领（重点围绕青年观）

工作室简介：工作室成立于2022年，围绕“一条主线”，基于“两个结合”，打造“三支队伍”，实现“四个协同”，依托“五个载体”的工作思路开展工作，有针对性地帮助学生处理好思想认识、价值取向、学习生活、择业交友等方面的具体问题，引导学生更好地成长。目前，工作室已形成“学长学姐说系列”“我和银龄导师面对面”“青年先锋进校园”等品牌栏目，主持人和成员围绕工作室建设开展沙龙分享多次，指导学生多次在省、校级演讲、理论宣讲中获奖。

原创课程：《“听说读行”四措并举打造工作室育人体系》《学生骨干培养的“四步六法”》《新时代高校辅导员的“三知”与“三行”》

学　　校：大连市金州区中等职业技术专业学校
工 作 室：孙志远名班主任工作室
级　　别：市级
主 持 人：孙志远

联系微信

个人介绍：副教授，辽宁省优秀教师、大连市优秀教师、大连市职业教育专业带头人、优秀援疆教师（有两次援疆支教经历）、第一批大连市名班主任工作室主持人、辽宁省名班主任工作室孵化基地负责人；主持国家级、省市级等课题六余项。

工作室方向：班级管理与学生成长指导

工作室简介：工作室成立于2021年，专注于提升班级管理水平和促进学生全面成长。打造了“成长之路”“心灵驿站”等特色栏目，针对学生成长中的问题进行精准引导。完成多项班级管理课题，多个案例获奖。该工作室荣获全国教育科学“十四五”规划国家重点课题全国改革实验项目重点实验室。

原创课程：《班级管理实用技巧十讲》《激发潜能，做优秀班主任》《班级活动设计与实施要点》

学　　校：常州市第二十四中学

工 作 室：常州市中小学教育缪春蓉名师工作室

级　　别：市级

主 持 人：缪春蓉

联系微信

个人介绍：中学高级教师、常州市特级班主任、常州市十佳班主任、获评江苏省五一劳动奖章、江苏省模范教师，领衔常州市第五、六届名师工作室及常州市劳模创新工作室，被评为常州市优秀名师工作室领衔人；主持市重点课题获优秀研究项目，德育讲座近百场。

工作室方向：初中学生劳动教育与心理健康教育

工作室简介：工作室成立于2020年6月，是由共同教育理想与研究愿景的优秀班主任群体组成的学、研、训联合体。主要以德育研究为特色，每三年为一个培养周期，致力于把班主任工作中遇到的或当前教育工作中出现的热点、难点、教育典型问题作为项目研究课题。以项目研究为载体，通过开设公开课、经验分享、提炼总结、反思复盘、专家引领等形式的学习，既注重培养五育并举、全面发展的优秀学生，又注重提升班主任德育研究能力和专业素养。

原创课程：《劳动教育实践主题班会系列课程》《新时代初中劳动教育方案设计》《新时代初中学生劳动教育成果展示设计》《心理健康教育课程设计》

学　　校：天津市津南区小站第一小学

工 作 室：天津市姚洪才优秀班主任工作室

级　　别：市级

主 持 人：姚洪才

联系微信

个人介绍：高级教师、天津市优秀教师、天津市杰出津门班主任、天津市优秀班主任、天津市教科研先进个人；天津市名班主任工作室、天津市优秀班主任工作室主持人；任教班级获得全国优秀集体，天津市优秀集体；承担多项国家级、市级课题。

工作室方向：班集体建设与班主任专业发展

工作室简介：工作室秉持“融合文化”理念，聚焦治班之策、育人之法，努力为每个孩子心理点亮一盏灯；以专业引导为核心，强调团队协作与经验分享，致力于打造一个温暖而独具特色的研修平台。工作室通过组织研讨会、观摩教学、案例分析及巡回讲座等多元活动，激发青年班主任的专业成长，助力他们在教育领域发光发热，实现个人价值与职业发展双丰收，使工作室成为优秀班主任成长的摇篮。2023年工作室建设案例入选中国教育学会班主任专业委员会典型案例。

原创课程：《青年班主任的自我成长》《关注细节做好班主任工作》《构建优秀班集体的四个建议》

学　　校：延边大学

工 作 室：“红专”悦读领航工作室

级　　别：校级

主 持 人：吴雨琦

联系微信

个人介绍：硕士，讲师，吉林省高层次E类人才；主持省部级以上课题2项，从事大学生思想政治教育工作12年，连续多年指导学生荣获全国、省级等赛事金奖15项；主编《大学生思想政治教育研究与实践》。

工作室方向：大学生思想政治教育

工作室简介：为深入贯彻落实党的二十大报告关于深化全民阅读活动的部署要求，延边大学党委学生工作部（处），于2020年组建“红专”悦读领航辅导员工作室，围绕“传承阅读文化，建设书香延大”的主题，凝聚师生力量，全面落实立德树人根本任务，构建阅读育人大平台，辐射阅读育人影响力，为奋进新征程凝聚起强大精神力量和文化支撑。

原创课程：《一书一世界·红专悦读领航》

学　　校：深圳大学

工 作 室：笃学工作室

级　　别：校级

主 持 人：韩芳丹

联系微信

个人介绍：硕士，讲师，深圳大学高级辅导员，心理咨询师、国际生涯教练（BCC）、全球职业生涯规划师（GCDF）；曾获广东省心理健康教育与咨询先进个人等8项市级及以上荣誉，20多项校级荣誉；发表3篇论文；主持4项校级课题，参与4项校级课题。

工作室方向：学风建设

工作室简介：工作室深耕生涯赋能领域，致力于加强学风建设，依托“广茅”学科竞赛联盟平台，结合“浑身解数”辅学平台，及“有为青年”双元育人工作室的深度实践，开展勤学型宿舍评选等特色活动，全方位构建学生成长生态；围绕工作室建设，深化信息化建设，提升工作效率与服务品质，强化团队协作精神，确保为学生提供更加便捷、高效且个性化的支持与服务；主持并完成了多项校级及以上项目，鼓励辅导员积极参加各类辅导员技能培训和竞赛。

原创课程：《适应大学的成功秘诀》《excel在学生事务工作中的黑科技》

学　　校：南京航空航天大学金城学院

工 作 室：露润心田辅导员工作室

级　　别：校级

主 持 人：甘露

联系微信

个人介绍：副教授，全球职业生涯规划师（GCDF）、人力资源和社会保障部生涯规划师、ESB创新创业导师、TTT就业指导师、江苏省教育厅就业指导师；从事大学生思想政治教育与管理、职业生涯规划工作20余年；发表论文20余篇，其中多篇论文发表在北大核心期刊；参与教育部协同育人项目，参编思想政治类专著；主持指导江苏省大学生创新训练项目并获得校级一等奖。

工作室方向：思想政治教育与职业生涯规划

工作室简介：露润心田辅导员工作室在建设中形成了鲜明的特色优势。注重品牌化建设，通过打造特色品牌项目和服务，提高了自身的知名度和影响力，为学生提供更加精准、高效的服务；充分利用现代信息技术手段，加强信息化建设，提高工作效率和服务质量，为学生提供了更加便捷、高效的服务；注重与其他学科领域的合作与交流，共同推进学生工作的发展，拓宽了工作视野，增强了工作创新性。

原创课程：《中国近现代史与党的发展历程》《国际形势与中国外交》《点亮未来：大学生职业生涯规划导航》

学　　校：中北大学

工 作 室：绘心绘智生涯辅导员工作室

级　　别：校级

主 持 人：李红霞

联系微信

个人介绍：山西省高校就业创业指导师资库成员，山西省大学生职业规划大赛评审专家；2021年，获首届山西省高校教师就业指导课程大赛一等奖、首届全国高校教师教学创新大赛就业指导课程教学赛事三等奖；可为全国辅导员工作室申报材料提供绘图服务。

工作室方向：生涯发展与就业指导

工作室简介：工作室成立于2018年，专注于构建专业高效的生涯发展与就业指导平台，形成了“坚守一个宗旨、依托四支队伍、发展四级生涯架构、深化六大工程”的工作体系，旨在帮助学生顺利实现职业发展和个人成长；构建了“战略顾问—项目督导—主持人—基础成员—学生骨干”的团队结构模式，确立了清晰的职责分工与协作机制。目前孵化有“有礼有矩”“途航途程”“职人职世”“书香有礼”四大品牌项目，深受业界和学生好评。

原创课程：《学生管理课程化主题设计的五个锦囊》《面试礼仪全掌握：前中后三步精粹》《图说文字：辅导员的文字视觉化技巧》

联系微信

学　　校：安徽理工大学

工 作 室：“党旗引航”辅导员名师工作室

级　　别：校级

主 持 人：杨旭东

个人介绍：硕士，讲师，学生党支部书记，所在党支部获批安徽省“样板党支部”“全国党建工作样板支部”培育创建单位；指导团队获“全国大学生百强暑期实践团队”、安徽省暑期“三下乡”社会实践优秀团队、中国大学生知行促进计划全国银奖等。

工作室方向：党团和班级建设

工作室简介：工作室成立于2022年，致力于大学生党建与师生发展“目标相融”、与党团班一体化建设“过程相融”、与和谐校园“结果相融”，最终实现大学生党建、师生发展、和谐校园三者“互辅共进、互促共赢”。打造辅导员抱团取暖式的成长“共同体”，实现培育党建团队“出名师”，党建育人“有实效”，党建成果“塑品牌”，党建活动“可复制”的目标。

原创课程：《高校学生党建品牌培育“七步法”》《高校辅导员摆脱焦虑的“三步”“四力”“五件套”》。

联系微信

学　　校：沈阳工业大学

工 作 室：“你说我听辅心领航”辅导员工作室

级　　别：校级

主 持 人：谷庆明

个人介绍：副教授，曾获得市级、校级优秀辅导员，校级优秀共产党员；先后主持或参与省部级课题11项；发表论文10篇；独立出版专著1部；所带集体荣获市、校级三好班级10次；指导大学生市场调研大赛荣获国家一等奖、大学生电子设计大赛国家二等奖。

工作室方向：大学生心理健康教育

工作室简介：工作室是在“你说我听”工作室建设基础上的守正创新。“你说我听”工作室成立于2017年11月，该工作室曾获得辽宁省青少年百例优秀典型单位表扬，“你说我听辅心领航”工作室成立于2023年10月，将沙盘技术应用于大学生心理健康教育，以倾听学生心声为基础，以领航学生健康成长为使命，通过工作室搭建平台、创新载体、设计项目，提升辅导员的心理健康教育能力，助力学生全面发展，成就美好未来。

原创课程：《大学生心理健康自助教育》

学　　校：聊城大学

工 作 室：创艺家辅导员成长工作室

级　　别：校级

主 持 人：孔德滕

联系微信

个人介绍：硕士，讲师；发表论文6篇、网文4篇；主持校级及以上课题2项；多次荣获“创青春”、大学生科技创新大赛优秀指导教师，多次荣获省级、校级辅导员优秀工作案例奖项，荣获山东高校辅导员工作论坛优秀论文三等奖1次。

工作室方向：辅导员成长发展

工作室简介：工作室2021年9月成立，组建专业团队，凝练特色，构建“14459”工作室工作体系，紧密结合辅导员职业发展和大学生成长成才需求，围绕高校思想政治工作中的重点、难点问题，以线上与线下、校内与校外、专题与专项“三结合”，通过研究式、讨论式、互动式工作模式，定期开展实践探索、学术研究、研讨交流，产出可复制、可推广的工作成果，切实成为全校辅导员工作交流的重要载体、辅导员职业能力提升的重要阵地、学生工作理论研究与实践创新的重要平台。

原创课程：《学生干部的管理与培养》《辅导员成长发展的“六个维度”》

学　　校：山西医科大学

工 作 室：“医”起向未来辅导员工作室

级　　别：校级

主 持 人：王凌

联系微信

个人介绍：硕士，讲师，心理咨询师、全球职业生涯规划师（GCDF）、全球生涯教练（BCC）、山西省首届全国职业规划大赛指导教师。获太原市教育系统高水平骨干教师，山西医科大学优秀思想政治辅导员、生涯规划大赛校级优秀指导教师、优秀党务工作者、“三下乡”社会实践活动标兵指导教师等荣誉称号；主持参与国家级省级课题4项；连续多年指导学生参加职规赛、“挑战杯”大赛、“互联网+”大赛获得多项省级金奖。

工作室方向：党建引领

工作室简介：工作室成立于2022年，致力于将党建引领与学生思想政治教育、社会实践教育、生涯发展教育紧密结合，达到在解决实际问题的同时解决学生的思想问题，引导同学们在“广阔天地中”树立正确的职业观、择业观、创业观、成才观，主动把学习成效转化为奉献祖国、服务人民的实际行动。“医”起向未来辅导员工作室构建以“党团建设为主体、社会服务为补充、品牌活动为提升、双向成长为目标”的“四位一体”党建育人模式，推动医学院校将思想政治教育与社会实践教育、生涯发展教育等业务工作深度融合，实现具有医学特色的“党建+”工作品牌和促进学生成长成才的党建工作体系，进而以高质量党建引领具有医学院校特色的育人新生态。

原创课程：《大学生国家安全教育》《生涯探索与体验》《大学生生涯指导》

学　　校： 江苏科技大学

工 作 室： 宝达说辅导员工作室

级　　别： 校级

主 持 人： 刘宝达

联系微信

个人介绍： 研究生，教育学硕士；主持江苏省高等教育学会辅导员工作研究委员会专项课题1项，参与市级课题4项，发表思政类学术期刊论文3篇，主持2024年度校统战工作实践创新项目1项、2024年度基层党建党支部“书记项目”1项；先后获江苏省优秀思政工作案例、江苏省高校网络教育优秀网络文章、江苏省2023年“信仰公开课”省级精品课，江苏科技大学优秀班主任、优秀辅导员，暑期社会实践“先进工作者”。

工作室方向： 大学生思想理论教育和价值引领

工作室简介： 工作室于2022年成立，旨在打造高素质、高质量、综合能力强的一批或多批学生组织工作队伍，构建符合学生式现代化的网络思政育人融媒体平台。依托“宝达说”辅导员微信公众号定期推送“思享动态”“职规就业”“途说心语”“学涯有说”等系列内容，引导大学生思想动态正向发展。多渠道多方位引导学生，开设了辅导员“视频号”“抖音”“短视频”等软件账号，定期发表正能量视频图文，引导青年大学生树立正确人生观、世界观、价值观。平台共发表原创网络文章50余篇，浏览量达1.5W余次，网文被中国教育干部网络学院/高校辅导员网络学院等官方媒体全文发表与转发。

原创课程：《要好好上大学》《新质生产力驱动：青年学生挺膺担当》《理直气壮讲信念，昂首挺胸勇担当》

学　　校： 武汉大学

工 作 室： 学生发展型事务工作室

级　　别： 校级

主 持 人： 陈盼盼

联系微信

个人介绍： 博士，讲师，校辅导员标兵、学生工作先进个人，连续两年荣获校优秀专职团干；主持校级课题2项；从事辅导员工作4年，发表论文4篇。

工作室方向： 学生事务

工作室简介： 工作室成立于2021年，致力于为学生在校期间高质量、高效率服务，聚焦学生在校期间事务，强化管理，优化方法，助力学生全面发展。依托校院两级事务管理平台及特色品牌活动，形成了“时代新人说”“毕业留声机”等品牌栏目。围绕工作室建设，主持申报校级课题2项。

原创课程：《辅导员科研素养提升着力点》

学　　校：安徽大学

工 作 室：安芽乐业工作室

级　　别：校级

主 持 人：汪莉

联系微信

个人介绍：讲师，全球职业生涯规划师（GCDF）、全球生涯教练（BCC）、就业胜任力教练（ECC）、大学生求职能力实训师、合肥市“启明星”职业指导专家；安徽大学《职业规划与创新创业》校级课程负责人，曾获教育部首届职业规划大赛教学赛道安徽省赛一等奖。

工作室方向：求职指导

工作室简介：工作室于2023年成立，致力于大学生就业指导和职场通用能力提升。依托校内外的职业指导专家、线上+线下的实训模拟、“7师7生”的矩阵结构，形成“生涯唤醒”“求职实训”“新职场人”等特色活动，以“自助、互助、他助”的形式开展工作室建设。主持完成职业生涯规划省级课题2项，校级课题2项。

原创课程：《以学生为中心的全流程贯穿式生涯发展教育工作法》

学　　校：武汉轻工大学

工 作 室：“健行”辅导员工作室

级　　别：校级

主 持 人：徐伟琦

联系微信

个人介绍：在读博士生，副教授，湖北省“高校优秀共产党员”，现任武汉轻工大学电气与电子工程学院党委副书记；主持完成教育部人文社科项目、团中央全国学校共青团研究、湖北省学生工作精品项目重点研究等课题。

工作室方向：大学生劳动教育

工作室简介：工作室贯彻落实国务院和教育部出台的《关于全面加强新时代大中小学劳动教育的意见》和《大中小学劳动教育指导纲要》等相关文件要求，展开“以劳健德”“以劳健能”“以劳健心”“以劳健体”“以劳健智”等方面的主题活动，积极回应学生需求，全面展示辅导员风采，服务学生健康成长成才。指导学生获得湖北省第十三届“挑战杯”大学生课外学术科技作品竞赛一等奖等。

原创课程：《新时代大学生劳动教育体系构建》《劳动与教育：劳动何以成为教育》

联系微信

学　　校：西南石油大学

工 作 室：E路同行辅导员工作室

级　　别：校级

主 持 人：伍晓芸

个人介绍：西南石油大学高级辅导员，全球职业生涯规划师、中国大学生在线专栏作者，负责运营“高校辅导员工作室”“小芸成长部落”微信公众号；曾获四川省辅导员职业能力大赛一等奖、四川省辅导员年度人物提名等荣誉50余项；作品10余次被“学习强国”《中国青年报》等媒体转载。

工作室方向：网络思想政治教育

工作室简介：工作室于2020年成立，聚焦大学生网络思想政治教育，以“微”言语构筑网络思政育人“大”场域为建设目标，以“顶层引领，涵养中国心；中层浸润，传承石油魂；底层发芽，培育奋斗者”为建设原则，通过搭建全平台，组建强师资，开展微实践的建设路径，实现了三次跃迁，构筑起三大育人场域（即从校内到校外，“微视频”构筑思政教育大场域；从微课到大课，“微课堂”构筑校史教育大场域；从平面到立体，“微平台”构筑朋辈教育大场域），探索出一条用“微”言“微”语建构出思政育人“大”场域的网络思政育人之路。

原创课程：《基于扎根理论的高校辅导员工作室建设路径研究》《从“指尖”到“心田”，基于运营小芸成长部落的实践之思》《“微”言语构建网络思政育人“大”场域——基于西南石油大学E路同行辅导员工作室的建设实践》

联系微信

学　　校：枣庄学院

工 作 室：青力青为劳动育人工作室

级　　别：院级

主 持 人：赵湘楠

个人介绍：枣庄学院辅导员；主持教育部人文社科类课题2项、省部级课题5项，指导学生参加创新创业类比赛获国家级、省级奖项10余项；发表思政类学术论文3篇。

工作室方向：大学生劳动教育

工作室简介：工作室旨在结合当前“五育融合”大背景，以劳动教育为主抓手，促进五育融合发展。借助青力青为辅导员工作室平台，不断通过整合力量、落实要求、凝练特色，培育“工匠精神”，积极推进“产教融合”“工学结合”，旨在以劳动教育为“中心”，逐步扩大到大学生其他教育领域。工作室成员获批山东省劳动教育典型案例，获批多项省级、市级劳动教育相关课题。

原创课程：《大学生劳动教育课程》《青力青为劳动育人工作室品牌课程》《大学生心理健康教育主题班会课程》

学　　校：辽宁科技学院

工 作 室：“丹心筑梦”辅导员工作室

级　　别：校级

主 持 人：潘丽娜

联系微信

个人介绍：辽宁大学中国古代文学专业硕士研究生，二级学院党总支副书记；从事大学生思想政治教育工作20年，连续多年指导学生参加社会实践，获得国家级优秀团队1项、省级优秀团队2项、省级先进个人1项，指导学生在中青校园发布稿件近百篇。

工作室方向：大学生思想价值引领

工作室简介：工作室于2020年成立，致力于大学生思想价值引领，帮助学生树立崇高理想，坚定理想信念，构建全程化实践服务育人体系，充分发挥工作室成员在师德修养、教育管理、工作创新、教育科研等方面的示范、引领、指导作用，形成“辽科故事我来说”“红色导游大赛”“抗联精神我传承”等品牌活动以及《与信仰对话》品牌栏目。围绕工作室建设，主持完成省级课题多项，多个微党课获奖。

原创课程：《思行并进——上好一堂“行走的思政课”的四大法宝》

学　　校：辽宁职业学院

工 作 室：王冬爱国强军工作室

级　　别：校级

主 持 人：王冬

联系微信

个人介绍：硕士，讲师，辽宁省首批征兵咨询专家、辽宁省廉洁征兵监督员、辽宁省国防教育和军事课教学评估专家；从事爱国主义教育和国防教育工作18年，连续多年指导学生参加国家、省、市国防教育类竞赛和活动；主编或参编国防教育类教材6本。

工作室方向：爱国主义教育与国防教育

工作室简介：工作室于2017年成立，以培养拥有强烈爱国主义责任感的高素质职业技术人才为核心,以加强大学生国防教育和爱国拥军活动为手段，以“强健意志体魄、加强国防意识，积极鼓励有为青年投身军旅奉献青春”为总体目标，形成以建设全省示范性爱国主义教育和国防教育阵地为目标，搭建特色工作平台，逐步形成“国防教育覆盖求全、军事训练体验求真、军事教学效果求实、应征入伍动员求效、阵地文化活动求特”的“五位一体”工作室规范化建设模式。

原创课程：《我们大学生为什么要参军》《国防体育大赛备赛要点与突破指南》《大学生征兵工作中的五大法宝》

学　　校：丽江文化旅游学院

工 作 室：丽旅阳光工作室

级　　别：校级

主 持 人：何宇季

联系微信

个人介绍：本科，讲师，从事辅导员工作12年；先后获云南省"高校优秀班主任"、"第十一届云南省高校优秀辅导员"、云南省"第七、八、十三届辅导员技能大赛"三等奖、云南省2023年"学思想、强党性、重实践、建新功"党务工作素质能力展示活动二等奖等省级奖励10余项，市级奖励3项，校级奖励30余项；主持以及参与省级、校级课题5项。

工作室方向：校园危机事件管理

工作室简介：工作室定期组织开展学生安全教育，对校园危机事件进行初步处理，及时掌握危机事件信息并按程序上报，对危机事件进行有效预警并积极参与危机事件后期应对及总结研究分析。通过危机管理案例，讲座，课程等，打造辅导员抱团取暖式的成长"共同体"，实现培育辅导员团队"出名师"，服务学生"有实效"，工作成果"塑品牌"，危机管理"可复制"的目标。

原创课程：《校园安全主题班会十讲》

学　　校：新疆理工学院

工 作 室：贾昌路辅导员工作室

级　　别：校级

主 持 人：贾昌路

联系微信

个人简介：自治区高校学习宣传党的二十大精神师生巡讲团成员，从事学生工作8年；先后获得全国高校辅导员素质能力大赛三等奖、第八届新疆高校辅导员素质能力大赛一等奖等荣誉；主持自治区党建课题1项，参与地区、校级项目各1项；发表学术论文4篇，参编辅导员学习提升类书籍2部。

工作室方向：大学生思想政治教育与辅导员队伍建设

工作室简介：工作室以"强化思想政治素质与辅导员素质能力提升"为方向，以"强化辅导员队伍建设"为契机，以"深化高校三全育人"为重点，致力于不断从理论基础、理念创新、队伍建设、制度建设等方面提升大学生思想政治教育的工作质量，在教育平台、教育方式、教育内容等方面全面促进学生工作的创新与发展。近年来，通过发送微信息、短视频等，促进思想政治教育形式多样化，更好服务青年学生成长成才。

原创课程：《打造高效互动：主题班会策略与实践探索》

学　　校：琼台师范学院

工 作 室：“红星柿”辅导员工作室

级　　别：校级

主 持 人：杨敏

联系微信

个人介绍：副教授，海南省高校网络教育名师；主持和参与省级以上课题4项；从事辅导员工作十余年，指导项目多次获得中国国际“互联网+”大学生创新创业大赛省级以上奖项，所带学生党支部为全国党建工作样板支部培育创建单位。

工作室方向：思想引领

工作室简介：工作室于2021年成立，致力于大学生思想引领，搭建辅导员与大学生第二课堂实践活动、网络空间阵地模式，在实践全员全过程全方位“三全育人”过程中促进辅导员专业化和大学生全面成才的同步提升，形成“小先生成长记”“向美而行”“且思且行”等十余个品牌栏目。立足琼台师范学院红色教育基地资源，通过海南省琼崖革命红色实践基地、海南省博物馆、爱国主义教育基地，借助第二课堂开展学生喜闻乐见的实践活动，增强思想引领的感染力和实效性。

原创课程：《学生成长叙事三体课程》

学　　校：唐山师范学院

工 作 室：五花三参促学风辅导员工作室

级　　别：校级

主 持 人：张昆

联系微信

个人介绍：硕士，讲师，大学生创业培训指导顾问；主持教育教学类课题4项，参研省级教改项目1项、省级创业课程建设项目1项、市厅级课题1项、校级课题1项；从事教育工作15年，从事职业生涯规划工作3年。

工作室方向：学风建设

工作室简介：工作室于2023年成立，致力于大学生学习意识唤醒、学习习惯养成、学习问题指导，培育终身学习理念，提升学生学习能力，做好学业与职业的规划。引导师生关注学习，关注学风。依托本系公众号专栏，形成品牌栏目；结合系列学风建设活动，形成品牌活动。

原创课程：《高校学风建设的三步走》《大学生职业规划》《大学生家庭教育与家校共育》

学　　校：河北科技师范学院

工 作 室：无诈校园工作室

级　　别：校级

主 持 人：赵雅静

联系微信

个人介绍：主持电信网络诈骗相关课题省级、市级、校级各1项，电信网络诈骗防范相关提案被全国政协、河北省政协采纳各1项；2024年河北省高校辅导员岗前培训项目讲师。

工作室方向：高校学生群体的电信网络诈骗预防

工作室简介：工作室于2024年成立，致力于高校学生群体的电信网络诈骗案例研究，包括青年参加或者卷入电信网络诈骗犯罪的过程性机制研究以及被害人心理机制分析、相关的法律适用、线上线下宣传探索等。围绕工作室建设，主持申报各类相关课题并积极参加各类比赛，开发相关讲座、系列课程等。

原创课程：《高校学生群体的电信网络诈骗防范》

学　　校：广东外语外贸大学南国商学院

工 作 室：青春飞扬大学生思想政治教育辅导员工作室

级　　别：校级

主 持 人：王铭扬

联系微信

个人介绍：广东外语外贸大学南国商学院AI技术派辅导员、学生党支部书记、校兼职心理咨询师，莎士比亚戏剧社指导老师，青春飞扬大学生思想政治教育辅导员工作室主持人；曾荣获广东高校思想政治工作教学视频一等奖、文章荣获广东省“第十一届师德主题征文及微视频征集活动”高校（本科）组一等奖，广东省第十届辅导员素质能力大赛三等奖；发表论文4篇，其中1篇获北京大学出版社辅导员队伍建设研讨会论文征集二等奖；主持课题1项，参与2项，指导3项省级大创项目，指导学生或学生团体获得各级荣誉20余项。

工作室方向：大学生思想政治教育

工作室简介：工作室于2023年成立，聚焦大学生思想政治教育，以立德树人为宗旨，以建立优秀高校辅导员队伍和实践育人为导向，坚持创新意识、精品意识和特色意识，运用AI技术赋能辅导员队伍建设，努力建设成为机制健全、特色鲜明、资源共享的大学生思想政治理论与实践基地，力争打造展示辅导员风采的窗口。

原创课程：《AI赋能辅导员高效工作》《辅导员避坑指南》《辅导员如何开展第一次班会》《辅导员职称规划之路》《辅导员培养学生干部秘诀》《辅导员工作如何做出成绩》《辅导员如何进行班级管理》《辅导员如何进行自我疗愈》《辅导员工作室建设经验分享》《辅导员素质能力大赛获奖经验分享》《经典心理作品赏析》

学　　校：兰州工业学院

工 作 室：蒲公英生涯工作室

级　　别：校级

主 持 人：杨永萍

联系微信

个人介绍：硕士，副教授，2021年甘肃省优秀辅导员"园丁奖"，从事高校就业指导及职业生涯规划工作二十余年，获得甘肃省就业创业提升项目——生涯工作室主持人，指导学生参加各级职规赛并获奖。

工作室方向：职业生涯规划

工作室简介：工作室于2022年成立，旨在希望通过工作室的帮助让学生能乘风飞翔、永不停留、奋力成长，以帮助学生认识自我、探索职业、成就人生为使命，以学生生涯规划、就业指导和创业为中心，提供生涯规划一对一、团体辅导，就业能力提升及职规赛辅导的服务。

原创课程：《大学生职业规划与就业指导》

学　　校：大连财经学院

工 作 室："创辛湾"创新创业辅导员工作室

级　　别：校级

主 持 人：邬辛未

联系微信

个人介绍：硕士，讲师，高校生涯课程导师、职业生涯规划师，辽宁省高校辅导员年度人物提名；主持省级课题3项；发表论文10篇，副主编思政类教材3本；指导学生参加双创大赛获得国家级奖项90余项，个人多次获得辽宁省"优秀指导教师""优秀组织个人"等荣誉称号。

工作室方向：创新创业教育研究与实践

工作室简介：工作室于2023年成立，整合多方创新创业资源，营造创新创业氛围和环境，努力打造成创新创业理论研究、创新创业赛事辅导、创新创业孵化指导的综合服务平台。工作室为创业青年提供办公场所、创业辅导、创业沙龙、赛事指导、信息发布、证照代办等服务，依托"青创营""青创说""企业家进校园"等十余个品牌精品项目，帮助更多的青年培养创新思维，锻炼创业能力，实现自主创业、自我发展，为个人的成长和国家的发展提供创新驱动。

原创课程：《辅导员在大学生创新创业能力培养中的作用与路径》

学　　校：兰州石化职业技术大学

工 作 室：“铁人”学生潜能开发工作室

级　　别：校级

主 持 人：史晓庆

联系微信

个人介绍：甘肃省职业院校特色文化品牌《石化实说》栏目创建人，获甘肃省职业教育“学科德育”“课程思政”微课奖、大学生创新创业训练计划立项、甘肃省高校学生资助工作先进个人；发表论文十余篇，主持、参加省级课题多项。

工作室方向：学生干部职业素养提升与潜能开发

工作室简介：工作室致力于大学生的职业素养提升与潜能开发、和谐班级的构建、班长领导力开发等；针对大学生特别是学生干部成长中潜能开发的典型问题和现实困惑，进行专题化理论指导与实践引导，依托甘肃省职业院校特色文化品牌《石化实说》栏目，引导学生学铁人、树铁人、传承铁人精神，培养学生树立“有条件要上、没条件创造条件也要上”的理性乐观、向上向善、开发潜能、超越自我、掌握技术、服务社会的铁人品格。

原创课程：《学生潜能开发五维探索》《和谐班级构建五力模型》《班长领导力开发六讲》

学　　校：滨州职业学院

工 作 室：“心安滨职”辅导员工作室

级　　别：校级

主 持 人：陈小敏

联系微信

个人介绍：硕士研究生，讲师，滨州市心理协会会员；主持山东省人文社科等课题15项；从事学生管理工作8年，荣获山东省辅导员精品项目、山东省辅导员工作案例一等奖等奖项20余项，荣获山东省“三下乡”社会实践活动“优秀指导教师”、滨州市传承红色基因“先进个人”等荣誉称号10余项。

工作室方向：心理健康教育

工作室简介：工作室于2023年成立，以培养学生自尊自信、理性平和、积极向上的健康心态为主线，形成“研究、教育、疏导、干预、赋能”一体化育人机制，打造可复制可推广的工作范式，不断提升心理育人水平，为高质量心安校园和心安城市建设做出积极贡献。自工作室创建以来，打造“青年·说”朋辈宣讲“倾心·聊”谈心谈话工作坊、“心·赋能”团辅工作坊等品牌项目,针对青年学生成长成才的心理困惑和现实困顿进行专题化引导和针对性辅导。主持完成省级课题3项，荣获山东省大学生心理应用技能大赛一等奖、山东省“中华诵”经典诵读大赛一等奖等奖项15项。

原创课程：《从“破茧”到“成蝶”——做心中有“术”的硬核辅导员》《辅导员工作室建设中的“为”与“不为”》《“辅”有方法、“导”有办法、“员”有新法——辅导员班级管理漫谈》

学　　校： 无锡城市职业技术学院

工 作 室： 容融生涯规划工作室

级　　别： 校级

主 持 人： 彭容容

联系微信

个人介绍： 博士，副教授，第二批江苏省高校网络教育名师；主持教育部人文社科等课题十余项，从事职业生涯规划工作十余年，连续多年指导学生参加职规赛获奖；主编参编生涯规划类教材5本。

工作室方向： 职业生涯规划

工作室简介： 工作室于2020年成立，致力于大学生生涯发展意识的唤醒及生涯发展能力的提升，引导师生学生涯、用生涯、活出好生涯。依托“容融生涯规划”网络矩阵，形成“我的生涯故事”“青说”“解忧杂货铺”等十余个品牌栏目，针对30多个青年成长成才的典型问题和现实困顿进行专题化引导。

围绕工作室建设，主持完成职业生涯规划省级课题多项，多个微课获奖。

原创课程：《职业生涯规划微课十讲》《生涯赋能，做有料有为的学生管理工作者》《职业规划大赛备赛要点与突破》

学　　校： 临汾职业技术学院

工 作 室： 精益工匠工作室

级　　别： 校级

主 持 人： 梁建华

联系微信

个人介绍： 硕士，副教授，学生处副处长，曾任机电系学生党支部书记，支部获评2021年山西省先进基层党组织；撰写论著1部，主编校本教材2部，发表论文10余篇，参与省级课题3项；从事学生管理工作十余年，在高校辅导员联盟及辅导在线发表10余篇原创文章，连续多年指导学生参加全国兵棋推演大赛获奖。

工作室方向： 校企合作育人

工作室简介： 工作室于2021年成立，由具有丰富学生管理工作经验的辅导员队伍与企业能工巧匠组成，以“厚德精技、铸魂育人”为宗旨，培养学生工匠精神为目标，坚持秉承创新意识、精品意识和特色意识，构建文化育人、实践育人，教育引导广大青年学生增强四个自信，厚植爱国主义情怀，努力成为具有工匠精神的时代新人。创立精益文化课堂和精益改善周等多个育人阵地，将校园文化与企业文化有机融合。

原创课程：《高校辅导员迎新管理“通三关获六将”工作法》

学　　校：江西青年职业学院

工 作 室：青桃园辅导员工作室

级　　别：校级

主 持 人：王路桃

联系微信

个人介绍：讲师，从事学生工作12余年，职业生涯规划与就业指导咨询师，荣获中国教育电视台辅导员联盟首届辅导员素质能力大赛决赛三等奖；参与省级课题2项，主持校级课题1项；参编专著3本，在国家、省级期刊发表论文数篇。

工作室方向：职业生涯规划、学生日常事务管理

工作室简介：工作室于2023年成立，致力于探索高中与大学职业生涯规划一体化研究与实践，在学校“一生一方案”育人模式下，努力引领辅导员精准做好思政育人工作，全力引导学生精准规划并执行好大学生涯目标。依托“一生一方案”制定的专业知识技能、可迁移技能、自我管控技能3项一级目标，形成“胜任力”“学习力”“家校力”等品牌栏目，针对高职院校学生目标、手机、身心、升学、学业等问题进行线下与线上相结合多方位引导育人。

原创课程：《“一生一方案”如何赋能学生成长》《基于专业与兴趣体验式制作职业地图》

学　　校：上海农林职业技术学院

工 作 室：鸿雁资助育人工作室

级　　别：校级

主 持 人：唐晓英

联系微信

个人介绍：硕士，讲师，主持上海职业教育协会课题1项，从事资助育人工作十余年。主编参编教材2本，建设学银在线开放课程1门。

工作室方向：资助育人

工作室简介：鸿雁资助育人工作室于2023年成立，以“鸿雁”命名，象征着团结协作、共同进步的精神。工作室秉承“精准帮扶与思想引领、学业发展、素质提升相结合”的理念，探索“三扶三分类”精准识别法，致力于打造发展型精准资助育人模式，旨在培养德技双优的学生，建设示范型工作室。工作室从经济帮扶、道德浸润、能力拓展、健全人格四个维度入手，实现全方位育人，助力学生全面发展，从“一个都不能少”向“每个都要好”转变。

原创课程：《筑梦未来.资助同行——学生资助政策咨询与指导》

联系微信

学　　校：芜湖职业技术学院

工 作 室：“种子花开”辅导员党建思政培育工作室

级　　别：校级

主 持 人：王茜

个人介绍：中共党员，讲师，南京农业大学硕士研究生，主要从事党建、学生管理工作，曾获得“优秀党务工作者”“优秀教师”“最美辅导员”“巾帼英雄”等荣誉称号；主持教科研项目3项；发表四类以上论文6篇。

工作室方向：党建思政

工作室简介：工作室于2022年成立，以“党建引领、思政铸魂”为定位，围绕一个目标——“培养习近平新时代中国特色社会主义思想的坚定信仰者、积极传播者和自觉践行者”，推进党建与思想政治教育深度融合，通过创建更加优质、独具特色的党团、学工品牌活动，播撒爱国爱党的种子，实现“精心播种、生根发芽、开花结果、薪火相传”四步成长，培育时代新人，成就最好的老师和学生。

原创课程：《开学第一课——播撒理想信念的火种，理想信念教育》

联系微信

学　　校：重庆三峡医药高等专科学校

工 作 室：医路初心辅导员工作室

级　　别：校级

主 持 人：杨林

个人介绍：硕士，讲师，第二批全国党建工作样板支部成员；主持和参研校级、市级人文社科等课题10余项，从事大学生思想政治教育工作13年，连续多年指导学生参加大学生“中华魂”演讲比赛等活动获奖；参编《劳动教育》等教材6本。

工作室方向：文化育人——大学生阅读素养提升

工作室简介：工作室于2023年成立，致力于大学生阅读素养提升教育与引领，具体以“云悦书舍”启智润心为抓手，引导大学生放下手机，一起阅读，畅游书海，觉知唤醒，以期实现引领学生“弘扬先进文化，传承红色基因”的育人目标，最终建设形成“云悦书舍”读书栏目核心品牌。

原创课程：《放下手机一起悦读吧：大学生阅读素养培育》《行走的阅读者：4455模式让文化育人亮起来》

学　　校：成都航空职业技术学院
工 作 室：“学思践悟”辅导员领航力工作室
级　　别：校级
主 持 人：蒋晓敏

联系微信

个人介绍：副教授，先后主持教育部人文社会科学研究专项任务项目、中国高等教育学会高等教育科学研究规划课题、四川省思想政治教育研究等课题12项，发表学术论文20余篇；荣获四川省教学成果一等奖、四川省高校辅导员年度人物提名、四川省五四青年教师模范、校级辅导员职业能力大赛一等奖等表彰奖励20余项，指导学生获团中央“镜头中的三下乡”、全国活力团支部等奖项40余个。

工作室方向：辅导员队伍建设

工作室简介：工作室成立于2024年，紧紧围绕“四梁八柱”的领航发展思路，走实“学、思、践、悟”四维提升路径，深潜“思想力、研究力、学习力、沟通力、执行力、创新力、领导力、廉洁力”八大工作本领，聚焦培育精品项目、开展专题研究、增进朋辈互助和拓展交流平台等方面，构建辅导员专业化、职业化、专家化发展的良好生态，不断提升学生思想政治教育工作质量和水平。目前，工作室已打造“学工有约”“辅导员工作日历”等品牌栏目，组织创作并助推微课获奖，开办网络思政素养训练营并孵化网文作品，有效提升辅导员职业素养和育人水平。

原创课程：《生成式人工智能赋能思政工作的创新与实践》

学　　校：云南轻纺职业学院
工 作 室：“职有你”辅导员工作室
级　　别：校级
主 持 人：刘爽

联系微信

个人介绍：讲师，昆明市高级就业指导师、教育部中级就业指导师；曾获云南省高校“学习宣传贯彻十九大精神——云南省高校优秀辅导员校园巡讲活动”优秀宣讲员、云南省第十届高校辅导员素质能力大赛二等奖等；指导学生获“学创杯”全国大学生创业综合模拟大赛二等奖、“东方财富杯”金融挑战杯大赛全国三等奖；主持省厅级课题3项、高职行业类课题1项、教育部就业育人项目1项；公开发表学术论文20余篇等。

工作室方向：辅导员队伍建设与学生职业成长

工作室简介：工作室兼顾辅导员自身发展和学生职业发展，致力于帮助辅导员做好自身职业规划，提高辅导员指导学生职业生涯规划及就业创业方面的专业素养和技能，倡导辅导员全面发展且注重培养自身“特色长板”，同时打造一个助力学生成长成才，提升学生职业发展能力，强化就业创业思维的阵地。

原创课程：《基于“KOLB理论”的辅导员行动力提升》《辅导员素质能力大赛经验复盘及实战能力提升策略》

学　　校：广东科贸职业学院
工 作 室：青马牧歌工作室
级　　别：校级
主 持 人：刘莉莉

联系微信

个人介绍：博士，讲师，全国党建工作样板支部主持人、广东省教育系统优秀党务工作者、广东省高校辅导员年度人物提名；主持广东省社哲共建课题、广东省青少年研究共建课题等课题10余项，发表论文10余篇。

工作室方向：职业生涯规划

工作室简介：工作室以“新思政观为引领，激发成长内驱力”作为核心理念，以“三全育人、塑造人格、涵养学识、躬身实践”作为宗旨，以“人生有目标、成长有动力、学习有方法”作为育人目标，围绕“立德树人”根本任务，全面分析、准确把握职业院校涉农类大学生学习特点、思维范式、行为模式、发展路径、成才需求，遵循学生成长规律，设置“职业测评、职业咨询、职业体验”三大业务模块，从“自我了解、职业探索、职业决策、求职技巧、求职心理”五个方面入手，致力于精准高效推动学生就业创业，引领学生走上“希望之路”。

原创课程：《“职”引未来：高职学生职业规划十讲》

学　　校：深圳信息职业技术学院
工 作 室：大学生美育与思政教育
级　　别：校级
主 持 人：宋晓清

联系微信

个人介绍：华南理工大学硕士研究生，讲师，深信乡村美育实践基地创办者、《形象美学与礼仪》课程创始人、校级课程思政教学示范名师及团队负责人、校级高水平精品在线开放课程项目负责人，课程还入选2023年广东省高职院校课程思政示范计划课程思政教育案例；主持广东省教育科学规划课题等省部级、市校级项目20余项；编写教材1部；获得广东高校学生工作案例评优活动一等奖；指导大学生暑期社会实践团队连续6年立项获奖，多次获得全国重点团队立项、广东省优秀团队称号等。

工作室方向：美育与思政教育

工作室简介：工作室于2023年9月获得校级名辅导员项目立项。工作室对标高职思想政治教育中存在的突出问题与矛盾，将美育与思政教育深度融合，实现审美教育与思政教育协同育人，秉持“以美强技，专美融合”理念，把审美教育贯穿现代科技、艺术创作与人才培养全过程；主要建设内容涵盖了平台构建、学生审美实践、辅导员队伍建设、课程体系建设、内外交流以及社会服务应用等多个方面，构建“1+5+7+X”模式的美育思政实践综合体，提升学生人文深度和审美品质素养。

原创课程：《大学生礼仪与工匠精神修养》《辅导员如何建设在线精品课程》

学　　校：湖北省襄阳市保康县中等职业技术学校

工 作 室：保康中职班主任工作室

级　　别：县级

主 持 人：蔡学莲

联系微信

个人介绍：中学一级教师，县级名班主任，多次获得各种县级优秀，市级优质课一、二等奖，参加过《德育报》主办的“星领雁全国名班主任”学会沙龙。

工作室方向：班主任共同成长平台

工作室简介：工作室于2022年成立，是一个致力于提升班主任学习能力、专业素养和学生学习成长的平台。主要通过日常自主研习和集中研修，总结提炼优秀班主任的教育思想；开展班主任工作课题研究；通过示范性班会课、专题讲座、经验交流等形式，促进班主任队伍的专业成长。此外，工作室还关注学生的健康发展，勇于探索学生管理领域的前沿问题，致力于培养研究型、开拓型、智慧型的班主任。

原创课程：《微班会助力班级管理》

学　　校：广东女子职业技术学院

工 作 室：她力量网络育人工作室

级　　别：校级

主 持 人：李梦花

联系微信

个人介绍：教育部中国大学生在线专栏号作者，高级职业生涯规划师；曾获广东省心理、团干部比拼等省级奖项十余项、省级课题2项。撰写咨询报告刊于《南方智库专报》，报送广东省委、省政府、省人大、省政协，并报中办、中宣部。

工作室方向：网络思政与数智思政、

工作室简介：工作室于2022年成立，致力于大学生网络思政教育，形成“萤火计划”“穿越时空的怼怼怼”“她力量”“花姐日志”“花花老师的元气微课堂”等八个品牌栏目。运营的“辅导员花花的话匣子”公众号用学生的话语体系，坚持走“微观叙事”的话语风格，将“宏大的话语体系”进行降维打击，并逐步拆解为学生故事，渗透到学生的业余生活，再重新将小事件、小细节聚集起来，自下而上还原，由基层到顶层建构，旨在解决学生的思想问题与实际问题。

原创课程：《压力山不大》《关于强迫症那点事儿》《国之瑰宝——宋庆龄》

学　　校：江西医学高等专科学校

工 作 室：医启辅导员工作室

级　　别：校级

主 持 人：郑鹤英

联系微信

个人介绍：硕士，副教授，第一批江西省高校学生资助专家；主持省部级人文社科等课题1余项、市级课题1项、校级课题3项；从事职业生涯规划工作十余年，连续多年指导学生参加职规赛、科普类大赛、资助征文获奖；参编生涯规划类教材2本、高校学生资助类教材1本。

工作室方向：资助育人

工作室简介：自2021年成立起，工作室秉持“一体两翼四融合”创新模式，致力于推动学生品德、健康、智慧、信念、志向、行动等多维度全面发展，实现师生共同成长；依托“医启筑梦”平台矩阵，打造“素质能力训练营”等多个品牌栏目，专注解决家庭经济困难学生成长成才关键问题与现实挑战；积极探索资助与思政教育相结合育人模式，成效显著。

原创课程：《就业创业指导医启助力出彩》《优化资助育人创新124模式，助力医启辅导员工作室》《高校辅导员15N模式：为新生适应性教育赋能》

学　　校：厦门兴才职业技术学院

工 作 室：“职引”就业工作室

级　　别：校级

主 持 人：张雅娟

联系微信

个人介绍：硕士，副教授，一级人力资源管理师、福建省就业工作先进个人；主持参与国家、省、市级课题10项，从事就业指导工作十余年，连续多年指导学生参加职规赛、创新创业大赛获奖20余项；主编就业指导类教材3本，发表论文10余篇。

工作室方向：大学生就业指导

工作室简介：工作室成立于2024年，成立基础为2016年开始运行的创新创业教育工作室和“兴才智谷”省级众创空间。工作室致力于大学生就业指导和职业能力的提升，从“课程、理论、咨询、活动、竞赛”五个维度出发，形成“职场人讲职场事”“学长学姐进校园”“榜样的力量”“简历门诊”“就业会客厅”“职引”锦囊、辅导员“初心荟”等十余个品牌栏目，针对大学生职业规划、求职就业过程的典型问题进行专题化引导；通过“五位一体”方式，助力学生提升就业能力。

原创课程：《大学生职业生涯规划与就业指导》线上精品课程，《恋上未来——大学生职业生涯规划第一课》《AI简历实战指导》《求职竞争力沙盘》

学　　校：吉安职业技术学院

工 作 室：慢时光记忆工作室

级　　别：校级

主 持 人：左小文

联系微信

个人介绍：硕士，讲师，高级双师型教师、国家二级创业咨询师、SYB创业培训讲师；主持省市级课题10余项，从事职业规划与就业创业指导近8年，指导学生参加就业创业类大赛获省级以上奖项近30项；主编就业创业类教材2本。

工作室方向：职业规划与就业创业指导

工作室简介：工作室成立于2021年3月，主要建设方向为职业规划与就业创业指导，践行记录青春时光、关注成长成才的理念宗旨，引导学生树立正确的就业创业理念，扎根中国大地，到祖国最需要的地方建功立业。依托“慢时光记忆工作室”微信公众平台，形成“职引未来”“就在这里”“创在那边”“小慢专访”“我的吉职故事”等五个品牌栏目，构建“54321”职业规划与就业创业指导体系，为青年成长成才的典型问题和现实困顿提供指导服务。

原创课程：《坚定文化自信领悟创造技法》《提升文明素养助力精彩人生》

学　　校：昌吉职业技术学院

工 作 室：红匠领航辅导员工作室

级　　别：校级

主 持 人：任金凤

联系微信

个人介绍：荣获优秀辅导员、最美教职工、思政课教学大赛一等奖等十余项校级荣誉，荣获区级辅导员素质能力大赛优秀奖、班主任能力比赛二等奖、教学能力比赛团体一等奖等6项区级荣誉；区级名班主任工作室成员，主持、参与校州省各级6项课题。

工作室方向：辅导员发展与大学生成长

工作室简介：工作室成立于2024年5月，致力于赋能辅导员发展，引领大学生成长。围绕1个主线（铸牢中华民族共同体意识）、2个维度（辅导员、青年学生双融合双提升），进行3个融合（师生双融合、理论与实践相融合、线上线下相融合），开展5大行动（强基固本、工匠薪传、以文启智、红色传承、网络育人），实现工作室四化（项目孵化、特色强化、内涵深化、作用转化），目前工作室已与江苏省梅姐驿站名辅导员工作室联建共建，此外，工作室开展迎新系列推文阅读量达1万+，推出“小红匠百日领航计划”工程，参与人数达5000+。

原创课程：《重要节点里的微思政》

学　　校：北票市职教中心

工 作 室：机械制造工作室

级　　别：校级

主 持 人：王志强

联系微信

个人介绍：讲师，曾获朝阳市五一劳动奖章、朝阳市技能大赛第一名、朝阳市技术能手；参与全国职教协会科研课题1项，发表机械相关专业论文数篇，从事机械加工行业4年，职业教育12年，连续多年指导学生参加技能大赛获奖；主编《零部件测绘与CAD成图技术》校本教材1本。

工作室方向：机械制造

工作室简介：工作室于2021年成立，致力于研究机械专业教师及中职生技能提升、工业园区数控相关企业的培训及技术支持。工作室成立以来，机械工程系教师及学生在省赛、市赛及行业赛中均获得较好的成绩，通过走访企业调研，了解企业需求，曾陆续成立5支团队服务于园区企业，并取得企业的好评。

原创课程：《工匠精神在机械制造专业中的应用》

学　　校：北票市职教中心

工 作 室：建筑设计工作室

级　　别：校级

主 持 人：刘帅男

联系微信

个人介绍：工学学士，讲师，助理工程师，北票市优秀教师；撰写多篇关于建筑施工的学术论文及教学论文；从事建筑行业2年，职业教育10年，主持完成建筑设计项目3个，连续多年指导学生参与设计院及城乡规划处设计任务。

工作室方向：建筑设计

工作室简介：工作室成立于2021年，致力于提升建筑专业教师及中职学生的建筑设计能力，通过专业培训、实践项目等方式，激发其在设计、研究、施工、教育、管理等领域的创造力和潜力。同时，通过组建4支专家团队，为设计院、城乡规划处及园区企业等提供高质量的技术支持，涵盖方案设计、规划咨询等领域。围绕工作室建设，主持完成建筑设计项目3个，指导师生参与建筑设计项目3个，多篇论文、教学设计获奖。

原创课程：《建筑设计职业技能大赛备赛要点与突破》

学　　校：内蒙古电子信息职业技术学院

工 作 室：“大中小一体化铸牢课”研究名师工作室

级　　别：校级

主 持 人：贺栋

联系微信

个人介绍：教授，学校提质培优教育部100个“名班主任工作室”项目建设团队成员、学校名师工作室主持人；主持国家级课程建设1项、自治区级课题首批自治区高校思政工作精品项目1项、校级课题多项；发表论文10余篇；指导学生参加“挑战杯”竞赛获得国家级奖项2项。

工作室方向：思想政治教育

工作室简介：工作室于2023年立项，旨在构建覆盖大、中、小不同学段的连贯性教育体系。依托“高职大思政课传习所”公众号及学校网络思政教育平台，结合大、中、小学的思政课教育资源，通过跨年龄段的教学设计，促进学生在知识、技能、情感等多方面的全面发展；汇聚了一批富有经验与创新精神的思政课教师，通过集体备课、案例研讨、学术交流等多种形式，推动教学方法的革新与发展。

原创课程：《筑牢中华民族共同体意识的法治保障》

公　　司：联合普提（大连）咨询有限公司

工 作 室：乔杰西形象工作室

主 持 人：乔溪濛

联系微信

个人介绍：联合国SDG项目8礼仪软技能认证导师、IPMA英国国际管理公会认证国际职业培训师、AICI国际形象顾问协会认证顾问，曾任香港时代广场集团奢侈品牌顾问，以及IBM中国地区的EA管理，现任某内地女歌手以及某国家二级演员/主持人私人形象顾问，全网形象礼仪自媒体粉丝20W+。

工作室方向：礼仪形象与职场沟通

工作室简介：工作室致力于从事礼仪形象研究与培训十多年，为很多不同行业的企业客户提供了具有“落地”实操/实战经验的商务礼仪培训、形象软实力培训，帮助企业解决工作中的实际难题，提升从业人员的礼仪软技能，提高客户满意度与业绩转化率，提升企业品牌价值与市场口碑。

原创课程：《形象决定未来-成功职场形象》——学生变成社会人走入职场必修课、《师德与职场形象塑造》——提升师德人格与教育影响力必修课

后　记

每个人在成长过程中都会经历各种第一次，本书在各种第一次后得以成稿。自己静下来思考，将这些年的第一次进行整理复盘，将大家的工作经历进行提炼变成了工作经验，又将经验融入教学设计变成了原创课程，在巡讲过程中不断将课程进行迭代，变成了自己的品牌，终于在今天以书的形式呈现给大家。

第一次当了被告。2017年5月，因为一个学生违纪，所以启动了针对该学生的开除学籍程序。在这一过程中，由于证据、程序、权利没有得到完全的落实，导致我被学生家长投诉，因此我第一次以被告的身份进行了应诉。在上级部门的指导下，我了解到在学生管理过程中要证据充分、程序正当、依据明确、定性准确、处分适当，要全力保障学生的合法权利与利益。此经历使我在学生管理过程中进一步明确了权利程序、法律依据以及如何进行取证留痕，完善了学生管理方法，令我在今后的思政教育与学生管理工作中更加注重细节。

所以，掉进一个坑，爬不出来叫挫折，爬出来叫成长！

第一次提炼了主题PPT。根据违纪处分案例和被告的经历，我系统地对学生管理工作进行了梳理与自查，对学生从入学到毕业所涉及的学生管理过程中的每个细节进行了整理，分别从案例分析、危机预警、危机处理与应对三个部分中的具体问题进行了具体分析，形成了具有自己独特风格的校园危机管理PPT，并与全国辅导员分享。

所以，经历就是财富，理论来源于实践！

第一次登上讲台分享。2017年11月3日，我有幸受邀在杭州参加了一次全国高校辅导员学生管理论坛。第一次免费坐飞机，第一次免费去杭州，第一次以分享者的身份参加全国性辅导员论坛。即将面对来自全国高校的辅导员战友们，我当时的确很紧张。记得那天我早晨五点钟就起来了，跑到会场看了一圈，门锁着，吃完早餐后又去了一次会场，门开了，但没有人。我站在台上，望着台下黑压压的桌椅连成一片，闭上眼睛想象着过一会就要开始的学生管理论坛现场，深深吸了一口气以平复自己紧张的心情。

在论坛上，我利用3小时和大家分享了自己在学生危机管理过程中的所感所悟、经验与方法，得到了大家的高度认可。无理论、接地气、能实战，让辅导员少走弯路不掉坑里，大家的鼓励给我增加了无比的信心与动力。虽然这次分享对大家来说是一小步，但对我的人生成长来说却是一大步。

所以，从0到1，解决的是有与无的问题。只要你勤奋、认真，大多数人都可以做好。如做一个可以hold住“00后”的合格辅导员。

所以，从1到99，解决的是好与更好的问题。除去勤奋、认真，还需要用上对的方法。如做一个可以hold住“00后”的优秀辅导员。

所以，从99到100，解决的是更好与最好的问题。除去勤奋、认真与对的方法，还需要你的天赋。如做一个可以hold住“00后”的卓越辅导员。

第一次受高校邀请分享。2018年3月下旬的一天，QQ突然闪动了起来，是一位来自南方某高校学生处处长的热情邀请，让我为他们的辅导员进行一场校园危机管理讲座。这是我第一次收到高校的邀请，作为同行，作为战友，我不能拒绝，也没有理由拒绝，而且我也很愿意分享自己的校园学生危机管理经验。通过这次分享，我认识了更多的战友和同行。

所以，“请进来”能拓宽视野，“走出去”才能扩大格局！

第一次收到官方邀请。2018年4月初的一天，我突然接到中国职业技术教育学会老师打来的电话，邀请我参加一个全国辅导员危机管理培训。几天后，我在中国职业技术教育学会举办的这次全国高校辅导员校园危机管理培训会议上进行了发言交流。

所以，积跬步才能至千里，积小流才能成江河！

第一次入选“中国大学生在线辅导员素质能力提升”专题。大家每天不断将自己的日常工作进行提炼，变成文字舞动飞扬，每个人都向“中国大学生在线”进行投稿，都以能在“中国大学生在线”发表文章为动力。我也是屡写屡投，但屡投屡败，石沉大海、杳无音信，还好自己皮厚脸大心不死，继续向他们的投稿邮箱“狂轰滥炸”。也许是自己的执着感动了“中国大学生在线”，突然有一天，自己的一篇投稿得到了“中国大学生在线”的发布，当时我的确特别兴奋，5分钟内文章点击量3000+次，平台大，舞台更大。接下来，又是一系列天上掉的馅饼砸到了我的头上，我的3篇原创文章入选了“中国大学生在线2018年辅导员素质能力提升”专题版块。

所以，每一次不经意间的表现也许改变一生的命运！量的积累一定会达到质的飞跃！

第一次为全国5000余名辅导员分享了原创PPT。我在学习交流中得知，很多辅导员都需要原创PPT，以便为辅导员培训、学生干部素质提升、积极分子和发展对象进行讲授。为此，我对17年来原创和积累的PPT素材及当前的时事热点问题进行了整理、提炼，为全国辅导员进行了20余个主题的免费分享。先后分享的“高校校园学生危机事件处理能力提升”“走进知青岁月，点亮理想心灯”“寻找伟人的足迹”“学生干部三大法宝”等多个PPT受到了大家的好评。

大家的好评就是自己成长的最大动力，大家的认可就是自己最大的收获。我因为无私的分享，获得了很多的朋友，朋友圈中多了很多有正能量的辅导员。他们当中，有为我们奔走发声的“时代楷模”曲建武老师，有“雷锋种子工作室”主持人孔祥慧，有“图说思政”创始人尤长军，有“资助万里行”的王译梓，有“聚焦实习法律研究”的朱里静，有“朱子微言”的朱应开，有“辅导员参谋”凌杰，有“创新思维”的郑茹楠，有“辉哥娟姐叨叨叨”的晓辉兆娟，以及“副处级辅导员”白晓玲……还有许多许多，他们的坚持付出、他们的品牌聚焦、他们的走进学生，使我对学生工作更加有载体、有创新、有思路。本想送去一缕春风，没想到却收获了整个春天！

所以，最大的无私就是“自私”，朋友圈的水平决定你未来成长的高度！

第一次走进教育部辅导员培训研修基地。2018年7月，我第一次走进了教育部辅导员培训基地（辽宁大学），为全省的辅导员进行了题为《高校辅导员学生危机事件处理能力提升》的培训讲座。我用了两个星期的时间准备，将所有案例浓缩成一个半小时的精华与全省辅导员分享，让他们能够在未来的学生管理和思想政治教育工作中以危预危、以危度危、以危化危。

所以，起点决定终点，努力决定未来！

第一次申请了原创版权课程。完成30余场的讲座，经过一线辅导员、专家们的指导，我反复修改、提炼升华，撰写了5万余字的课程文字稿，完善了课程PPT，向国家知识产权局申请了版权，获得了自己人生中第一个原创版权课程证书——“高校校园学生危机事件应对与处理能力提升”，原创版权课程就这样诞生了。

所以，品牌是工作与事业贯通的桥梁。无品牌，工作与事业永远是两条永不相交的平行线！

第一次和博导同台授课。2018年10月，我既兴奋又期待还紧张，因为要到重庆和两位博导一起为大家进行授课。兴奋的是能够向博导学习不断提升自己；紧张的是和博导同台授课压力非常大，怕控制不住场面。自己用了3小时和大家进行了分享，说出了每一位学工战友的痛点，特别是对几个典型案例的分析引起了大家的共鸣。课程结束后，大家留下来和我一起探讨学生管理中出现的各种突发事件，以及在未来的学生管理过程中如何做好、做细、做实。

所以，压力像弹簧，你弱它就强。与高人为伍，跟名师走路，才能让自己不断成长。

第一次走进国培项目。2018年11月下旬，我受邀为辽宁省教育厅主办的新疆塔城中职学校骨干师资班进行了为期一天的学习分享交流，和大家一起讨论针对“00后”学生如何在专业课程中融入思政元素，如何在课堂上立德树人，改变只讲专业、不讲政治，只教书、不育人，只管理、不服务，只考核、不疏导的现象，通过嵌入式、融入式、浸入式的课程设计理念，扩大知识目标、能力目标、素质目标范围，在课程思政中塑造学生的灵魂、塑造学生的生命、塑造新人，成为一名具有大胸怀、大格局、大境界的“四有”好老师，使广大教师能够“守好一段渠，种好责任田”。

所以，每个人心中都有一片海洋，如果自己不扬帆，别人无法替你起航！

第一次与有关专家面对面。2019年3月的最后一个周末，收到了来自教育部学校规划中心课程研究院秘书长、齐齐哈尔工程学院副院长张振笋老师的邀请。之前虽然加了张老师的微信，但一直没有深入交流。后来我拜读了张老师的一篇关于思想政治教育的文章，在微信上询问张老师是否可以转发，没想到张老师非常痛快地答应了。于是我通过自己的“辅导员联播”平台转发了张老师的这篇文章，引起了全国辅导员广泛的关注。所以，好的文章不仅取决于你平台关注的粉丝数量，更取决于文章的质量。

当收到张老师发出的邀请，我深知，这是张老师给自己的一次机会，一次让自己成长的机会。张老师在从事行政工作的同时仍然钻研教学业务，他的教育理念总能让人耳目一新、回味无穷。他平易近人，经典语录信手拈来，“闪电演讲”一直是他的风格。

所以，一直在模仿，从来未超越。有时需要小人刺激，但更需要贵人提携！

第一次完成全国100场讲座。看到校园危机管理对全国辅导员从事的学生工作如此重要，我为自己策划了“百场校园巡讲”行动。自2017年11月3日第一场线下讲座起，我对每场讲座都进行了统计复盘。感谢全国高校的支持与帮助，在2019年8月，我用20个月完成了全国100场讲座。

所以，当面对自己的天花板时，如果感觉到痛，那就意味着要破土而出，化茧成蝶！

第一次连续线上直播15天。2020年那场疫情改变了你，改变了我，也改变了我们。这场疫情把我们从线下撵到了线上，自己从一个网络技术“盲流”到熟悉各种软件应用。钉钉、腾讯、小鹅通、超星尔雅、云班课，每一个软件都尝试了一次。目前，自己的成长速度和小鹅通的迭代速度是同频的。2020年，我还完成了全国辅导员线上100场的直播分享。

所以，危也是机，我们既要与时俱进，更要化危为机！

第一次获批省级工作室立项。2021年2月，我成功获批立项了辽宁省“高校网络育人”名师工作室、辽宁省“高校辅导员名师工作室”。两个省级荣誉“双黄蛋”，使我变得越来越自信，让我的未来成长之路更加坚定有力。

所以，能量是守恒的，如果付出了努力，能量一定会回流给你，只是在不同的时间、以不同的方式而已。

第一次出版了自己的专著。2021年11月，我出版了人生中的第一本专著《新时代校园学生危机管理指导与实践》，五天内全国辅导员抢光了2000册，一个月内印刷2次，八个月销售近万册。目前该书已成为各高校辅导员的共读书目、培训教材、研讨案例，成为辅导员的工具书、枕边书。

所以，把文字变成铅字，需要不断地积累，厚积才能薄发！

第一次形成了自己的品牌。2022年7月，我出版了人生中的第二本专著《辅导员打造个人品牌IP实战指南》，一年内销售超过了10000+册，两年内完成了五次印刷，多次荣获当当、京东教育类排行榜第一。此书已成为辅导员入职、培训、成长参考用书。

所以，情怀无限，大爱无痕，只有品牌才能让我们无惧。

第一次开设了自己的工作坊。2023年10月，经过历时三年的反复磨课迭代，“学生管理课程化暨主题班会课程化开发与设计”工作坊在沈阳、上海、贵阳如期开班，通过两天体验式、互动式授课，现场设计出一门微课，让可视化成果落地，让大家在学生工作中能够摘到“果”。

所以，树叶是事务性工作，果是课程化，只有枝繁叶茂，才能硕果累累。

第一次由一个人变成了一群人。2024年7月，与数十位志同道合的辅导员联合发起了“我是辅导员，我有好课程”品牌项目，公益修改课程大纲，搭建有效平台载体，定期进行直播分享，实现知识价值变现。形成辅导员成长闭环，让辅导员找到自己成长的内驱力。

所以，独行虽快，但众行方能致远，一群人，一条心，一件事，一起走。

“福格行为模型”告诉我们：每个人的成长都有一个“珍珠习惯”。珍珠的形成是因为蚌受到异物（砂粒、寄生虫）侵入刺激，然后分泌珍珠质，一层一层地把刺激包裹起来，成为珍珠。所以，每一颗美丽的珍珠，其实都是蚌包裹好的痛苦与刺激。

今天，《手把手教你打造名师工作室》这本书得以和大家见面，就是在学生管理和思政教育过程中每一次发生的成长第一次，不断地包裹着痛苦与刺激，在时间的复利下孕育出一颗颗美丽的珍珠，最后穿成了五彩的项链呈现给了大家。

人生有三次成长：一是发现自己不再是世界中心的时候；二是发现再怎么努力也无能为力的时候；三是接受自己的平凡并去享受平凡的时候。

第*n*次　未来已来

工作就是养生，这不是理论的逻辑，这是生命深处的震颤。微光聚暖，众行致远。愿所有名师工作室在主持人的引领下，都能发出智慧之光、感召之光、互助之光、温暖之光。

最后想和大家分享的是：人生万事须自为，跬步江山即寥廓。在时间顺流而下之时，唯愿每个人都能逆流而上，以蓬勃的生命，尽享时代的馈赠！心之所向，便是阳光！

2024年10月

刘明耀

参考文献

［1］刘明耀. 辅导员打造个人品牌IP实战指南［M］.北京：中国石化出版社，2022.

［2］刘明耀. 新时代校园学生危机管理指导与实践［M］.沈阳：辽宁大学出版社，2021.

［3］丁玉海，崔佳，杨怡洁. 情怀驱动下的教师专业发展［M］.河北大学出版社.2023.

［4］吴凤虎，汤标，梁艳玲. 如何成为名师——名师工作室百问百答［M］.团结出版社.2020.

［5］赵国忠. 优秀是教出来的［M］.南京：南京大学出版社，2014.

［6］秦望. 手把手教你建设名班主任工作室［M］.福建教育出版社，2019.

［7］程黎. 名师的加油站——名师工作室案例透析［M］.大象出版社，2022.

［8］饶先发，伍晓芸，蒋晓敏. 新时代高校辅导员名师工作室建设理论与实务［M］.中南大学出版社，2024.

［9］冯刚. 辅导员队伍专业化建设理论与事务［M］.中国人民大学出版社，2009.

［10］梅晓芳. 高校辅导员工作室：共同体视域下辅导员专业化发展的新向度［J］.江苏高教，2020（7）:120-124.

［11］张艺露. 高校辅导员工作室建设路径研究［D］.哈尔滨：东北林业大学，2022.